中国语言文字事业年鉴

2016

国家语言文字工作委员会 组编

中国传媒大学 出版社

·北京·

中国语言文字事业年鉴 2016

2015 年全国语言文字工作会议(2015 年 1 月 27 日)

国家语委咨询委员会第 14 次会议(2015 年 1 月 8 日)

第 18 届全国推广普通话宣传周开幕式(2015 年 9 月 14 日)

全国语言文字督查工作会(2015 年 11 月 3 日)

《国家手语和盲文规范化行动计划(2015—2020 年)》发布启动会(2015 年 12 月 29 日)

2015 年全疆青壮年农牧民双语学习试点县工作推进会(2015 年 7 月 28 日)

第二期语言文字应用研究优秀中青年学者研修班(2015年7月)

“中国语言资源保护工程”第一次工作会议(2015年3月27日)

第三届《中国汉字听写大会》成功录制(2015 年 6 月 7 日)

组织实施“中德语言文化研习之旅”(2015 年 4 月)

“2015 年两岸大学生汉字书法艺术交流夏令营”开营(2015 年 8 月 4 日)

第二届中国语言生活学术研讨会暨《中国语言生活状况报告》十周年论坛(2015 年 10 月 19 日)

编写说明

《中国语言文字事业年鉴》是由国家语言文字工作委员会(简称国家语委)组织编纂的按年度向国内外发布中国语言文字事业改革和发展情况的专业性年鉴。它是各级语言文字行政部门执行党和国家的语言文字法律法规与方针政策、做好语言文字工作的经验总结,是中国语言文字事业发展进程的真实记录。编纂年鉴的目的是为语言文字管理决策、科研提供参考,为语言文字战线沟通信息、交流经验开辟园地,为宣传交流中国语言文字事业改革和发展成就设立窗口,为热心关注和研究中国语言文字事业的相关部门及读者提供信息资料。

《中国语言文字事业年鉴 2016》的基本内容有:党和国家领导人关于语言文字与文化等的重要论述,出席重要语言文字活动的重要讲话;教育部、国家语委领导关于语言文字工作的重要讲话或专门文章;年度语言文字重点工作;国家语委各成员单位、语言文字系统年度语言文字工作概况(暂不包括台湾地区);年度语言文字学术研究与出版成果;语言文字工作大事记;语言文字工作机构团体;语言文字工作文件选编等。

本年鉴发布的统计数据均由各省(区、市)语言文字工作部门和其他有关部门提供,引用应以此为准。全国统计数据方面,目前尚未包括香港特别行政区、澳门特别行政区和台湾地区。

国家语言文字工作委员会

目录
CONTENTS

年度报道

工作概况

大事记 231

机构团体 241

法律与文件 255

特载

>>>

习近平总书记关于语言文字与文化等重要论述摘编

一、国家通用语言文字的普及推广

少数民族孩子双语教育要抓好，学好汉语不仅将来找工作方便，更重要的是能为促进民族团结多作贡献。

你们使命光荣，一定要把工作做好。

——在视察新疆疏附县托克扎克镇中心小学时与校长和教师的讲话（2014 年 4 月 28 日），中国广播网 2014 年 4 月 28 日

各民族要相互了解、相互尊重、相互包容、相互欣赏、相互学习、相互帮助，像石榴籽那样紧紧抱在一起。要加强民族交往交流交融，部署和开展多种形式的共建工作，推进双语教育，推动建立各民族相互嵌入式的社会结构和社区环境，有序扩大新疆少数民族群众到内地接受教育、就业、居住的规模，促进各族群众在共同生产生活和工作学习中加深了解、增进感情。

——在第二次中央新疆工作座谈会上的重要讲话（2014 年 5 月 28 日），《人民日报》2014 年 5 月 30 日

教育投入要向民族地区、边疆地区倾斜，加快民族地区义务教育学校标准化和寄宿制学校建设，实行免费中等职业教育，办好民族地区高等教育，搞好双语教育。

——在中央民族工作会议暨国务院第六次全国民族团结进步表彰大会上的讲话（2014 年 9 月 28 日），新华网 2014 年 9 月 29 日

要把社会主义核心价值观教育融入各级各类学校课程，推广国家通用语言文字，努力培养爱党爱国的社会主义事业建设者和接班人。

——在中央第六次西藏工作座谈会上的讲话（2015 年 8 月 24 日），《人民日报》2015 年 8 月 26 日

二、语言文字在文化交流和文明进步中的重要作用

人类文明发展史告诉我们，文字的发明和发展对人类文明进步起到了巨大推动作用。汉字是中华文明的重要标志，也是传承中华文明的重要载体。用汉字写就的《论语》《道德经》等思想名著，《黄帝内经》《本草纲目》等医学经典，《九章算术》《周髀算经》等科学鸿篇，《孙子兵法》等军事精品，《西厢记》《红楼梦》等文学巨作，堪称人类文明的瑰宝。

在长期使用汉字过程中，勤劳智慧的中华民族发明了造纸术、活字印刷术。这两项重大发明，既使历史悠久、博大精深的中华文化得到广泛传承，又使中华文化得以同世界交流、向世界传播。上个世纪 80 年代汉字激光照排系统问世，使汉字焕发出新的生机和活力。目前全世界有近 14 亿人口以汉语为母语，联合国也将汉语列为主要工作语言之一。

汉语和俄语都是世界上最优美的语言。我们看到，中俄最早的文化交流就包括了语言文字交流。……借助语言文字这一沟通桥梁，使中俄人文交流扩展至各个领域。长期以来，俄罗斯翻译家精心翻译出版了大量中国的古典文学、哲学等著作。中国翻译家也将众多俄罗斯文学经典作品翻译推介给中国读者。《叶甫根尼·奥涅金》《战争与和平》《钢铁是怎样炼成的》《童年》《青年近卫军》等经典名著在中国家喻户晓。中俄两国文化在长期交流过程中相互尊重、相互借鉴，成为推动中俄关系发展的重要精神力量。

如今的中俄语言文化交流，伴随着历史前进的步伐，正步入“百花齐放春满园”的时期。……中俄语言文化交流内容更加丰富，参与程度更加广泛，效果更加显著。中国哲学和文学、中华功夫、中华美食、中医中药等深受俄罗斯人民欢迎和喜爱。

——在俄罗斯“汉语年”开幕式上的致辞（2010 年 3 月 23 日），新华网 2010 年 3 月 25 日

要发展好中俄关系，就要面向未来，培养青年一代的友谊。要让青年人了解对方

国家的历史和现在，学习对方国家的语言和文化，进行心灵的沟通。只有多交流、多接触，认识才能更全面、更深刻。中俄双方商定，到2020年双方留学人员总数要达到10万人。培养中俄友谊接班人就是要从青年人抓起。

——习近平会见俄罗斯汉学家、学习汉语的学生和媒体代表(2013年3月23日)，央视网2013年3月24日

在世界多极化、经济全球化、文化多样化、国际关系民主化的时代背景下，人与人沟通很重要，国与国合作很必要。沟通交流的重要工具就是语言。一个国家文化的魅力、一个民族的凝聚力主要通过语言表达和传递。掌握一种语言就是掌握了通往一国文化的钥匙。学会不同语言，才能了解不同文化的差异性，进而客观理性看待世界，包容友善相处。

德国出了许多文学家、哲学家、科学家和艺术大师。我们很尊重德国文化。现在，在德国学习汉语的人越来越多，中国一些院校也开设了德语课。我们鼓励进一步发挥孔子学院作用，加大语言交流合作和中西方比较研究。希望两国年轻人加强交往，传承友谊。

——与德国汉学家、孔子学院教师代表和学习汉语的学生代表座谈时的讲话(2014年3月29日)，《人民日报》2014年3月30日

十年来，孔子学院积极开展汉语教学和文化交流活动，为推动世界各国文明交流互鉴、增进中国人民与各国人民相互了解和友谊发挥了重要作用。你们为促进文化知识传播、人民心灵沟通倾注了大量热情和心血，这是一项十分有意义的工作。

世界各国人民创造的灿烂文化，是人类共同的宝贵财富。我们应该通过交流互鉴和创造性发展，使之在当今世界焕发出新的生命力。孔子学院属于中国，也属于世界。中国政府和人民将一如既往支持孔子学院发展。让我们一起努力，推动人类文明进步，推动人民心与心的交流，共同创造人类更加美好的明天。

——在孔子学院建立十周年暨首个全球“孔子学院日”来临之际向全球孔子学院师生致信祝贺(2014年9月27日)，《人民日报》2014年9月28日

京剧、民乐、书法、国画等都是我国文化瑰宝，都是外国人了解中国的重要途径。文艺工作者要讲好中国故事、传播好中国声音、阐发中国精神、展现中国风貌，让外国民众通过欣赏中国作家艺术家的作品来深化对中国的认识、增进对中国的了解。要向世界宣传推介我国优秀文化艺术，让国外民众在审美过程中感受魅力，加深对中华文

化的认识和理解。

——在文艺工作座谈会上的讲话(2015 年 10 月 15 日),《人民日报》2015 年 10 月 15 日

来信的汉字书写很工整,相信你们一定在努力学习汉语。语言是人类心灵沟通的桥梁,学习汉语,可以帮助你们更了解中国,认识更多中国朋友。

——给澳大利亚塔斯马尼亚州朗塞斯顿市斯科奇·欧克伯恩小学 16 名小学生的回信(2014 年 11 月 5 日),人民网 2014 年 11 月 19 日

在汉字中,“人”字就是一个相互支撑的形状。中美友好,根基在民众,希望在青年。我愿在此宣布,中方支持未来 3 年中美两国互派 5 万名留学生到对方国家学习,中美将在 2016 年举办“中美旅游年”。中国将为两国人民友好交往创造更多便利条件。

——在华盛顿州当地政府和美国友好团体联合欢迎宴会上的演讲(2015 年 9 月 22 日,西雅图),《人民日报》2015 年 9 月 25 日

看到英国有这么多老师和学生在教授和学习汉语,尤其看到有这么多英国学生对中国语言文化感兴趣,我感到很高兴。

语言是了解一个国家最好的钥匙,孔子学院是世界认识中国的一个重要平台。

——在伦敦全英孔子学院和孔子课堂年会开幕式上的致辞(2015 年 10 月 22 日),人民网 2015 年 10 月 22 日

三、语言文化的传承、发展与传播

要系统梳理传统文化资源,让收藏在禁宫里的文物、陈列在广阔大地上的遗产、书写在古籍里的文字都活起来。要以理服人,以文服人,以德服人,提高对外文化交流水平,完善人文交流机制,创新人文交流方式,综合运用大众传播、群体传播、人际传播等多种方式展示中华文化魅力。

——在中共中央政治局第十二次集体学习时的讲话(2013 年 12 月 30 日),《人民日报》2014 年 1 月 1 日

对历史文化特别是先人传承下来的价值理念和道德规范,要坚持古为今用、推陈

出新，有鉴别地加以对待，有扬弃地予以继承，努力用中华民族创造的一切精神财富来以文化人、以文育人。

要从娃娃抓起、从学校抓起，做到进教材、进课堂、进头脑。

——在中共中央政治局第十三次集体学习时的讲话（2014 年 2 月 24 日），《人民日报》2014 年 2 月 26 日

世界上有 200 多个国家和地区，2,500 多个民族和多种宗教。如果只有一种生活方式，只有一种语言，只有一种音乐，只有一种服饰，那是不可想象的。

每一种文明都延续着一个国家和民族的精神血脉，既需要薪火相传、代代守护，更需要与时俱进、勇于创新。中国人民在实现中国梦的进程中，将按照时代的新进步，推动中华文明创造性转化和创新性发展，激活其生命力，把跨越时空、超越国度、富有永恒魅力、具有当代价值的文化精神弘扬起来，让收藏在博物馆里的文物、陈列在广阔大地上的遗产、书写在古籍里的文字都活起来，让中华文明同世界各国人民创造的丰富多彩的文明一道，为人类提供正确的精神指引和强大的精神动力。

——在联合国教科文组织总部的演讲（2014 年 3 月 27 日），《人民日报》2014 年 3 月 28 日

中国是有着悠久文明的国家。在世界几大古代文明中，中华文明是没有中断、延续发展至今的文明，已经有五千多年历史了。我们的祖先在几千年前创造的文字至今仍在使用。两千多年前，中国就出现了诸子百家的盛况，老子、孔子、墨子等思想家上究天文、下穷地理，广泛探讨人与人、人与社会、人与自然关系的真谛，提出了博大精深的思想体系。他们提出的很多理念，如孝悌忠信、礼义廉耻、仁者爱人、与人为善、天人合一、道法自然、自强不息等，至今仍然深深影响着中国人的生活。中国人看待世界、看待社会、看待人生，有自己独特的价值体系。中国人独特而悠久的精神世界，让中国人具有很强的民族自信心，也培育了以爱国主义为核心的民族精神。

——在布鲁日欧洲学院的演讲（2014 年 4 月 1 日），《人民日报》2014 年 4 月 2 日

中国字是中国文化传承的标志，书法课必须坚持。

你们就是要从小精神起来、抖擞起来。国家进步靠青出于蓝而胜于蓝。文化软实力是国家综合实力的重要体现，同学们要多背诵一些优秀古诗词，长大以后才能文思泉涌。

——在北京市海淀区民族小学和少先队员们交流的内容（2014 年 5 月 30 日），人民网 2014 年 5 月 30 日

一个民族的文明进步，一个国家的发展壮大，需要一代又一代人接力努力，需要很多力量来推动，核心价值观是其中最持久最深沉的力量。中华民族有着五千多年的悠久历史和灿烂文化，而且中华文明从远古一直延续发展到今天。为什么中华民族能够在几千年的历史长河中顽强生存和不断发展呢？很重要的一个原因，是我们民族有一脉相承的精神追求、精神特质、精神脉络。今天我们使用的汉字同甲骨文没有根本区别，老子、孔子、孟子、庄子等先哲归纳的一些观念也一直延续到现在。这种几千年连贯发展至今的文明，在世界各民族中是不多见的。

今天，中华民族要继续前进，就必须根据时代条件，继承和弘扬我们的民族精神、我们民族的优秀文化，特别是包含其中的传统美德。

——在北京市海淀区民族小学主持召开座谈会时的讲话（2014 年 5 月 30 日），《人民日报》2014 年 5 月 31 日

我很不希望把古代经典的诗词和散文从课本中去掉，加入一堆什么西方的东西，我觉得“去中国化”是很悲哀的。应该把这些经典嵌在学生的脑子里，成为中华民族的文化基因。

——在北京师范大学考察时和师生交流的内容（2014 年 9 月 9 日），人民网 2014 年 9 月 9 日

对传统文化中适合于调理社会关系和鼓励人们向上向善的内容，我们要结合时代条件加以继承和发扬，赋予其新的涵义。希望中国和各国学者相互交流、相互切磋，把这个课题研究好，让中国优秀传统文化同世界各国优秀文化一道造福人类。

——在纪念孔子诞辰 2,565 周年国际学术研讨会暨国际儒学联合会第五届会员大会开幕会上的讲话（2014 年 9 月 24 日），《人民日报》2014 年 9 月 25 日

四、领导干部要具备一定的语言文字应用能力和文化素养

人民群众是共产党存在和发展的基础、力量和智慧的源泉。共产党最基本的一条经验是一刻也不能脱离人民群众。现在基层出现的问题，很多是因为没有重视群众工作，没有做好群众工作，不会做群众工作，甚至不去做群众工作。有少数干部不会同群众说话，在群众面前处于失语状态。其实，语言的背后是感情、是思想、是

知识、是素质。不会说话是表象，本质还是严重疏离群众，或是目中无人，对群众缺乏感情；或是身无才干，做工作缺乏底蕴；或是手脚不净、形象不好，在人前缺乏正气。

——《之江新语·善于同群众说话》(2005 年 6 月 29 日)

在一定意义上文风也体现作风，改进作风必须改进文风。现在存在一种很不好的文风，喜欢写长文章，讲长话，但是思想内涵却匮乏得很，就像毛主席所批评的那样，像“懒婆娘的裹脚”。要把那些又长又臭的懒婆娘的裹脚，扔到垃圾桶里去，其实诀窍很简单，可用郑板桥的对联概括为“删繁就简三秋树，领异标新二月花”。就是要开门见山、直截了当、讲完即止，用尽可能少的篇幅，把问题说清、说深、说透，表达出丰富而深刻的思想内容。最要反对的是空话连篇、言之无物的八股文，那种“穿靴戴帽”、空泛议论、堆砌材料、空话连篇、套话成串、“大而全”、“小而全”等弊病，都要防止和克服。

当然，我们提倡短文、短话，并不是说凡是长文就一定不好。有些重要的内容，有些深刻的道理，该强调的还是要强调。总的原则是，当长则长，当短则短，倡导短风，狠刹长风。“凫胫虽短，续之则忧；鹤胫虽长，断之则悲。”为文也是这个道理。

——《之江新语·文风体现作风》(2005 年 8 月 19 日)

领导干部还应该了解一些文学知识，通过提高文学鉴赏能力和审美能力，陶冶情操，培养高尚的生活情趣。许多老一辈革命家都有很深厚的文学素养，在诗词歌赋方面有很高的造诣。总之，学史可以看成败、鉴得失、知兴替；学诗可以情飞扬、志高昂、人灵秀；学伦理可以知廉耻、懂荣辱、辨是非。我们不仅要了解中国的历史文化，还要睁眼看世界，了解世界上不同民族的历史文化，去其糟粕，取其精华，从中获得启发，为我所用。

——在中央党校建校 80 周年庆祝大会暨 2013 年春季学期开学典礼上的讲话(2013 年 3 月 1 日)，《人民日报》2013 年 3 月 2 日

五、网络的发展与规范

随着互联网媒体属性越来越强，网上媒体管理和产业管理远远跟不上形势发展变化。特别是面对传播快、影响大、覆盖广、社会动员能力强的微客、微信等社交网络和

即时通信工具用户的快速增长，如何加强网络法制建设和舆论引导，确保网络信息传播秩序和国家安全、社会稳定，已经成为摆在我们面前的现实突出问题。

——关于《中共中央关于全面深化改革若干重大问题的决定》的说明，新华网2013年11月15日

做好网上舆论工作是一项长期任务，要创新改进网上宣传，运用网络传播规律，弘扬主旋律，激发正能量，大力培育和践行社会主义核心价值观，把握好网上舆论引导的时、度、效，使网络空间清朗起来。

——在中央网络安全和信息化领导小组第一次会议上的讲话（2014年2月27日），新华网2014年2月27日

当今世界，科技进步日新月异，互联网、云计算、大数据等现代信息技术深刻改变着人类的思维、生产、生活、学习方式，深刻展示了世界发展的前景。因应信息技术的发展，推动教育变革和创新，构建网络化、数字化、个性化、终身化的教育体系，建设"人人皆学、处处能学、时时可学"的学习型社会，培养大批创新人才，是人类共同面临的重大课题。

中国坚持不懈推进教育信息化，努力以信息化为手段扩大优质教育资源覆盖面。我们将通过教育信息化，逐步缩小区域、城乡数字差距，大力促进教育公平，让亿万孩子同在蓝天下共享优质教育、通过知识改变命运。

——致国际教育信息化大会的贺信（2015年5月22日），《人民日报》2015年5月24日

互联网技术和新媒体改变了文艺形态，催生了一大批新的文艺类型，也带来文艺观念和文艺实践的深刻变化。由于文字数码化、书籍图像化、阅读网络化等发展，文艺乃至社会文化面临着重大变革。要适应形势发展，抓好网络文艺创作生产，加强正面引导力度。

——在文艺工作座谈会上的讲话（2015年10月15日），《人民日报》2015年10月15日

文化因交流而多彩，文明因互鉴而丰富。互联网是传播人类优秀文化、弘扬正能量的重要载体。中国愿通过互联网架设国际交流桥梁，推动世界优秀文化交流互鉴，推动各国人民情感交流、心灵沟通。我们愿同各国一道，发挥互联网传播平台优势，让各国人民了解中华优秀文化，让中国人民了解各国优秀文化，共同推动网络文化繁荣

发展，丰富人们精神世界，促进人类文明进步。

——在第二届世界互联网大会开幕式上的讲话（2015年12月16日），新华网2015年12月16日

六、提高新闻舆论工作的质量和水平

新闻媒体要坚持服务中心、服务大局，坚持贴近实际、贴近生活、贴近群众，坚持以正确的舆论引导人，充分发挥党的喉舌和舆论引导的作用。

要认真执行改革新闻报道工作的各项规定，始终坚持以正面宣传为主，及时把党的声音传达给广大人民群众，充分反映我们党密切联系群众、关心群众疾苦的内容。要更多地采用群众喜闻乐见的形式，不断增强新闻宣传的生动性、可看性，努力提高新闻宣传的质量和水平。

——《之江新语·努力提高新闻质量和水平》（2004年6月11日）

坚持团结稳定鼓劲、正面宣传为主，是宣传思想工作必须遵循的重要方针。我们正在进行具有许多新的历史特点的伟大斗争，面临的挑战和困难前所未有，必须坚持巩固壮大主流思想舆论，弘扬主旋律，传播正能量，激发全社会团结奋进的强大力量。关键是要提高质量和水平，把握好时、度、效，增强吸引力和感染力，让群众爱听爱看、产生共鸣，充分发挥正面宣传鼓舞人、激励人的作用。在事关大是大非和政治原则问题上，必须增强主动性、掌握主动权、打好主动仗，帮助干部群众划清是非界限、澄清模糊认识。

——在全国宣传思想工作会议上的讲话（2013年8月19日），新华网2013年8月20日

提高国家文化软实力，要努力提高国际话语权。要加强国际传播能力建设，精心构建对外话语体系，发挥好新兴媒体作用，增强对外话语的创造力、感召力、公信力，讲好中国故事，传播好中国声音，阐释好中国特色。

——在中共中央政治局第十二次集体学习时的讲话（2013年12月30日），《人民日报》2014年1月1日

对新闻媒体来说，内容创新、形式创新、手段创新都重要，但内容创新是根本的。要多深入基层、深入一线、深入官兵，了解第一手材料。要善于观察，在众多材料中发现好材料，找到反映时代精神、反映官兵面貌、能够引起广泛共鸣的材料。要善于思考，深入发掘好材料的内涵，梳理和阐发好材料中蕴含的隽永的精神和深刻的道理，运用丰富的新闻语言、形式、方法、技巧创作出精品力作来。

——在视察解放军报社时的讲话（2015 年 12 月 25 日），《人民日报》2015 年 12 月 27 日

促进语言能力共同提升　推动人类发展和社会进步

——在世界语言大会开幕式上的致辞

中央政治局委员、国务院副总理 刘延东

（2014 年 6 月 5 日）

尊敬的各位来宾，女士们、先生们：

大家上午好！

非常高兴能够与各位新老朋友相聚在素有“人间天堂”盛誉的中国历史文化名城苏州，参加由中国政府与联合国教科文组织共同举办的世界语言大会。本次大会以“语言能力与人类文明和社会进步”为主题，来自近 100 个国家和地区的代表汇聚一堂，交流共享促进语言能力提升、推动人类文明和社会进步的经验，意义重大而深远。在此，我代表中国政府对大会的召开表示热烈祝贺！向博科娃总干事和各位嘉宾表示诚挚欢迎！

女士们、先生们，一个国家和民族的文明是一个国家和民族的集体记忆，人类创造的各种文明都是劳动和智慧的结晶。从原始社会到农耕社会，从工业革命到知识信息社会，构成了波澜壮阔的文明图谱，书写了激荡人心的文明华章。如今，我们生活的这个地球村，有 200 多个国家和地区，2，500 多个民族，6，000 多种语言。不同语言的异彩纷呈，折射出世界文明的多样性和共通性。在这同一时空里，各国相互联系、相互依存的程度空前加深，越来越成为你中有我、我中有你的命运共同体。作为人类的伟大创造，语言在推动文明发展和社会进步中的作用日益凸显。

语言是人类文明代代相传的载体。语言蕴含着不同民族各具特色的文化基因，与人类文明进程相伴而生，共同发展。正是不同语言的存在，才使不同文化得以继承、传播和发展，人类文明由此多彩而灿烂。

语言是打开沟通理解之门的钥匙。语言文字是人类表达思想、获取知识、相互沟通的基本工具。误解和偏见源于隔阂与陌生，掌握不同语言有利于进行有效的沟通，可使不同文化、种族、不同国家的人们在感受不同文明深刻内涵的过程中相识相知、相互理解，从而拉近人与人、国与国之间的距离，促进世界文明彼此包容、和谐共生。

语言是促进文明交流互鉴的纽带。每一种语言都是人类智慧的结晶，都是平等的，都在人类历史上作出了不可替代的贡献，都值得珍惜和尊重。只有架设起更多的语言桥梁，实现各种文明的交流互鉴，才能持续推动文明发展。

语言是推动历史发展和社会进步的重要力量。人类的生活须臾离不开语言。随着社会分工越来越细、协作越来越密切，国民的语言能力对维持社会协调运转、提高生产生活水平的作用越来越突出，成为国家实力的重要标志之一。

语言是促进人的全面发展的必要条件。语言能力是认知发展、终身学习的基础。特别是信息化时代，人类交际空间不断扩大，海量信息的即时便捷与不同语言的沟通障碍并存，语言与科技的融合越来越深，对人的语言能力提出了新的挑战。因此，作为人的全面发展不可替代的要素之一，提升语言能力已成为当今时代的重要命题。

女士们、先生们，中国先哲孔子说，“言之无文，行而不远”。中华民族五千多年文明史绵延至今，不曾中断，语言文字功不可没。早在两千多年前的春秋战国时期，中国的思想家们就有“言意之辩”和“名实之论”，开始了对语言与意义、语言与世界等关系的探讨。到了秦代，“书同文”作为法令在全国推行。纵观中国辉煌灿烂的语言文化，既有“仓颉造字”这样神奇的传说，也有《尔雅》《说文解字》《康熙字典》等世代相传的语言文字经典，成为人类文明的宝贵财富。传说中，“中华文字始祖”仓颉首创象形文字，上苍为之感动而降下谷子雨，从此“谷雨”成为中国农历二十四节气之一。2010 年，联合国正式将每年中国农历的“谷雨”定为“联合国中文日”，以纪念仓颉造字对人类的贡献，促进联合国六种官方语言的平等使用，推动世界语言和文化的多样性。

作为一个多民族、多语言、多方言的人口大国，中国政府高度重视语言文字工作。新中国成立之初，就确立了简化汉字、推广普通话、制定和推行《汉语拼音方案》三大任务，并积极开展少数民族语言的调查和保护。特别是改革开放 36 年来，中国大力推广普及国家通用语言文字、科学保护各民族语言文字、全面促进语言文字应用法制化规范化标准化信息化，走出了一条具有中国特色的语言文字事业发展之路。60 多年来，中国语言文字事业与经济社会同发展、与时代共进步，取得了显著成就，对现代化建设产生了重要推动作用。

一是语言文字事业的地位逐步提升。语言文字相关内容写入《中华人民共和国宪法》，颁布实施了《中华人民共和国国家通用语言文字法》(以下简称《国家通用语言文字法》)，形成了较为完整的法律法规体系。语言文字被列入历次国家文化、教育战略规划。建立了从国家到地方分层级的工作机构，为加强语言文字工作提供了有力保障。

二是语言文字教育不断加强。中国全面普及了九年免费义务教育，在校学生达 1.4 亿人，文盲率从 65 年前的 80%下降到 4.08%，建成了世界最大规模的教育体系，有效满足了人民群众学习使用语言文字的需求。现在，中国民众对语言文字的学习运用越来越重视，去年，中央电视台播出《汉字听写大会》节目，有6亿多人次收看。

三是语言交际障碍基本消除。中国方言众多，过去有些地区"十里不同音"，翻过一座山、跨过一条河，人与人的交流就可能存在障碍。多年来，中国坚持不懈地推广国家通用语言文字，普通话普及率提高到70%以上，识字人口使用规范汉字的比例超过95%。

四是社会语言生活和谐健康发展。中国有56个民族，大多都有自己的语言。我们尊重并依法保护各民族使用和发展语言文字的权利。我们还妥善处理好国家通用语言与外语、普通话与方言、简化汉字与繁体汉字的关系，使之各得其所、各展所长。同时，扎实开展国家通用手语、盲文研制和推广工作，提高了残疾人融入社会的能力。

总之，经过不懈努力，中国语言文字事业稳步发展，国民语言能力大幅提升，促进了人际沟通、知识传播与文化繁荣，为生产要素流动、市场经济发展、社会和谐与民生改善提供了坚实支撑，极大增进了亿万人民的福祉。

当前，中国现代化建设站在了新的历史起点上，正在为实现国家富强、民族振兴、人民幸福的中国梦而不懈努力。实现这一梦想，不仅体现在物质层面的殷实富足，更要为国民提供健康丰富的精神文化生活。作为文化建设和社会发展的重要基础，语言能力的进一步提升越来越成为时代的紧迫需求。我们将适应经济社会发展新要求，尊重语言文字发展规律，进一步发挥语言文字事业的基础性、全局性、社会性和全民性作用；我们将更加重视教育发展与语言能力的双向互动，提高教育现代化水平和国民科学文化素质，大力加强语言文字教育，形成相互支撑、相互促进的良好格局；我们将更好发挥语言文字在文化传承创新中的独特优势，开展经典诵读、书法艺术、戏曲歌谣等丰富多彩的活动，支持围绕语言能力的科学研究，彰显优秀传统文化的生机活力；我们将统筹协调各方力量，坚持政府主导、社会参与，提高全社会规范使用语言文字的意识和水平，营造和谐语言生活环境。

女士们、先生们，我们所处的时代，是一个多样文明交流融汇的时代。特别是随着现代科技与网络技术的迅速发展，不同语言文化的交流合作、互学互鉴已势不可当。中国始终坚持与各国平等相待、开放合作、互利共赢，扩大人文交流与文化往来。我们鼓励中国民众学习外国语言，如今有3亿多人学习外语，涉及65个语种，其中大中小学生就有2.6亿人。我们还响应各国学习中文的需求，积极开展汉语国际教育，支持中外合作举办了445所孔子学院和665个孔子课堂，分布在122个国家和地区，全球学习汉语人数已超过1亿人。我们期待，通过人文交流的不断深化，促进语言能力的共同提升，搭建起沟通理解的桥梁，播撒和平友谊的种子，使友好合作的社会基础更坚实。

面向未来，人类以何种态度、何种方式对待语言能力提升，对世界未来发展将产生重要而深远影响。在此，我愿提出以下倡议：

第一，促进人类语言文化成果交流互鉴。古往今来，任何一种文明都需要从其他文明汲取养分、择善而从。我们应尊重各国语言文字的特色和优势，更加重视语言能力在文明对话、人文交流中的独特地位，促进不同国家的语言文字工作相互借鉴、取长补短，共享人类语言文化的成果。

第二，重视和加强语言文化教育。教育是提升语言能力的必由之路。各国应把发展教育、提升国民文化素质放在更加突出的位置，保障人人享有接受语言教育的机会。创新教育理念，在改进和完善传统语言教育的基础上，关注人的语言能力、机器的语言能力，开发创造性的语言教学方法，构建优质语言教育体系。积极应对信息时代“网络语言”等对语言生活的影响，探索提高语言能力的科学途径。

第三，加强语言文字的基础性研究。我们应将语言文字视为不可或缺的战略资源，在全球范围倡导对语言能力重要性的理解和认同。大力开展语言文字领域的科学研究，深入探讨不同语言文字在人类多样文明发展的独特作用，为语言文字的开发、保护、利用和可持续发展奠定坚实的基础。

第四，加强语言文字的法律保障。各国基本国情、文化传统各不相同，应从各自实际出发，不断完善语言文字法律法规体系和规范标准体系，使语言文字事业有法可依。同时，推动规范与服务并重，增强民众语言文字法治意识和规范意识，使社会语言生活更加和谐。

第五，积极推进语言文字的国际合作交流，加强多语教育和国际理解教育。鼓励和推动各国民众互学语言，提升跨文化交流能力。鼓励更多的学校、社会组织开展务实合作，搭建更多交流平台，使合作机制化、常态化，为世界范围语言能力的整体提升增添不竭动力。

长期以来，联合国教科文组织不仅非常关心语言的保护、使用与发展，而且着力推动各国文化交流合作，近年来更是致力于人类社会的可持续发展，中国政府对此高度赞赏。我们在文化、教育、科学等诸多领域，与联合国教科文组织开展了卓有成效的合作。今后，我们将一如既往地支持和参与联合国教科文组织的相关工作，加强与世界各国的交流与协作，进一步提高语言文化领域的合作水平。

女士们、先生们，提升语言能力，将为人类开启智慧之门，为世界可持续发展开辟更加美好的未来。让我们携手并肩，共同努力，为建设持久和平、共同繁荣的和谐世界作出更大贡献！

祝世界语言大会圆满成功！

21 世纪的语言能力提升及语言教育
——在世界语言大会开幕式上的致辞

联合国教科文组织总干事 伊琳娜·博科娃

（2014 年 6 月 5 日）

女士们、先生们：

我要感谢中国教育部、国家语委、中国联合国教科文组织全国委员会以及江苏省政府发起了这次会议。我要特别感谢中华人民共和国副总理刘延东女士对联合国教科文组织诸多核心议题的亲自关注和领导，例如去年杭州大会有关文化发展的议题，又如 2012 年在上海举办的职业技术教育与培训会议上有关教育的议题。同时我要说，我对今天联合国教科文组织成员国的积极参与感到非常高兴。可以说整个联合国教科文组织都来了，因为联合国教科文组织管理机构的三位负责人都参加了会议，这是体现我们这个组织的承诺与协作的强有力的表征。

我对 2012 年访问苏州后又一次来访感到由衷的高兴。苏州园林已列入联合国教科文组织的世界遗产名录，它体现了千年的传统。俗话说，苏州园林甲天下。这座“东方威尼斯”也展现了当今活力中国的现代化和多样性。2014 年 3 月 27 日，我有幸欢迎习近平主席参观了联合国教科文组织，他当时说到了多元化的重要性：“文明是多彩的，人类文明因多样才有交流互鉴的价值。阳光有七种颜色，世界也是多彩的。”在本周二，习近平主席又进一步强调说，和谐社会的建立只能基于国家和文化间的相互理解，基于他所说的“命运共同体”。语言的重要性也是一样。每一种语言都是平等的，相互关联的。每种语言都是人们相互理解、进行写作和表达现实世界的独特力量。语言映射我们对世界的理解，成就我们对世界的表达。它们表达我们共同的价值观，使思想成形，并且联系过去与未来。它们是人类权利和尊严的基础，是交流和分享、增强社会凝聚力、协同行动的渠道。通过语言，我们认识了世界，并可以使世界变得更好。这就是为什么用孩子们最自然易懂的语言来教育他们。有充分的证据表明，在学校里使用母语是扫盲的最有效的办法。语言教育是实现有教无类这个目标的关键。而这与保护濒危语言是分不开的。联合国教科文组织决心将提倡语言多样性作为文化多样性的基础。这个观点是联合国教科文组织文化公约的核心，即保护和促进文化表达的多样性，这种精神也指导着联合国教科文组织所发起的“文化和睦国际十年(2013—2022)”计划。这也是联合国教科文组织维格迪斯(Vigdís)多语国际中心未来的目标。所有这一切都从学校的课桌开始。

联合国教科文组织支持语言教育，尤其是通过母语教学和外语学习进行的多语教育，因为这是消除贫困、促进可持续发展和持久和平必不可少的策略。多语制为人们提供了相互了解与合作的机会，多语的空间环境使得人类的多元文化财富得以共享。1999年，联合国教科文组织采用了“多语教育”这一术语，指在教育中至少使用三种语言，即母语、区域或国家通用语、一门国际语言。2003年，我们发表了《多语世界的教育》，从而进一步深化这一主题，强调多语制是发展语言能力一个重要条件。

在拉美地区，联合国教科文组织正在推进一项跨文化多语教育的实践，以使土著语成为重要的教育资源。在亚太地区，我们支持将基于母语的多语教育整合到早期教育中去的政策。在中国，联合国教科文组织北京办事处支持中国社会科学院进行八种濒危语言的研究，即满语、畲语、拉伽语、土家语、西裕固语、阿依语、赫哲语、尔苏语，以帮助他们在教育中使用这些语言。说到阿拉伯世界，我感到特别骄傲的是，联合国教科文组织已经发起了“世界阿拉伯语日”，以此感谢和庆祝阿拉伯语——一个主要宗教和文明的语言——对全人类共同文化所作出的巨大贡献。

多语制是一种包容和社会凝聚的力量，也是构成全球公民的基础。提倡全球公民身份是联合国秘书长《教育优先计划》的一个重要目标，而联合国教科文组织正在为此“保驾护航”，中国是这一优先计划的领军国家，我非常感谢他们的领头作用。纳尔逊·曼德拉曾说过：“如果你用一个人听得懂的语言和他交流，你的话会入其脑。如果你用他的语言和他交流，你的话将入其心。”

世界日趋多元化，语言能力在文化间相互理解、进行跨文化活动、“共同居住”方面至关重要。我认为多语制在精心设计更具包含性的人类发展，反映每个社会需求方面必不可少。没有“一刀切”的解决模式。为可持续发展、保证各国平等、反映多元性，2015年之后新的发展议程需要更具人文性。这是一个有关人权的问题。这是一个消除贫困和可持续发展问题。最终这是个持久和平、相互尊重、相互包容问题。

世界上约6,000种语言，每种语言都包含有自己的知识财富。语言多样性是生物多样性的另一个侧面，为此，联合国教科文组织起草了一个“语言多样性指标”，作为“生物多样性指标合作契约”的一部分，共同受生物多样性公约的托管。让我举例子说明。尼加拉瓜和洪都拉斯交界的热带雨林是玛央那土著人的家园，这是继亚马逊之后美洲第二大热带雨林地区，玛央那人在保护生物多样性方面发挥着重要的作用。联合国教科文组织出版了第一本玛央那文编写的书，以记录和分享他们关于生物多样性的独一无二的知识。可以想象，我们能从全球各个地区学到的东西何其之多！我们必须开发出更多这样在线和离线的工具、指标和统计表。

仅仅投资科技是不够的，我们必须对当地事务、当地语言加大投入，这样数字鸿沟才不会加深语言上的距离。这是联合国教科文组织共同主持的宽带数字发展委员会的一个发展目标。2010 年，我和负责协调互联网域名系统的 ICANN（互联网名称与数字地址分配机构）签署了一份协议，在协议中规定任何字母的互联网域名都可以设立。从那以后，我们的开放训练平台已经有了土著语的培训材料，联合国教科文组织世界濒危语言地图也可以通过网络获得。

女士们、先生们，我们必须通过发展新技能、新能力，来培育新一代多语外交官、多语政治家、多语公民。我认为本次大会是一个携手向这一目标迈进的机会，为教师们制定开发各种正确的教学手段、政策和教学法。这至关重要，因为语言不仅表达世界，语言还可以塑造世界。这也印证了大教育家孔子的智慧："名不正，则言不顺；言不顺，则事不成。"语言是思想和行动的桥梁，是我所称的新人文主义中不可或缺的重要组成部分，它根植于对人类尊严、基本权利和多元文化的尊重。

我相信，人类发展需要新视野。因此，加强语言能力和语言教育是关键。本着这样的精神，我要再次感谢中国政府，并祝愿大会卓有成效。

语言功能的现代阐释：跨文明对话，填平鸿沟，构建新人文主义

——在世界语言大会全体会议上的演讲

第九届、第十届全国人大常委会副委员长、国家语委咨询
委员会主任、世界汉语教学学会会长　许嘉璐

（2014 年 6 月 5 日）

各位来宾，各位专家，女士们、先生们：

本次世界语言大会的主题——“语言能力与人类文明和社会进步”，鲜明地揭示了语言事业当前所承担的历史性任务。语言，是人类最伟大的创造。它为交流和思维而生，是人类思想、感情的直接现实。人类进入工业化时代，语言的功用急速地跨越了民族边界，成了不同文明间沟通的重要手段。但是，在近两个世纪中，“我对你说”或“我说，你听”成为常态，那往往是强制、训诫和灌输。在度过了痛苦的殖民时代之后，特别是随着民族觉醒、经济全球化和关注文化多样性的呼声日益强烈，语言的交流功能在民族与民族、国家与国家全面交往中的作用越来越突出。在许多国家，为了自身的全面均衡可持续发展，也把消弭方言之间、不同民族之间信仰、观念和伦理的隔膜寄望于语言的沟通。总之，越来越多的人意识到，人类要可持续发展，国家要稳定，世界要和平，就需要多层次、多国别、多民族之间的对话。正是在这种背景下，“对话”(dialogue)逐渐成了在国际间使用频率越来越高的词语。“我说，你听”变成“你说，我说”，这是世界的一个极大变化，意味着平等、尊重和协商得到了国际交往“正宗”方式的地位，意味着历史所造成的鸿沟有可能逐渐填平，也意味着语言的交流功能超越了日常生活和相对固定的“话域”，面对的是无限的空间。

女士们、先生们，人类的智慧，是靠对话而成熟和传播的。让我们回顾轴心时代的伟人们，孔子、孟子，苏格拉底、柏拉图，耶稣、释迦牟尼，岂不都是在和学生、公众无数次的对话中迸发出智慧的火花、探寻到真理的吗？人类历史上有过许多因对话而实现和平的事例，也有数量或许更多的因拒绝或不充分、不善于对话而发生的惨剧。正是因为看到了对话是不同文化间消除误解与隔阂，取得共识的最主要的手段，所以 1993

年世界宗教大会上由 6,000 位宗教领袖为了世界持久和平而通过了《走向世界伦理宣言》,联合国和联合国教科文组织则从世纪之交起,着力提倡并组织不同文明间的对话,成效显著。另外,在刚刚过去的几十年里,以维特根斯坦和哈贝马斯等人为代表的交往理论哲学家们,对于对话的逻辑和规则、公共领域中的语言沟通和演变,做了富有成效的研究,“对话”已经成为世界哲学界近年来研究的热门课题,哲学家们有意无意地把语言的沟通作为构建人类共同伦理或新人文主义必须解决的前提。

但是,要达到联合国和教科文组织提出的目标,要实现世界人民,特别是前殖民地国家人民和平幸福的愿望,要如哲学家们所倡导的那样,通过对话追求人类共同伦理和宇宙的真理,国际组织的号召和呼吁需要扎实地付诸实施,学术精英们的研究和呼吁需要让世界广为知晓。显然,对话必须要有亿万民众的参与。但是,目前的情况是,双方乃至多方交往的人们更为关注的是商品、古迹、景致和食品,意欲了解他者人文、信仰和伦理的不多。出现这种情景的原因是多方面的:今天是一个物质第一、精神被忽略的时代;物质的东西直接刺激人的感官,容易被理解和接受;就语言的运用而言,有关日常生活所涉及的物质和技术的语言,在不同语言间的对应较之人文的,尤其是比关于信仰、伦理的,要简单得多,虽然句子结构之间的对应也是极为麻烦的事。

这对语言事业是一个新的挑战。与经济全球化同时出现并且应该强调的,是文化的多元性,而后者就在很大程度上涉及精神领域概念的表达。在这一领域,句子结构和修辞的差异反而退到了第二位。摩洛哥哲学家、2003 年教科文组织沙迦奖获得者,2009 年至今担任该国文化部长的本・萨利姆・希姆什教授在 2010 年发表的一篇文章里说道:为了使不同信仰或文化间的对话变得更为明确和严谨,应当抵制杂乱、顽固和不规范的术语模式,并尽量使事物名称符合其性质和功能。

他举例说:“数百年来,欧洲人一直把伊斯兰教、伊斯兰和伊斯兰主义作为同义词或同源专有名词的变异。”因此他呼吁:“重新审视文化间对话的全部词汇并对其进行概念批评,这是为名副其实的和平文化创造重要条件。这种和平文化的基础是合作者间真正的对话。”

他所提出的问题在中国和西方文化的交流史中实际上已经存在了几百年。例如 16 世纪的伟大传教士利玛窦和 17 世纪的伟大数学家、哲学家莱布尼茨等人都是以基督教的“神”“爱”“善”“礼”等概念来理解中国的儒家文化,甚至认为儒家所信仰的也是人格神,因而可以证明基督教教义具有普世价值,这一误解直至今天仍然是中西文化交流的障碍。近几十年,这个问题已经引起欧美和中国学者的高度注意;但是在没有出现希姆什所期望的那种情景时,人们只能用一种权宜之计,或者说是过渡的方法处理,在遇到中国文化的概念时,直接写出汉语拼音,例如道(Dao)、理(Li)、仁(Ren)、性

(Xing)、悌(Ti)、孝(Xiao),等等。但是这个办法最终只能用于少数词语,局限性是显然的。如果要想广泛而深入地开展不同文明的对话,希姆什所提出难题必须解决。当然,不同文明间的对话所涉及的必须解决的语言问题远不止希姆什所说,例如以下一些问题近年来不断被人们提起:

在未来的人际交往中一人多语(含本民族方言、本国其他民族语)的现象会越来越多,社会如何满足这种需求?

与此相伴的一个重要趋向是作为文化的符号,记载着不同民族或地区历史的少数民族语言、方言和人数较少的国家(例如马尔代夫)的语言,呈现出迅速衰落的迹象,我们应该采取怎样的对策?如何挽救和保存?

许多国家已经采取多种措施以保护国内少数民族语言和少数人使用的语言。但是,保护的目标能否达到?按照语言分区分校进行母语教学,利和弊孰大孰小?对少数民族学生的过度资助是否是“逆向歧视”?师资和教材的匮乏、所需成本过高的问题如何解决?外语教学和母语教学如何不相抵消,做到相得益彰?

为不同文明对话服务的双语或多语辞典如何编撰?在涉及他种语言人文学科的语汇时,按西方词典学的路径,是否能做到被释词和解释用语“等值”?

为了培养适应未来需要的语言人才,我们的语言教学和研究需要作哪些调整和改革?

日新月异的IT和网络技术如何直接为不同语种间的对话服务?

女士们、先生们,这类问题的单子,我们可以拉得很长很长,这说明为了建起人类交流合作的语言之桥,我们所面临的挑战是极其严峻的,需要长期奋斗。这些问题归结起来就是:为了填平国际和人际间的鸿沟,首先受到挑战的将是语言政策、语言教育和语言技术;首要的任务是说服各国政府采取足够的措施,说服具有经济和技术实力的企业积极参与搭建语言之桥的工程中来。

单就IT和网络技术协助语言教育和交流而言,就有巨大而急迫的需求,当然这也是一个语言技术的巨大发展空间。现在一些国家在机器翻译和人机对话的研究和实用方面已经投入了不少资金和人力,取得了一定进展。但是,除了少数公司着眼于提高人们的语言能力、挽救濒危语言,制作了词典、教学软件(包括视频)外,多数还是围绕着经济事务和技术利益进行开发。这是资金来源的局限所带来的必然结果。以我所领导的一个技术团队为例,我们所开发的应用技术中一英对译软件(主要是专利文本),三年来耗资已经近1,000万人民币。到目前为止,面对真实文本的译准率和召回率已经达到85%,预计到2014年年底,这一数字还要提高。如果扩大翻译范围、继续提高译准率,所需资金将更多。我之所以专心研制应用技术的翻译软件而不敢旁顾，一方面是因为我知道，要达到人机交流，必须先解决不同语种的对译难题；另一方面也是目前的课题筹集资金相对要容易得多。

很久以来，我一直梦想着能够研制用于人机交流的软件，也就是真正意义上的人机对话的技术。我知道其中的难度，并且正是因为难度大，所以没有更多的资金后盾是无法着手的。人类在这一漫长道路上已经迈出了第一步，但是在这里停留得太久了。从我自己的经验中，我有这样的感触：这是一项需要引起世界注意的事业，更是需要无疆大爱的事业。因此我建议：希望IT业和网络商能够把人类的交流对话作为一个长远的事业，减少对眼前利益最大化的追求；希望各国政府高度重视语言教育，调整语言政策，保障不同语言间的完全平等，经济实力较强的国家应该慷慨地帮助新兴国家；希望有关政府在资金和政策上支持IT业，鼓励网络商，跨过纯商业的视域，关注人类长远的共同利益，加大语言交流技术的开发；当然我也同时希望教科文组织在这一进程中发挥更大的推动作用。

女士们、先生们，我们在不断强调不同文明对话重要性的同时，也应清醒地意识到，对话在解决世界和国家和谐问题上并不是万能的。对于那些以优越种族和上帝的现代选民自居，一意把利润、权力作为行动准则，坚持奉行殖民式思维，视人民为奴役对象者，对话不过是遮人耳目的游戏。但是，我们对人类的未来仍然充满信心。诚如联合国教科文组织《组织法》中所说，“战争起源于人之思想，故务需于人之思想中筑起保卫和平的屏障”。这句话反映出在经过了人类历史上最为残暴酷烈的战争之后，已经自觉到出路在哪里。我在不久前举行的第三届尼山论坛上说了下面一番话：“这里的‘战争’一词，指的是人类危机在层层积累之后最终爆发的极端形式；‘人之思想’之所指，美国过程哲学家，密歇根伟谷的斯蒂芬·劳尔的一段话，可以被视为是一种较好的解读，他说：现代性最糟糕的部分，是沉溺于物质主义的一己私利的‘道德疾病’；对‘消费主义’的过度迷恋；导致意识形态僵局的不成熟的将凡事都绝对化的倾向。最大的问题是高分贝地讴歌物质生活而贬低精神生活，贬低我们的人性。”（2014年的一次对话，见《光明日报》，2014年4月16日）

女士们、先生们，教科文组织所提出的“保卫和平的屏障”将由谁来筑起？人民！人民的团结是战胜邪恶的最有力的武器。要团结，就要了解他者之心，扩大自己和他者的视野，大家一起从对物质的迷恋中解脱出来；要了解他者的心，就要无障碍地交流；要无障碍地交流，就需要提高语言能力；要提高语言能力，就需要行动，而且不限于各国自己内部的行动。这是一个基于理性的因果逻辑链，而从事有关语言事业者，各国政府加专家，则处于这一链条的终端。

女士们，先生们，让我们携起手来，努力！

世界语言大会苏州共识

（2014年6月6日，中国苏州）

世界语言大会于2014年6月5日至6日在中华人民共和国江苏省苏州市举行。全体代表感谢中国政府与联合国教科文组织合作，为举办此次盛会所作出的慷慨贡献。会议代表围绕“语言能力与人类文明和社会进步”这一主题，就语言能力与社会可持续发展、语言能力与语言教育创新、语言能力与国际交流合作等议题进行了认真讨论，并达成了以下共识。

一、语言能力与社会可持续发展

语言是人类文明世代相传的载体，是相互沟通理解的钥匙，是文明交流互鉴的纽带。作为推动历史发展的重要力量，语言对于激发个体潜能，实现2015后全球发展新目标至关重要。语言能力是激发文化活力，促进认知发展，推动社会进步和经济繁荣的根本因素。

采取措施提升全体公民多种语言的能力，将有助于满足日益显现的全球社会需求。语言能力应包括母语能力、国家通用语言能力、区域以及国际交流语言能力等。

二、语言能力与语言教育创新

以科学研究带动语言教育创新，从而提升语言能力。研究领域包括：人脑语言机制、信息交流技术（ICT）、有效教学法和基于母语的多语教学。

使用学习者的母语开展教学，是提高教学效果、促进身份认同的重要基础，母语教育应该应用在初期教育阶段。家庭和社区在母语学习中发挥着重要作用。手语和盲文应得到尊重并在教育中得到使用。各民族和土著民为使他们的语言世代相传所付出的努力，对一个公正和富有成效的世界亦很重要。教师教育是提升语言能力的一项重要投入。

三、语言能力与国际交流合作

促进人民、机构、国家之间的交流和学习是提升语言能力的重要途径，语言能力的提升也有利于促进人民、机构、国家之间的交流和文明互鉴。网络空间应体现世界的语言多样性，各语言社区都应该从信息交流技术中受益。

呼应国家、土著民以及移民社区需要的语言政策和实践，可以为一个全球化社会的和平共处增进有效沟通。

世界语言大会苏州共识(英文)

CONCLUSIONS OF THE INTERNATIONAL CONFERENCE ON LANGUAGE

Suzhou, China. 6 June 2014

The International Conference on Language was held on 5 - 6 June 2014 in Suzhou, Jiangsu Province, People's Republic of China. The participants acknowledge the generous contribution of the People's Republic of China in hosting this conference, in partnership with UNESCO. Focusing on the enhancement of language ability for human civilization and social progress, participants deliberated on language ability and sustainable social development, innovation in language education and international exchanges, and reached the following conclusions.

I. Language Ability and Sustainable Social Development

Language is the carrier of human civilization and the key to mutual understanding. It is also a bond cementing exchanges and mutual learning among civilizations. As a major historical force, language is critical to the fulfilment of individual potential, as well as the attainment of internationally agreed *development goals beyond 2015*. *Language ability* is essential to cultural vitality, cognitive development, social progress and economic prosperity.

Measures to improve ability in a variety of languages for all citizens will also help meet the needs of an *emerging global society*. Language ability should include the mother tongue, national and regional languages, and languages of world-wide communication, among others.

II. Innovation in Language Education

Innovations in language education, grounded in research, are needed to enhance language ability. Areas for exploration include the brain mechanism of language, Information and Communication Technologies (ICT), effective pedagogies, and the use of mother tongue based multilingual education.

As instruction in the learner's *mother tongue* is fundamental to improving educational outcomes and fostering identity, mother tongue-based education needs to continue at least through primary education. *Families and communities* play a crucial role in fostering mother tongue learning. The sign language and braille should be respected and used in education. The efforts of *ethnic and indigenous* populations to transmit their languages across generations are crucial for a more just and productive world. *Teacher education* is a vital investment to enhance language ability.

III. International Exchange and Cooperation

Promoting exchange and learning among peoples, institutions and nations is an important means of enhancing language abilities, and the enhancement of language ability will greatly facilitate the exchange and learning among peoples, institutions and nations. *Cyberspace* should reflect the linguistic diversity of the world, and all language communities should benefit from the potential of ICT.

Language policies and practices responding to the needs of national, indigenous and immigrant communities can enhance effective communication for peaceful co-existence in global society.

专文

为人类语言能力提升和人类文明进步作出更大贡献

——在世界语言大会闭幕式上的致辞

联合国教科文组织大会主席、教育部副部长 郝平

（2014年6月6日）

各位专家学者，女士们、先生们，朋友们：

在与会代表的共同努力下，世界语言大会圆满完成了各项议程，即将落下帷幕。两天来，各位代表围绕“语言能力与人类文明和社会进步”这一主题，深入交流，凝聚出许多对于语言文字事业和语言教育发展至关重要的共识，形成了重要的会议成果文件《苏州共识》，完成了预期目标，会议取得圆满成功。

中华人民共和国国务院副总理刘延东女士出席会议开幕式并发表重要讲话，她提出了“促进人类语言文化成果交流互鉴；重视和加强语言文化教育；加强语言文字的基础性研究；加强语言文字的法律保障；积极推进语言文字的国际合作交流，加强多语教育和国际理解教育”五点重要倡议，为本次会议的研讨提出了具有重要意义的指导原则。教科文组织总干事博科娃和执行局主席埃米尔也在开幕式发表了讲话。各国教育部长、语言专家学者围绕提升语言能力和语言教育水平各抒己见。会议中谈到的以下五条让我印象深刻：

第一，会议提出了新形势下的语言能力概念问题。语言能力不仅是传统的识文断字的能力，也不仅是听说读写译的能力，还包括掌握各种现代语言技术进行语言活动的能力；不仅包括母语能力，还包括第二外语和多语能力；不仅包括正常人的语言能力，还包括语言障碍者的语言能力；不仅包括人类的语言能力，还包括机器语言能力。另外，语言能力还包括职业语言能力、社会语言能力和艺术语言能力等。

第二，语言在社会进步和人类认知发展中发挥着决定性作用。语言能力建设对提升文化软实力、传承文明和促进可持续发展都具有重要意义。语言能力的水平决定了一个国家的语言文化氛围。语言能力的培养既有利于儿童认知能力的发展，又有利于延缓成人认知的衰老，对人的全面发展也有着重要影响。

第三，要加强语言能力的基础性研究。语言能力具有复杂性和发展性，需要脑科

学、认知科学、生命科学、信息技术科学等不同学科、相关产业和社会各界共同努力，是国际科学发展的前沿和产业发展的新兴领域。语言能力的研究可以有效解决当前语言教育效率低下问题。应该加强机器语言能力的研究，促进人机对话、人工智能和互联网等科技创新和产业发展，努力提升公民利用现代科学技术进行语言交流的能力，同时也要特别关心信息技术边缘化的人群。

第四，要重视适应新形势要求的国家语言规划和语言政策的制定。应该作为一项国策纳入经济社会文化教育发展规划中；促进语言文字法律法规体系和标准体系建设；科学合理地保护开发语言资源；加强多语教育，通过语言能力提升，促进社会包容；积极支持围绕语言能力的科学与技术创新；促进语言产业的发展。

第五，要畅通语言文化国际交流。应该将语言能力建设置于跨文化交流的核心位置，使其成为国与国之间人文交流的重要内容；在保护和传播本国、本民族的语言文化的同时，积极鼓励和引导各国公民学习外国语言、历史与文化；支持派出和接收留学生，推动跨文化交流；采取各种措施，畅通语言传播渠道，促进语言文化交流和人类文明成果共享。

最后，我代表联合国教科文组织大会以及本次会议的主办方向为本次大会成功召开付出辛勤努力的各位嘉宾和所有工作人员、志愿者们表示衷心感谢！让我们共同努力，为人类语言能力的提升和为人类文明的进步作出更大贡献！

提高语言能力 促进文明交流

——在世界语言大会全体会议上的演讲

教育部副部长、国家语委主任 李卫红

（2014年6月5日）

尊敬的各位代表，女士们、先生们：

仲夏时节，在历史悠久、风景秀丽的文明古城中国苏州与世界语言大会的各位代表汇聚一堂，共襄盛事，我感到由衷的高兴。在开幕式上，刘延东副总理代表中国政府发表重要讲话，阐述了中国提高语言能力的理念和语言文字事业的发展战略。伊琳娜·博科娃总干事代表联合国教科文组织做了热情洋溢的致辞。下面，我重点就我们对语言、语言能力与人类文明和社会进步关系的认识，中国政府对促进语言文字事业发展和语言能力提高所付出的努力，以及我们下一步的工作规划向各国朋友做些介绍。

一、语言与语言能力是促进人类文明和社会进步的基石

人类对语言重要性的认识由来已久。早在两千五百多年前，中国伟大的思想家、教育家孔子提出的"孔门四科"，"言语"一科赫然在列。公元前四世纪，古希腊的柏拉图在《对话集》中也提出了语言的起源和语言在认识中的突出地位。语言与人类文明息息相关，在人类发展中发挥着须臾不离的重要作用。语言的产生，使人类最终揖别动物界；文字的产生，开启了人类文明的进程；语言与信息技术的融合，则掀开了现代文明波澜壮阔的历史。本次大会的主题是"语言能力与人类文明和社会进步"。语言能力是掌握语言的能力，是正确表达自己、理解别人的能力，是听说读写译等语言技能的综合运用能力。作为人类生存和发展的基本能力，语言能力在创建和传承人类文明中发挥着关键作用，它是社会发展的基石，是语言教育的重要内容，也是沟通世界的桥梁和纽带。

提高语言能力是社会可持续发展的必然要求。社会可持续发展，既包括政治、经济、社会、文化等的发展，还包括人的全面发展。社会可持续发展在一定程度上，取决

于人的全面发展的程度。没有语言能力的提高、没有人的综合素质的提升、没有人力资源的开发，就没有社会的可持续发展。中国古代“晏子使楚”“触龙说赵太后”“诸葛亮舌战群儒”等历史典故，均说明语言能力对个人事业发展、社会整体进步的重要作用。社会可持续发展对人的发展也提出全方位的要求。只有包括语言能力在内的智力、体力、创造力等得到充分发展，社会的可持续发展才能有所保障。古巴比伦“巴别塔”的故事告诉我们，人类一旦沟通顺畅，智慧和能力成倍增长，文明的步伐也会明显加快。人类通过语言交流，沟通思想、分享经验、传承文化，推动社会进步和发展；通过提高语言能力，增进了解、提高素质、增强能力，为社会可持续发展奠定基础、创造条件。

提高语言能力是语言教育创新的重要内容。全世界语言种类约有 5,000 至7,000 种。语言教育不仅是学习语言、提高语言能力的重要途径，也是打通传统与现代隔阂、弘扬传统文化的有效方法。中国古人曾说“读书以训诂为主”，就是指通过语言教育要传授更多传统文化。同时，语言能力的提高对语言教育创新也产生了积极的促进作用。例如，互联网等现代人机交流语言的运用大大促进了语言教育现代化水平的提高。当前国际交往与日俱增，对语言教育提出了新的更高的要求。语言教育要运用现代传播手段，提高效率和质量；语言教育要拓宽视野，关注经济社会发展，融入经济社会发展；语言教育要更加重视语言能力的提高、传统文化的传承，这是语言教育的重要使命。

提高语言能力是促进国际交流合作的桥梁和纽带。语言是交流的基础，是沟通的桥梁。只有掌握了语言，才能完成跨国的交流与合作。我国汉武帝时，张骞两次出使西域，学习匈奴人语言，开辟举世闻名的“丝绸之路”。语言在交流借鉴中也得到丰富。公元之交印度佛教传入中国，不仅为汉语引入了反切这种注音方法，而且丰富了汉语的词汇和表达。随着国际交流的加深，汉语在国际上的影响力也愈来愈大，英语中的功夫、武术、普通话等单词就是通过汉语拼音直接音译而成的。“一花独秀不是春，百花齐放春满园。”世界如此丰富，是因为各种文明交互辉映；多种文明能够交流互通，正是因为有了语言这个桥梁和纽带。提高语言能力，加强交流合作，人类多样文明的鲜花才能竞相怒放，各国人文历史的无穷魅力才能尽情展示。

提高语言能力是认知世界、了解异国文化的钥匙。习近平主席说，“掌握一种语言就是掌握了通往一国文化的钥匙”。我国近代思想家、翻译家严复翻译了《天演论》《原富》等诸多西方名著，成为近代中国开启民智的一代宗师。公元 13 世纪，意大利著名旅行家马可·波罗游历中国，后人根据其口述撰写的《马可·波罗游记》，详尽介绍了中国的人文地理、习俗文化。该书开启了欧洲了解中国的窗口，对日后的中欧交流产生了重要影响。时至今日，经济全球化日益加深，语言作为人类沟通的第一工具，更加凸显其独特价值与时代意义。学习新的语言、发展多语能力，意味着拥有了钥匙，意味着开启了门窗，可以拓宽我们的视野，可以增进各国的交流。

二、中国在发展语言文字事业、提高语言能力方面所取得的进展

中国是一个统一多民族国家，拥有近百种语言和约 30 种文字。其中，普通话和规范汉字是法定的国家通用语言文字。中国政府坚持贯彻民族平等政策，除汉族外，53 个少数民族拥有自己的语言，22 个少数民族正式使用 28 种文字。

中华人民共和国成立后，为消除文盲、普及教育、提高文化素质、推动社会发展，国家专门设立了文字改革委员会，以简化汉字、推广普通话、制定和推行《汉语拼音方案》为当时文字改革的三项重要任务。2000 年，中国全国人大通过了语言文字的专门法律《国家通用语言文字法》。2012 年底，中国政府制定并全面实施了《国家中长期语言文字事业改革和发展规划纲要（2012—2020 年）》（以下简称《语言文字规划纲要》）。经过 60 多年的努力，中国的语言文字工作取得了长足进展。国民的语言交际障碍基本消除，语言观念发生深刻变化，语言能力获得较大提高。目前，全国 70%以上人口具备普通话应用能力，约 70%人口掌握汉语拼音，95%以上的识字人口使用规范汉字，中国几千年来“书同文、语同音”的梦想基本实现。普通话、规范汉字、汉语拼音以及其他语言文字规范化标准化的成果广泛应用于经济建设、文化发展和社会生活，为提高识字和教学效率、扫除文盲、普及教育消除了障碍，为广播电视、新闻出版、现代通信、中文信息处理等奠定了基础，为保证国家的政令畅通和市场经济发展提供了条件，为增进各民族之间交流、增强中华民族凝聚力架设了沟通桥梁。

一是语言文字法律法规体系初步建立，规范标准建设不断推进。中国政府高度重视语言文字的法律体系构建，努力推进语言文字领域的法制建设。《国家通用语言文字法》及 35 部地方法规和政府规章、数百部涉及语言文字条款的法规规章的颁布与实施，构成了语言文字的法律法规体系。国家颁布了语言文字规划纲要，全国所有省份均制定了实施方案。全国 31 个省份和多数地（市）、县（市）设立了语言文字工作机构和专职工作人员。研制了《通用规范汉字表》等 150 多项规范标准以及多个语料库系统。

二是国家通用语言文字得到大力推广，各民族语言文字得到科学保护。大力推广国家通用语言文字、科学保护各民族语言文字是我国语言文字工作最重要的任务。《国家通用语言文字法》确立了普通话和规范汉字的法定地位。持续多年的全国推广

普通话宣传周、城市语言文字工作评估等推动了社会、城市和学校语言文字使用水平的整体提高。中国为12个民族制定了16种拉丁字母形式的文字方案，建立了中国语言资源有声数据库，以及蒙古族、藏族、维吾尔族、哈萨克族、朝鲜族、彝族等传统通用少数民族语言文字的规范标准。

三是中国传统文化弘扬取得较大成效，语言文字国际交流合作不断深入。中华文明历经五千多年历史演进，积淀着中华民族最深层次的精神追求，代表着中华民族独特的精神标识，弘扬优秀传统文化是新时期我国语言文字工作的重要内容。近几年来，我们开展的中小学书法教学、中华经典资源库建设、中华经典诵读行动、书法名家进校园等工作影响广泛。中国主流媒体支持语言文化工作，先后推出的《中国汉字听写大会》《中国谜语大会》《中国成语大会》等语言文化类电视节目，为提高国民语言能力营造了良好氛围。语言文化的国际交流也很活跃，近些年来"中德语言年""中法语言年""中俄语言年"系列活动，促进了不同语言文化的深入交流，增进了中国与各国人民的互信和相互了解。分布在世界122个国家(地区)的445所孔子学院和665个孔子课堂，已成为加强中国人民与世界各国人民友谊合作的语言桥梁。

四是国民语言教育普遍开展，语言能力得到较大提高。中国政府高度重视语言教育，把提高国民语言能力作为新时期语言文字工作的重要内容。语文课是中小学学时最长的学科之一，外语教育在中小学得到基本普及。开发和实行了普通话水平测试、汉字应用水平测试、汉语能力测试。截至目前，累计4,000余万人次参加普通话水平测试，播音员、节目主持人、教师等实行持普通话等级证书上岗制度。此外，还积极开展多层次的少数民族双语教师培训、经典诵读骨干教师培训、书法教师培训以及进城务工人员的普通话培训，从多方面努力提高全体国民语言文字应用能力。

女士们、先生们，作为一个拥有多民族、多语言、多文种和多方言的国家，在推进语言文字事业发展60多年的实践中，我们逐步形成了具有中国特色的语言文字工作理念和工作制度。一是坚持把推广普及国家通用语言文字作为长期的重要任务。"国民之魂，文以化之；国家之神，文以铸之。"我们认为，推广普及国家通用语言文字，不仅利于国民沟通交流、促进经济社会发展，而且关系到中华民族的文化认同和国家统一，是语言文字工作长期的、最重要的任务。二是明确了"构建和谐语言生活"的工作目标。中国哲学家朱熹曾说"和而不同、执两用中"，这深深体现了中国人理性思辨、平衡协调的思维特点，极端主义向来不是中国的哲学传统。妥善处理好国家通用语言文字与少数民族语言文字、国家通用语言与外语、普通话和方言、简化汉字和繁体汉字的关系，要求我们必须做到"和而不同"、辩证统一；必须遵循语言文字发展规律，依法处理各种语言的学习和使用。三是确立了语言文字是国家基础性资源的新理念。语言是文化资源。据统计,80%的文化是通过口语和文字传留下来的。中国首批公布了518项非物质文化遗产,其中传说、号子、歌谣、戏曲等,无不关涉语言文字。语言文字是经济资源。我国仅英语学习市场年产值就超过100亿元人民币,翻译市场年产值约120亿元人民币。英国英语产业每年有100亿欧元的利润,欧盟语言产业营业额每年至少增长10%,预计2015年将达165亿至200亿欧元。语言文字是文化的载体和重要组成部分,是国家不可再生的、珍贵的非物质文化财富,是重要的基础性资源,需要认真加以保护建设和开发利用。四是形成了服务社会、融入发展的工作思路。中国传统经典《大学》强调,如要"外治"先要"内修",只有服务社会,才能实现人生价值。中国还有句名言"己欲立而立人,己欲达而达人"。说的就是,一个人要取得成功必须融入社会,要通过帮助别人进而实现自己的理想。语言文字事业具有基础性、全局性、社会性和全民性特点,在经济一体化、社会信息化时代,语言文字工作需要拓宽视野、融入社会,在促进经济社会和人的全面发展中融入发展、提供服务,从而推动自身发展、实现自身价值。

三、全面发展语言文字事业,努力提高语言能力,为促进人类文明作出应有贡献

人类社会已经进入21世纪的第二个10年。作为一个语言大国,中国在当前和今后一个时期,将积极应对经济全球化时代对语言文字事业提出的新要求、新挑战,把加强语言教育作为语言领域促进可持续发展的重要途径;把开展多渠道、多形式的语言文化交流作为实现跨文化理解的重要方式;把提高治理能力、完善管理体制作为提高语言能力的重要手段,努力提高语言能力,全面促进新时期语言文字事业的科学发展、和谐发展。

我们将全面深入贯彻落实国家语言文字规划纲要。语言文字规划纲要为我国中长期语言文字事业确定了总体目标、主要任务、工作重点和保障措施。我们将以增强国家语言实力、提高国民语言能力、构建和谐语言生活为总体目标,以"推广普及""传承文化""基础建设""督查服务"等为重点工作,更新理念、创新机制、采取措施,适应国家经济社会发展新要求,全面推进语言文字事业的科学发展。

我们将继续努力完善"政府主导、语委统筹、部门支持、社会参与"的管理体制。进一步明确各级政府对语言文字工作的主导责任,积极争取相关部门和社会组织的支持,逐步形成并完善"分工协作、齐抓共管、协调有序"的工作机制,从体制和机制上推动语言文字工作有序开展,提高语言文字工作管理和服务水平。

我们将继续构建严谨科学的语言教育体系。继续大力推广和规范使用国家通用语言文字，提高国民语言能力；改革教育教学方法，提高语言学习质量；统筹外语规划和外语教育，培养国民多语能力；加强少数民族地区双语教育，科学保护各民族语言文字；构建语言文字综合测评体系，提供科学评价手段；服务对外汉语教育，努力满足世界汉语爱好者学习汉语的愿望和需求。

我们将继续扩大语言文字对外交流。进一步扩大语言文字工作的对外开放程度。通过孔子学院教学、高校来华留学生教育以及民间外交、青年交流活动等各种方式和途径，积极传播包括语言文字在内的中华文化，促进人类文明成果共享。

女士们、先生们，语言文字事业是一项光荣而神圣的事业，事关个人发展、社会进步、民族兴衰、文化传承。万邦聚首、躬逢盛事，本次大会为世界语言事业的长远发展和语言能力的提高，提供了宝贵的学习交流的载体、促进友谊的平台，借此机会，我想提三点建议：

第一，重视语言能力，促进社会发展。习近平主席在今年访问欧洲期间同德国汉学家等座谈时指出，"一个国家文化的魅力、一个民族的凝聚力主要通过语言表达和传递"。语言能力是社会发展的基础，提高语言能力关系人民福祉、推动社会进步。我们要进一步加强对语言能力及提高规律的研究，健全语言文字法律法规体系和标准体系，加强语言文字应用管理，合理开发、利用语言资源，积极支持围绕语言能力的科学研究和技术创新，搭建各种语言能力提升平台，进一步发挥语言能力在推动科技进步、文化繁荣和社会可持续发展中的重要作用。

第二，加强语言教育，提高语言能力。语言教育是提高公民语言能力的主要渠道和有效手段。世界许多国家都非常注重语言教育。美国开设了 276 种外语，俄罗斯圣彼得堡大学能开设 124 种外语，法国国立东方语言文化学院可提供 93 种外语，中国目前开设的外语教育种类约为 60 种，正在逐步增加语种数量。我们要进一步加强语言教育的科学规划，制定语言能力提升标准，开展语言教育评估与语言能力测评，推动教育理念的更新和改革，继续创新语言教育内容和教育方式，完善教学体系，创新教学模式，提高教学质量，构建多语教学环境，为受教育者提供多元学习机会，不断提高人类的语言能力。

第三，增进交流合作，促进跨文化理解。中华文明历来强调沟通和交融，主张"以和为贵""协和万邦"，崇尚"兼收并蓄""有容乃大"。世界的很多偏见，不是因为分歧，主要是源于陌生、隔阂和不了解。语言是连接人与人、人与社会、人与世界的桥梁和纽带。"物之不齐，物之情也。"我们要进一步发挥语言文字的桥梁和纽带作用，畅通各国语言文化交流，加强语言教育国际合作，交流互鉴，相互欣赏，激发对彼此语言和文明的兴趣和理解，增进世界各国人民的感情和友谊。

女士们、先生们，“中国梦”是全体中国人民的伟大梦想，我们各个领域都在为实现中华民族伟大复兴的中国梦而努力。语言文字梦不仅包括公民提高语言能力、国家增强语言实力、社会构建和谐生活，还包括跨越千年、历久恒新的中华文化的传承传播。语言文字梦是中国梦的重要组成部分，也是中国语言文字工作者为之不懈奋斗的理想。

本次大会将形成《苏州共识》。我们将秉承大会精神，落实共识内容，承担起自己应尽的义务和责任，与各国同仁一起，为推进人类语言文字事业的发展、为构建世界范围内的和谐语言生活而共同努力。

最后，祝本次大会圆满成功！愿各位宾朋在华期间愉快、顺利！

深入贯彻四中全会精神，依法推进语言文字工作

——在2015年国家语委全体委员会议上的讲话

教育部副部长、国家语委主任 李卫红

（2015年1月15日）

各位委员、同志们：

首先感谢大家百忙中参加这次会议。刚才，大家听取了国家语委2014年工作汇报，审议了2015年的工作计划，提出了很多好的意见建议。我们将认真研究汲取这些意见建议，进一步完善今年的工作计划，做好语言文字工作。下面，我谈三点意见。

一、2014年重点工作回顾

刚才，姚喜双同志通报了2014年国家语委两个司的工作，我重点从与各委员单位合作的角度，对2014年作一简要回顾。

在各委员单位和相关行业系统的大力支持、积极配合下，2014年语言文字工作取得了系列成果：

一是我们与联合国教科文组织合作召开了世界语言大会。刘延东同志出席会议发表讲话。以中国政府为主导，首次在联合国教科文组织会议上提出了“语言能力建设”的概念，提出了中国方案，传递了中国声音，贡献了中国智慧。二是全国31个省（区、市）的省级语言文字立法任务全面完成，标志着语言文字法律法规体系初步形成。三是成功举办第17届全国推广普通话宣传周（简称推普周），社会语言文字规范化建设取得可喜成果。四是举办了第二届《中国汉字听写大会》、首届《中国成语大会》“汉语盘点活动”，完成中华经典资源库一期工程建设，进一步提升了社会对语言文字的关注度，弘扬了中华优秀文化，助力培育和践行社会主义核心价值观。五是实施了国家标准《公共服务领域英文译写规范通则》，有效推进外语中文译写规范工作和“中华思想术语传播工程”，规范标准建设取得阶段性成果。六是推进国家语委科研机构和人才队伍建设，规范完善科研管理，语言文字科研工作支撑保障作用进一步凸显。七是

成功举办第十轮两岸合编中华语文工具书工作会谈，成立“两岸语言文字交流与合作协调小组”，完成汉字简繁文本智能转换系统研发，语言文字合作交流继续拓展深化。八是《中国语言生活状况》英文版第一卷、第二卷在全球范围发行，语言文字的监管服务得到加强。

这些成绩的取得来之不易，与各委员单位的鼎力支持密不可分，与各位委员和联络员主动参与语委工作，认真履行指导和协调职责密不可分。例如：

世界语言大会和《中国汉字听写大会》、《中国成语大会》、汉语盘点等国际性会议和语言文化活动，之所以在国内外产生广泛而深刻的影响，是新闻出版广电总局、中央电视台等部门高度重视、部署和推动的结果。

第17届推普周筹备前后，人社部、文化部、新闻出版广电总局、公务员局、解放军总政治部、共青团中央等单位不但在年初与我们共同发文、开会，规划、部署工作，而且在推普周期间，还派员和我们一起赴各地巡视和指导推普工作，在各大主流媒体进行了深度报道，产生了良好的社会效果。

由教育部、民政部、文化部、新闻出版广电总局、中科院、社科院等10部门组成的外语中文译写规范和中华思想术语传播工程部际联席会议，在各单位密切配合、推动下，部际联席会议专家委员会共向社会发布三批推荐外语词中文译名，并发布首批81条思想术语译写成果。

新闻出版广电总局高度重视语言文字规范化工作，2013年年底、2014年分别下发了《关于规范广播电视节目用语推广普及普通话的通知》《关于广播电视节目和广告中规范使用国家通用语言文字的通知》，及时纠正广电媒体不规范使用国家通用语言文字问题；以规范成语使用为重点，对上星综合频道娱乐节目进行了为期一个月的重点排查，督促不规范使用语言文字的12家播出机构的14档节目限期整改；总局还制作了播音员主持人规范使用语言文字的网络培训课件，并将通过网络培训在线考试，作为播音员主持人资格证持证人下一次注册的必要条件。

工信部指导、支持语言文字信息化工作，派员在全国语言文字信息化工作视频会议做专题报告。公务员局在公务员各类培训中增加语言文字应用能力培训的内容，促使公务员规范使用语言文字。质检总局在语言文字国家标准立项、发布等方面给予大力支持，在《国家语委语言文字规范标准管理办法》修订工作中也给予指导。在两岸合编工具书工作中，中科院全国科技名词审定委员会给予了全力配合，完成了《中华科学技术大词典》88个学科的收词工作，即将出版《两岸科学技术常用词典》《两岸科技名词差异手册》。为配合中华经典资源库建设工作，总政宣传部录制了中华军事文化经典诵读库。旅游局对导游、旅游景区等的用语用字提出要求，侨办大力推进海外华文教育，全总也在工会系统加强了语言文字工作。

我们协助民委召开全国民族语文工作现场会和八省区蒙古语文工作小组会议，支持民族语文工作专家咨询委员会工作，协力推进民族语文工作。积极配合残联，开展了通用盲文、通用手语标准的研制，启动《国家盲文、手语规范化行动计划（2015—2020年）》编制工作。联合总政宣传部、新闻出版广电总局、民委、文化部、残联、中科院、社科院等委员单位，支持设立“蒙古文单词词形规范研究”“术语规范人才培养现状调查”“军事语言安全”等相关研究课题。与工商总局就部分企业在企业名称注册登记时提出使用外语词、数字的需求等问题进行调研，研究对策。联合民政部、文化部、全国妇联开展针对地名、文化场馆和解说员、中国城市妇女的语言文字使用情况调研；委托新闻出版广电总局监管中心开展广电语言文字使用情况监测研究，进一步加强对广电媒体语言文字使用的监督检查，并与监管中心建立了合作机制。

总之，2014年以来，我们与委员单位之间的联系更加密切，合作更为深入，这也为我们下一阶段制定相关政策，促进行业系统语言文字规范化，满足相关从业人员的语言文字需求提供了重要的决策依据，为促进社会语言生活的和谐健康发展奠定了重要基础。

在这里，我谨代表教育部、国家语委向各委员单位和各位委员、联络员表示衷心感谢！

二、当前语言文字工作面临的形势与任务

党的十八届三中全会《决定》确定了我国全面深化改革的总目标，即完善和发展中国特色社会主义制度，推进国家治理体系和治理能力现代化，提出了深化经济体制、政治体制、文化体制、社会体制、生态文明体制和党的建设制度等六大领域的主要任务和战略部署。党的十八届四中全会《决定》确定了全面推进依法治国的总目标，提出了完善以宪法为核心的法律体系，加快建设法治政府，推进法治社会建设等重要任务和战略部署。两个全会《决定》，对于我国社会主义现代化建设具有里程碑意义。语言文字事业是国家社会主义现代化事业的组成部分，是国家文化建设和文化软实力的重要组成部分。国家治理体系建设包含了语言文字事业治理体系建设，语言文字事业治理体系建设也将为推进国家治理体系和治理能力现代化提供基础支撑。因此，我们必须从推进国家治理现代化的战略高度，来看待加强语言文字依法管理、依法行政，推进语言文字治理体系和治理能力现代化的重要性和紧迫性。

我们看到，随着改革开放的不断深化，经济社会的快速发展和转型，数字技术、网

络技术、大数据技术的迅猛发展，人类社会生产生活方式正在发生着巨大的改变。在这样的社会背景下，我国的社会语言生活也在发生着前所未有的变化。海量的信息传播、流动应用和消费，以及由此带来的某些负面效应，给语言文字工作带来前所未有的挑战。网络语、流行语不断翻新，在丰富语言生活的同时，冲击了语言文字的规范。对网络语言等新语言现象采取何种政策措施，特别是如何引导受网络影响较大的青少年正确使用祖国的语言文字，已经成为被广泛关注的社会问题，成为摆在我们面前的现实问题。语言文字在经济、社会领域不断拓展，新情况、新问题层出不穷，语言热点问题和语言引发的社会问题日益增多，方言、少数民族语言的使用和保护等问题也显露出来。同时，我们还要清醒地看到，语言文字领域还存在一些亟待解决的问题，比如各级政府、相关部门依法管理、依法行政的观念和认识还不到位，对经济社会发展变化、社会语言生活变化、全面深化改革还不适应，城乡之间、区域之间、行业之间、部门之间语言文字工作发展还不平衡，等等。要解决上述问题，迎接新形势、新挑战，主动适应全面深化改革、全面推进依法治国的新要求，我想，以下几方面需要我们共同努力：

第一，牢固树立语言文字法治观念，依法全面履行政府职能。我们要按照《国家通用语言文字法》的规定，履职尽责，坚持依法行政，共同维护宪法和《国家通用语言文字法》的权威，推动《国家通用语言文字法》和《语言文字规划纲要》在各个领域、系统的学习宣传和贯彻落实，加强对本行业、本部门语言文字规范使用情况的监督检查，及时纠正和处理语言文字使用中的不规范现象，促进行业、部门语言文字应用规范化。

第二，改革创新语言文字工作体制机制，切实增强依法治语体制机制保障。一是健全完善语言文字法律法规体系。在这方面，语委将按照《语言文字规划纲要》的部署，做好相关法规规章的研制。二是建议有关部门、委员单位将语言文字规范要求进一步纳入精神文明建设、普法宣传教育、新闻出版编校质量、广播影视制作播出质量、工商行政监管和城市市容管理、从业人员资格准入等范围，建立相应的机制。三是教育部、国家语委要切实发挥统筹协调的作用，加强与各部门的沟通联系，充分发挥委员单位的作用，完善“政府主导、语委统筹、部门支持、社会参与”的治理体制，健全“分工协作、齐抓共管、协调有效”的长效、常态工作机制，为语言文字事业发展提供体制机制保障。同时，要探索、创新语言文字执法体制，推进语言文字的综合执法，建立权责统一、权威高效的语言文字依法行政体制。

第三，充分认识社会主义初级阶段的基本特征，加强对重点行业、重点地区、重点领域的工作力度。为此，语委要加强对西部、民族、边远地区语言文字工作的扶持力度，也请各委员单位关注、支持这些地区本行业、本系统的语言文字规范化，加强对薄弱环节的指导和检查。我们计划在委员单位的支持下，广泛开展调查研究，全面、广泛地了解国情语情，切实做到心中有数、分类指导。

三、2015年的工作打算

2015年是全面深化改革的关键之年，是全面推进依法治国的开局之年，也是全面完成“十二五”规划的收官之年，是实施《语言文字规划纲要》的重要年份。刚才，姚喜双同志已介绍了2015年的工作计划，我再提几点建议。

（一）继续全面深入贯彻落实《语言文字规划纲要》

2015年是《语言文字规划纲要》各项任务完成的一个重要节点。纲要贯彻落实的效果如何，离不开各委员单位的共同努力。为此，建议各部门结合实际情况，总结落实纲要的成功经验，按照贯彻落实纲要的时间表、路线图，继续切实推进《语言文字规划纲要》在本行业、本部门的全面实施。

世界语言大会的重要成果，就是通过了以“语言能力建设”为主题的《苏州共识》。2015年，我们将大力宣传落实世界语言大会成果，全面加强语言能力建设。我们也愿意为委员单位在相关系统从业人员语言能力建设方面做好服务，提供支持。

我们将贯彻落实中央民族工作会议精神，坚定不移推行国家通用语言文字教育，同时尊重和保障少数民族使用本民族语言文字接受教育的权利，协力推进民族语文工作。

（二）全面推进语言文字依法管理

一是构建完善语言文字法律法规体系。今年将启动《〈国家通用语言文字法〉实施办法》研制工作，就研制工作中涉及的网络语言、外语的使用以及工商、新闻出版广电领域语言文字使用问题等开展调研，形成实施办法初稿。届时，我们将与各部门一道共同研究实施办法的相关内容，细化各部门的职责。同时，我们计划在调研基础上，继续推进《外国语言文字使用管理规定》的发布，推进《信息技术产品语言文字使用管理规定》的研制，联合工商总局、新闻出版广电总局、文化部等部门出台行业的语言文字规范性文件，希望能得到大家的支持。我们也将积极配合新闻出版广电总局，将规范使用国家通用语言文字要求纳入总局正在起草的《新闻出版广电从业人员行为规范》，配合总局研究推动在播音员主持人资格考试和播音员主持人资格证审核、注册工作中，加大规范使用国家通用语言文字的考核比重。

二是加强语言文字规范标准建设。进一步加强《通用规范汉字表》的贯彻实施和宣传培训，配合和指导相关部门做好字表的培训和贯彻落实工作，做好舆论引导，保证字表的顺利实施。稳步推进第三次普通话审音工作，部际联席会议各成员单位继续开展外语中文译写规范工作和中华思想术语传播工程，继续开展公共服务领域外文译写标准研制等工作。配合民政部，结合全国第二次地名普查工作进一步推进地名审音定字工作。

（三）助力培育和践行社会主义核心价值观

发挥语言文字在传播中华优秀传统文化、传播社会主义核心价值体系的独特作用，继续开展中华经典资源库二期、三期工程建设，联合中央电视台等相关单位办好第三届《中国汉字听写大会》、第二届《中国成语大会》和首届《中国诗词大会》。我们迫切希望各委员单位能够关注这些语言文化品牌活动，提出进一步办好这些活动的建议意见，同时，建议各部门结合实际情况，在本系统、行业内开展中华经典诵读、书写活动，大家共同为弘扬中华优秀文化，培育和践行社会主义核心价值观作出贡献。

组织实施“中国语言资源保护工程”；继续推进中国语言资源有声数据库建设，进一步推动蒙、藏、维等少数民族语言文字资源库建设。希望工信部、民委等部门能够对这两方面工作给予支持。

（四）创新语言文字宣传工作

加强语言文字工作宣传的力度，充分利用各种媒体资源特别是网络和新媒体，广泛深入宣传语言文字法律法规、规范标准、方针政策，构建语言文字宣传协作机制，提高宣传的系统性、针对性、时效性。

联合人社部、文化部、新闻出版广电总局、公务员局、解放军总政治部、共青团中央等单位开展第18届推普周活动，进一步健全、落实推普活动的长效机制。2015年，适逢《国家通用语言文字法》颁布实施15周年，我们计划开展纪念宣传活动，建议各委员单位在推普周期间，加强语言文字普法宣传教育，开展宪法相关内容和《国家通用语言文字法》等法律法规的学习宣传活动。

（五）创新语言文字监管工作

为适应经济社会发展的新常态，转变工作理念，创新监管方式，语委将启动以数字、信息、网络技术和大数据技术为支持的现代化管理平台建设，为相关部门提供监管依据和治理建议。我们非常期盼能将拟建设的监管平台与各委员单位的相关平台连接起来，真正为促进语言文字治理体系的现代化服务。

为适应国务院推进政府职能转变的新要求，我们需要将事前的评审变为事中、事后的监管和服务。要做到这一点，语委必须大力加强事前的调研。2015 年，我们计划联合新闻出版广电总局等部门开展针对全国广播电视系统、报刊、网络的语言使用情况监测，发布监测报告，为与相关行业主管部门联合制定政策、采取措施提供参考，引导广播电视、报刊、网络正确规范使用语言文字。继续开展语言生活监测与研究，监测语言舆情状况，发布年度《中国语言生活状况报告》。继续联合民政部、文化部、妇联开展针对地名、文化场馆和解说员、中国农村妇女的语言文字使用情况调研，此外，还将联合工商总局、旅游局、公务员局等部门，开展商标广告招牌、旅游系统、公务员等的语言文字使用情况调研，提出促进上述领域语言文字规范使用的政策建议。

(六)创新语言文字的服务工作

语言文字工作要强化服务意识，提高服务能力，围绕国家中心工作、服务国家发展大局，服务国家主权和安全。语委要创新服务方式，通过协作机制或联席会议等方式，为相关领域和部门提供语言文字业务服务，促进经济社会发展，维护国家主权统一和核心利益。要增强服务的针对性，将服务和监管有机结合。

2015 年，我们计划启动网络服务平台建设，为相关部门和社会提供专业、政策、信息、咨询等方面的服务和应急服务。推进国家语言文字智库建设，提升相关研究机构咨政水平。探索与工信部、总政等部门开展“关键语言建设项目”的调研工作。

今天的会议开得很有成效，会后我们将认真研究和吸纳大家的意见、建议。希望各委员单位和各位委员、联络员继续关注和支持国家语委的工作，积极发挥指导作用。让我们携起手来，团结协作，依法扎实推进新一年语言文字各项工作，为促进语言文字治理体系和治理能力现代化，为增强国家语言实力、提高国民语言能力、构建和谐语言生活作出新的贡献！

依法全面推进语言文字工作

——在2015年全国语言文字工作会议上的讲话

教育部副部长、国家语委主任 李卫红

（2015年1月27日）

同志们：

这次全国语言文字工作会议的主要任务是全面贯彻落实党的十八大和十八届四中全会精神，深入学习贯彻习近平总书记系列重要讲话精神，以全面深化改革为动力，以依法行政为主线，分析语言文字工作面临的形势和挑战，总结2014年工作，部署2015年任务。下面，我讲以下几点意见。

一、全面实施《语言文字规划纲要》，2014年语言文字工作取得重大进展

过去的一年是语言文字工作发展历程中具有重要意义的一年。党中央、国务院高度重视语言文字工作，习近平总书记多次对语言文化、语言文字工作作出重要论述，对办好世界语言大会作出重要指示；李克强总理就规范使用国家通用语言文字的表述作出重要批示；刘延东副总理亲自出席世界语言大会，代表中国政府提出了加强语言能力建设的倡议，并在语言文字法制建设、《中国成语大会》、语言资源保护、中华思想文化术语传播等方面作出批示，提出明确要求。这些充分体现了党中央国务院对语言文字工作的高度重视、亲切关怀和殷切希望，我们备受激励和鼓舞。一年来，全国语言文字战线认真学习落实中央领导同志的指示批示精神，深入贯彻党中央国务院和教育部决策部署，齐心协力、奋发进取、开拓创新、转变作风、扎实工作，在相关部门的大力支持和积极配合下，语言文字工作取得了一系列重要成果。

（一）语言文字法制建设和依法监管工作取得重大进展

随着河南、青海发布《国家通用语言文字法》实施办法，全国31个省（区、市）的省级语言文字立法任务全面完成。《国家通用语言文字法》实施办法研制工作前期调研

深入开展,《外国语言文字使用管理规定》《信息技术产品语言文字使用管理规定》等法规规章研制稳步推进。各地、相关部门积极探索、健全完善语言文字依法管理的体制机制,上海通过了地方规章《公共场所外国文字使用管理规定》,贵州、新疆、重庆、内蒙古等地开展语言文字执法检查、行政执法督察和社会用语用字专项检查,陕西将语言文字工作机构经费、成效等要求纳入省级文化先进县评选复查指标,新闻出版广电总局发文要求广播电视节目和广告中规范使用国家通用语言文字,并对全国电视上星综合频道进行专项整治。全国 29 个省(区、市)将语言文字工作纳入教育督导,云南督导检查了 30 多所中小学,推动学校提高语言文字工作管理水平。

(二)世界语言大会成功召开

世界语言大会由中国政府和联合国教科文组织共同在苏州举办,来自全球近百个国家和地区的 400 多名政府官员、学者和学术团体代表参会。以中国政府为主导形成的大会成果文件《苏州共识》,首次在联合国教科文组织会议上提出了“语言能力”的概念,向世界传递了中国声音,提出了中国方案,贡献了中国智慧,是我们在国际会议上构建话语体系的一次成功实践。作为承办单位,江苏省政府、省语委、省教育厅,苏州市政府、市语委、市教育局以及江苏师范大学等单位,为大会的筹备及顺利召开作出了重要贡献。

(三)学校和社会语言文字规范化建设进一步深入

扎实推进城市语言文字规范化建设工作,二、三类城市完成任务的达到 80%和 40%。广西圆满结束城市规范化建设工作并开始“回头看”,江苏等地开展区域规范化建设试点,黑龙江研制了街道、乡镇及国家级旅游景区的语言文字规范化建设标准。规范化示范校创建也有亮点、有创新,安徽将省级示范校审核列为省教育厅 40 项行政权力项目之一,福建把评估检查认定改为调研与日常考核相结合,甘肃启动了千所省级示范校创建工程,把“语言文字文化大篷车”开到乡村学校。以“说好普通话,圆梦你我他”为主题的第 17 届全国推普周宣传活动成功举办,厦门、贵阳、河北滦平县的重点活动地方特色浓厚,各地“推普下乡”活动进一步深入行业、社区街道、乡镇农村、革命老区,社会反响良好。对中西部、民族地区的扶持力度进一步加大,少数民族教师普通话培训规模由每年 1,000 人扩大到 2,000 人。

(四)传承中华优秀传统文化、培育社会主义核心价值观成效显著

中华经典资源库第一期项目收官,第二、三期建设项目启动。“书法名家进校园”

活动加强了学校书写教育，并陆续在山东、海南、四川等16个省(区、市)开展。与中央电视台成功举办的第二届《中国汉字听写大会》、首届《中国成语大会》，观众累计高达9.89亿人次，与中国书协联合组织的培育和践行社会主义核心价值观书法展巡展和“我的青春·我的中国梦”百名大学生提名展活动，与中国传媒大学共同主办的第十六届齐越朗诵艺术节暨第二届全国大学生朗诵大会，使社会对语言文字、国民语言能力以及语言文字工作的关注度进一步提升。河北、江西、广东、宁夏等地和新疆生产建设兵团在教育系统深入推进经典诵读和规范汉字书写活动，江苏的中华经典诵写讲活动被评为“省直十佳全民阅读推广活动”。各地语言文化品牌活动丰富多彩，如北京的小学生成语文化知识和才艺竞赛活动、山西的诵读下乡活动、江西的井冈山红领巾义务推普宣传员活动、西藏的大中小学生感恩书信大赛等，成为提升大中小学生语言文字应用能力的有效抓手。

(五)语言文字规范标准建设取得重要成果

举办10期《通用规范汉字表》专题培训班，推动将语言文字规范标准培训纳入中小学教师国家级培训计划(简称国培计划)，指导推动语言文字、基础教育、辞书编纂领域等贯彻实施字表；编辑出版《通用规范汉字表》文献资料集。正式实施《公共服务领域英文译写规范通则》，研制完成涉及“交通”“旅游”“医疗卫生”等领域9个分则的英文译写标准，启动俄、日、朝一韩译写标准调研工作。有效推进外语中文译写规范工作和中华思想文化术语传播工作，经国务院批准，部际联席会议更名、充实成员单位，发布第二、三批38组推荐外语词中文译名和首批81条思想术语译写成果。稳步推进第三次普通话审音工作，在国际标准《中文罗马字母拼写法》修订中发挥主导作用。进一步加强少数民族语术语标准化工作，指导全国术语标准化技术委员会少数民族分会5个语种工作组及时审定发布新词术语。修订《国家语委语言文字规范标准管理办法》，开展国家语委语言文字规范标准审定委员会的换届工作。

(六)语言文字信息化和科研工作水平进一步提高

印发《国家语委进一步做好语言文字信息化工作的若干意见》，建设国家语言文字信息管理系统。北京初步建成北京语言文化数字博物馆，吉林开通了语言文字微信公众平台，利用科技手段广泛宣传语言文字方针政策。2014年度科研立项工作顺利完成，设立的85项科研项目涉及语言文字事业发展重点和语言社会热点、难点。推进科研机构建设，新成立国家语言能力发展研究中心、中国语情与社会发展研究中心；组织国家语委各科研机构制定中长期发展规划，科学规划机构发展方向；开展语言文字工作智库建设调研，研制建设方案，提升科研机构决策咨询能力；推进科研人才队伍建设，举办语言文字应用优秀中青年学者研修班；强化国家语委科研项目管理，启动管理办法的修订，清理长期未结项的科研项目。

（七）语言文字合作交流继续拓展深化

成功举办两岸合编中华语文工具书工作第十轮会谈，编写出版《两岸差异词词典》《两岸生活常用词汇对照手册》。两岸100名大学生通过在绍兴举办的汉字书法艺术交流夏令营，树立了共同弘扬传承中华优秀传统文化的自信心和自觉意识。完成汉字简繁文本智能转换系统研发并免费提供社会使用，对于方便两岸民众沟通、促进两岸文化交流具有重要作用。巩固和发展在港澳合作开展普通话培训测试，整合全国语言文字培训测试优质资源服务港澳推广普通话。指导召开系列学术会议，搭建两岸四地学术交流平台。作为中法两国建交50周年系列纪念活动之一和中法高级别人文交流机制的重要内容，在巴黎召开第二届中法语言政策与规划研讨会，编写出版《中法语言政策研究》文集，制定和筹备中德语言文化交流项目。实施语言文字国际高端专家来华交流项目，吸收借鉴国外语言文字相关研究成果。

（八）语言文字测评体系进一步完善，语言文字应用能力提升工作不断深化

启动修订普通话水平测试的规程、大纲和管理规定，完成《汉字应用水平等级及测试大纲》修订。对计算机辅助普通话水平测试比例较低的10个省（区、市）给予重点扶持。建立普通话一级甲等复审资料数据库，实现档案管理信息化。组织开展普通话水平测试20周年纪念活动，加强测试科学研究。恢复举办中央普通话进修班。江苏开展中小学生普通话口语能力评价标准及测试体系研究工作。天津等四地继续推进汉字应用水平测试工作，测试人数达到3.5万名。继续开展《国民语言教育大纲》研制工作，加强国家语委语言文字应用培训基地建设。广泛开展国家通用语言文字和规范标准培训，省地级语委管理干部、部分高校语委主任和中小学示范校校长、幼儿园园长、大中小学书法等相关学科教师，以及国家级贫困县和农村骨干教师、少数民族双语教师和普通话水平测试员等从中受益，全国培训总人数达5万人，大大推动了队伍建设和人才培养。

（九）语言文字的监测、管理和服务得到加强

完成了对省部级政府网站语言文字使用规范状况的监测报告。加强了对广播电视、报刊、网络语言使用情况监测研究。继续建设国家语言资源监测语料库，积极引导和谐健康的社会语言生活。湖南搭建了社会语言文字应用监测平台，浙江对地市县级政府门户网站用语用字情况进行监测通报。《中国语言生活状况报告（第二卷）》在海外出版发行英文版，获得国务院新闻办“中国图书对外推广计划”支持，并即将翻译出版韩文版，成为向世界宣传介绍我国语言文字工作和政策的重要窗口。联合人民网等多家媒体联合举办“汉语盘点 2014”活动，进一步激发了公众对汉语言文化的自觉意识。支持和指导专家学者编写的《语言与国家》全面论述语言在国家建设与发展中的地位和作用，将被作为干部培训材料发挥宣传引导作用。继续支持手语和盲文规范标准研制和推广工作，推动开展全国视障人员普通话水平测试和手语主持人才培养，为弱势群体的语言文字需求提供服务。支持相关省市建立语言产业创新发展机制，探索以语言文化建设带动地方经济发展的新模式。新疆扎实开展全疆基层群众和农牧民双语学习，提供培训、测试服务，营造浓厚的双语学习氛围。

（十）语言国情调查和资源保护工作覆盖面不断扩大

全面实施语言国情调查，联合民政部、文化部、全国妇联开展地名、文化场馆、中国城市妇女等语言文字使用情况调研，委托江西、陕西、河北、河南、广东等省（区、市）开展中央苏区、延安时期、西柏坡时期等特殊历史时期的语言文字工作调研，以及中原经济区、改革开放前沿地区等特定区域的语言文字现状调研，为制定相关政策、服务相关行业和人群的语言需求、服务区域经济社会发展提供依据。以广西为起点，在 11 个民族地区开展中小学教师普通话现状系列调研。建设中国语言资源有声数据库，启动了湖北库建设工作，北京库完成建设，并联合文化、文物等部门开展北京语言文化资源普查；辽宁、上海、广西、福建、山东、河北等地建库工作和少数民族语言调查规范研制工作进展顺利。有声数据库国家库建设技术平台研发项目获国家科技支撑计划立项支持并正式启动，中国语言资源保护工程争取到国家财政支持。

一年来，全国各级语言文字工作部门和相关单位围绕贯彻落实《语言文字规划纲要》，加强依法行政，探索创新体制机制，主动融入国家发展大局，服务基层、服务群众，创新工作载体、拓展工作内容，更加注重宣传引导，语言文字工作在全社会关注度进一步提高、显示度进一步增强。在此，我代表国家语委，向全国语委系统和相关单位的同志们表示崇高敬意！向所有关心、支持语言文字事业的各级党委政府、社会各界表示衷心感谢！

二、认真总结借鉴2014年全国语言文字工作的有益启示

成绩来之不易，从成绩中梳理挖掘经验更为重要。盘点2014年全国语言文字工作，我们发现许多好的做法，初步形成以下体会和认识，供今后语言文字工作借鉴吸收。

第一，围绕中心，服务大局。语言文字工作具有基础性、全局性、社会性和全民性的特点。站在全局和战略高度，紧紧围绕党中央国务院重大决策部署，积极服务国家中心工作是语言文字工作的根本指导方针。2014年，语言文字工作之所以取得了可喜成绩，主要在于我们不断强化融入理念，把握大局、着眼大事，找准了工作的切入点和着力点。比如世界语言大会是落实习近平总书记欧洲之行关于文明交流互鉴等讲话精神的重要成果，《中国汉字听写大会》、《中国成语大会》、中华思想文化术语传播紧密配合弘扬中华优秀传统文化、建设社会主义核心价值体系的需要，等等。

第二，借势借力，转化成果。党的群众路线教育实践活动开展以来，全国各地切实转变工作作风，更加积极主动，务求实效。2014年，我们及时抓住这一有利契机，作为加速推进语言文字工作的重要动力。一是通过教育实践活动进一步促进语言文字战线转变作风，真抓实干，工作效率大为提高，取得了丰硕成果；二是借助教育实践活动增强了相关部门、领域对语言文字工作的重视程度，给予更大支持。比如争取到教育部督导办支持，实现了语言文字工作纳入教育督导的目标；河北省滦平县将普通话体验区建设作为教育实践活动重要成果，县四大班子高度重视体验区建设工作；反映我们系列调研和其他深入实际开展工作的成果被主流媒体及时报道，等等。

第三，加强宣传，营造氛围。2014年，我们切实加强宣传工作，营造了有利于事业发展的良好的舆论氛围。《中国汉字听写大会》、《中国成语大会》、“汉语盘点”、推普周、外语中文规范译写等工作在主流媒体频频“亮相”“出声”，激发了全社会对提高国民语言能力、传承中华优秀传统文化的广泛关注，增强了对祖国语言文字的热爱，扭转了人们以往对语言文字工作坐冷板凳、边缘化的印象。我们不仅做好对内宣传，也注重对外宣传和传播，通过世界语言大会、中华思想文化术语传播工程、中法中德双边交流等工作，讲好中国故事，传播好中国声音，努力提高国际话语权，为增强国家文化软实力奠定了基础。

第四，突出重点，依法推进。《语言文字规划纲要》是语言文字工作的行动指南，语言文字法律法规是推进语言文字事业科学发展的有力保障。2014年，我们始终把贯彻落实《语言文字规划纲要》作为首要任务，纲要各项任务的落实步伐加速；深入贯彻

实施《国家通用语言文字法》，加快推进法制建设，实现“全国山河一片红”，加大法律法规和规范标准宣传教育力度，推动依法管理体制机制创新，借四中全会的东风依法推进各项工作。

第五，深入调研，分类指导。调查研究是科学决策的前提和基础。深入调研、分类指导是2014年语言文字工作的显著特点。我们配合工商注册制度改革、促进区域发展、促进贸易投资便利化等重大举措的推行，组织了信息技术企业名称注册调研以及丝绸之路经济带、上海自贸区等语言文字使用情况调研；结合相关行业和人群需求，开展了解说员、中国农村妇女等语言文字使用状况调研。《国家通用语言文字法》实施办法调研、语言文字信息化现状调研、智库建设调研、民族地区普通话教学情况等调研也都深入基层、一线。通过调查研究，掌握了第一手材料，摸清了底数，并从实际出发，因地制宜，分类指导，加强了西部、民族、边远地区语言文字工作的经费投入，强化对薄弱环节的指导和检查，一些地区的工作推进力度明显加大，工作切实取得成效。

第六，加强培训，提升能力。国民语言能力提升是检验语言文字工作成果的基本标准。2014年，全国语言文字培训工作成绩喜人，培训规模大，覆盖范围广。通过培训，提高了语言文字工作者、相关行业从业人员的业务水平和依法行政能力，提高了相关学科教师的语言文字应用能力和教育教学水平，增强了中青年专家学者科研工作的针对性、有效性，落实了《语言文字规划纲要》和世界语言大会关于提升语言能力的要求，对于加快普及国家通用语言文字、宣传贯彻语言文字方针政策、法律法规和规范标准起到了积极推动作用。

三、进一步明确新形势下语言文字工作面临的新要求、新挑战

当前，我们国家现代化建设进入全面建成小康社会的决定性阶段，改革进入攻坚期和深水区。语言文字事业与经济社会同发展、与时代共进步，对现代化建设发挥着重要的推动作用。语言文字工作如何更好地配合党和国家发展全局，如何主动适应经济发展新常态带来的变化，如何更加切合社会语言生活的实际需求，都需要我们认真思考，精心谋划，主动作为。

（一）深入学习领会习近平总书记重要论述为语言文字工作指明的新方向

党的十八大以来，习近平总书记发表了一系列重要讲话，其中包含对语言文化的重要论述。习总书记强调了语言文化的重要性，指出一个国家、一个民族的强盛，总是以文化为支撑的，中华民族伟大复兴需要以中华文化发展为条件；强调以语言文字为

主要载体的中华优秀传统文化是涵养社会主义核心价值观的重要源泉，指出培育和弘扬社会主义核心价值观必须立足中华优秀传统文化，博大精深的中华优秀传统文化是我们在世界文化激荡中站稳脚跟的根基；强调语言对于文化交流的重要作用，指出一个国家文化的魅力、一个民族的凝聚力主要通过语言表达和传递，掌握一种语言就是掌握了通往一国文化的钥匙，学会不同语言才能了解不同文化的差异性，进而客观理性看待世界，包容友善相处；强调语言对于文化的传承功能，指出应该把古诗文经典嵌在学生脑子里，成为中华民族文化的基因。习总书记关于语言文化一系列重要观点和论断，为我们做好语言文字工作提供了重要遵循，指明了前进方向。

(二)深入贯彻落实十八届四中全会对语言文字工作提出的新要求

党的十八届四中全会作出了全面推进依法治国的重大决定，提出了全面实现依法治国的总目标和基本原则，也是语言文字工作坚持依法行政的总目标和基本原则。学习贯彻全会精神，统一思想，深化对依法治国重要意义和实现路径的认识，将四中全会决定要求贯彻落实到语言文字事业改革发展的实践当中，是当前和今后一个时期语委系统的重大政治任务，也是全面推进语言文字工作科学发展的核心要求。

我们要在党的领导下，坚持依法治国、依法执政、依法行政共同推进，坚持法治国家、法治政府、法治社会一体建设，实现语言文字科学立法、严格执法、公正司法、全民守法，促进语言文字治理体系和治理能力现代化。要保证人民依法享有学习使用国家通用语言文字的权利，促进社会公平正义；要增强全社会学法遵法守法用法意识，维护宪法和语言文字法律法规的尊严，坚决纠正有法不依、执法不严、违法不究行为，使语言文字法律法规为全社会所掌握、所遵守、所运用；要坚持依法治国和以德治国相结合，在加强语言文字法治建设的同时，发挥语言文字在传承中华优秀传统文化中的载体作用，加强语言文化建设，大力弘扬社会主义核心价值观。

(三)深刻把握社会语言生活变化对语言文字工作带来的新挑战

随着改革开放的不断深化，经济社会的快速发展和转型，数字技术、网络技术、大数据技术的迅猛发展，人类社会生产生活方式正在发生着巨大的改变。在这样的时代背景下，我国的社会语言生活也在发生着前所未有的变化。

必须看到随着社会分工越来越细、协作越来越密切，语言文字应用在经济、社会领域不断拓展，国民的语言能力对维持社会协调运转、提高生产生活水平的作用越来越突出，已经成为国家实力的重要标志之一。

必须看到媒介融合发展趋势日益明显，以语言文字为基础要素和载体的信息或文化产品，通过手机、网络等各种媒体被广泛传播、应用和消费，在不断扩大人们交际空间、给人们带来即时便捷的同时，也因为媒体类型多样、交流频繁、规模海量等新特点，对语言文字监管服务等工作提出了新的挑战。

必须看到网络语、流行语不断翻新，在丰富语言生活的同时，也一定程度冲击着语言文字的规范。对网络语言等新语言现象采取何种政策措施，特别是如何引导受网络影响较大的青少年正确使用祖国的语言文字，已经成为被广泛关注的社会问题，成为摆在我们面前迫切需要解决的现实问题。

必须看到语言热点问题和语言引发的社会问题日益增多。包括方言、少数民族语言使用和保护等问题，也显现出来。需要我们根据语言生活的变化，根据依法治理语言文字的总体要求，作出相应的对策，有针对性地推进语言文字治理体系建设，提高语言文字治理能力的现代化水平。

（四）深刻剖析语言文字工作存在的问题和不足

与上述新要求新挑战相比，我们还要清醒地看到，语言文字工作还存在一些需要改进之处。

一是不到位。一些地方、单位、领导法律意识还不够强，对依法推进语言文字工作的认识还不到位，对语言文字的重要性和语言文字事业的战略地位认识还不足。依法行政观念还不够强、依法管理的手段还比较单一；语言文字法律法规宣传力度还不够，社会知晓度还不高，人民群众包括相关行业从业人员的语言文字规范意识和法治意识有待提高；语言文字社会使用中违反法律法规现象和有法不依、执法不严、违法不究现象还时有发生。

二是不适应。有的地方、部门对经济社会发展变化、社会语言生活变化、全面深化改革还不完全适应。人民群众对于语言文字的诉求日益多元，但语言文字社会应用监管和服务在有的地方、有的领域还显得滞后；对信息技术、新兴媒体等对语言文字工作带来的影响研究还不够充分；在国务院加快政府职能转变、简政放权的大背景下，我们的管理理念、工作思路和方式还要及时转变；适应经济社会发展变化的语言文字联合执法机制尚未普遍建立，语委统筹作用尚未充分发挥。

三是不平衡。城乡之间、区域之间、行业之间、部门之间语言文字工作发展还不平衡。有些地方语言文字工作开展比较全面，有些地方相对薄弱；民族、边远地区的工作急需加大力度，重点领域的工作还需要进一步加强；有些地方对语言文字工作还不够重视，措施不够有力，工作机构还不健全，人员、编制、经费投入仍不足；有的基层语言文字工作机构设置在事业单位，难以发挥行政力度和统筹协调的作用，更难以对全社会的语言文字规范使用进行有效的管理监督；语委成员单位当中，有些部门对语言文字工作支持力度较大，积极采取下发相关文件等举措，有些部门对语言文字工作的关注程度还要进一步加强。

四、深入贯彻落实四中全会精神，全面推进语言文字法治建设，不断开创语言文字事业新局面

2015年是全面深化改革的关键之年，是全面推进依法治国的开局之年，也是全面完成“十二五”规划的收官之年。从2015年开始，实施教育规划纲要进入第二个五年，落实《语言文字规划纲要》进入新的阶段。我们要深入学习贯彻落实党的十八大和十八届四中全会精神，深入学习贯彻习近平总书记系列重要讲话特别是总书记关于语言文化的重要论述精神，主动分析、科学研判经济发展新常态下社会语言生活发展的新态势、新需求，以全面深化改革为动力、以全面推进依法行政为主线、以实施《语言文字规划纲要》为重点，努力推进语言文字工作迈向新台阶。重点要做好以下几项工作：

第一，加强语言文字法治建设，全面推进依法行政。一是加强语言文字立法，不断完善语言文字法律法规体系。以消除管理盲区、完善协同机制为重点，启动《〈国家通用语言文字法〉实施办法》研制工作，针对其中涉及的繁体字异体字、网络语言、外语的使用以及工商、新闻出版广电领域语言文字使用问题等热点、难点开展调研；继续推进《外国语言文字使用管理规定》的发布和《信息技术产品语言文字使用管理规定》的研制。在此基础上，积极争取《国家通用语言文字法》修订工作尽早启动。支持各地结合各自实际制定语言文字使用管理法规或规章，推动有条件的地方把贯彻《国家通用语言文字法》的地方政府规章上升为地方性法规。协调工商总局、新闻出版广电总局、文化部等出台行业语言文字使用管理的规范性文件。通过立法和发布规范性文件，进一步明确执法主体，细化各部门职责，推进各部门依法行政。二是进一步加大语言文字法律法规的执行力度。联合全国人大适时开展执法调研；指导、推动各地联合地方人大和相关部门开展执法检查、执法调研和专项督查，完善依法管理、执法监督的体制机制，推进综合执法，严格执法责任，建立权责统一、权威高效的依法行政体制。三是开展《国家通用语言文字法》实施15周年宣传纪念活动，大力宣传宪法中关于语言文字的相关内容以及《国家通用语言文字法》，提高语言文字相关法律法规的社会知晓度，在全社会增强国家通用语言文字意识，培养语言文字法治意识。四是举办语言文字法治培训班，推动语言文字管理干部学法、懂法、守法、执法，强化其法治思维和依法办事能力。五是巩固完善学校语言文字工作督导评估制度。研制并下发《学校语言文字工

作督导评估指标体系》，加大语言文字依法管理和法治宣传教育内容的分值；召开语言文字工作纳入教育督导推进会，适时开展督导评估工作试点和培训工作。

第二，加强语言文化建设，为培育和践行社会主义核心价值观助力。一是加强中华经典资源库一期成果的宣传推广工作，继续开展二期、三期项目建设，选取经、史、子、集具有代表性的中华经典典籍为制作内容，分专题进行呈现；联合中央电视台办好第三届《中国汉字听写大会》、第二届《中国成语大会》和首届《中国诗词大会》，做好参赛队伍选拔、试题研制、题库建设等工作，进一步增强语言文字工作在全社会的关注度；联合中国传媒大学办好第17届齐越艺术节暨全国大学生朗诵大会；联合中国书协继续举办书法名家进校园活动，举办百名大学生提名展，举办培育和践行社会主义核心价值观书法展；继续推进高校和中小学中华经典诵写讲活动。二是按照“整体规划，分步推进”的原则，组织实施“中国语言资源保护工程”；推进国家科技支撑计划“中国语言资源有声数据库技术规范与平台研发项目”的进展，搭建好国家库的主体框架。三是实施“中华思想文化术语传播工程”，选译出版中华思想术语，建设中华思想术语网（中英文版），推进中华思想术语传播工作。

第三，加强语言文字监管和宣传工作，规范重点领域语言文字使用。一是联合新闻出版广电总局等部门开展针对全国广播电视系统、报刊、网络的语言使用情况监测，发布监测报告，与相关行业主管部门联合制定政策、措施，引导媒体规范使用语言文字。二是积极引导社会语言生活。继续开展语言生活监测与研究，监测语言舆情状况，发布年度《中国语言生活状况报告》，举办报告十周年纪念活动；支持举办“汉语盘点2015”活动。三是继续推进外语中文译写规范工作，发布第四批、第五批推荐译名，加强外语中文译写信息库建设和网站建设。四是深入推进二、三类城市语言文字规范化建设工作；研制区域语言文字规范化建设标准，开展建设试点；适时启动第四批国家级语言文字规范化示范校创建工作和第二批国家级规范汉字书写教育特色学校建设工作。五是组织开展好第18届推普周活动。对中西部、东北等农村、贫困地区的推普下乡活动给予重点扶持，进一步健全、落实推普活动的长效机制。推普周宣传活动继续向农村、民族、边远地区延伸，进一步扩大推普周活动影响力，拓宽途径、创新载体，以推普周为平台，加强语言文字普法宣传教育，促进推普工作与传承优秀传统文化、弘扬社会主义核心价值观有机结合。

第四，加强语言文字规范化、标准化、信息化建设，进一步提高语言文字科研水平。一是加快制定社会语言文字应用急需的规范标准。稳步推进第三次普通话审音工作，审定发布《普通话异读词审音表》；加快研制公共服务领域外文译写规范，审定发布英文译写规范系列分则，开展俄文、日文和朝－韩文译写规范研制工作；继续做好国际标准《中文罗马字母拼写法》的修订工作和《汉字古籍印刷通用字字形标准》等标准的研制工作。制定社会应用和信息化急需的少数民族语言文字基础规范标准，及时审定发布少数民族语新词术语。二是加强语言文字信息化建设。全面贯彻落实《国家语委进一步做好语言文字信息化工作的若干意见》；加强语言资源保护、开发和利用，启动古今汉字全息数据库建设；充分应用和发挥“教育服务与监管体系信息化建设·国家语言文字信息管理系统子项目”的成果；提升少数民族语言文字信息化水平，根据需要进一步推动蒙、藏、维等少数民族语言文字资源库建设。三是加强国家语委科研工作。研究制定国家语委“十三五”科研规划，召开语言文字科研工作研讨会；加强国家语委科研机构建设，推进国家语言文字智库建设，提升咨政水平；继续开展国家语委中青年专家队伍的建设与培养；围绕语言生活中重大理论和现实问题，开展2015年年度科研立项，继续支持和推进行业系统和地方语委的科学研究工作；按照中央的新要求，强化制度建设，修订国家语委科研项目管理办法等管理规定。

第五，加强语言文字能力建设，进一步提高全社会的语言文字应用水平。一是宣传落实世界语言大会成果，编辑出版《世界语言大会文集》，支持相关地区开展后续成果收集整理、展示开发利用工作。二是完善语言文字应用能力测评体系建设。继续研制普通话水平测试规程、测试大纲、测试管理规定以及《国民语言教育大纲》。继续推动计算机辅助普通话水平测试和开展汉字应用水平测试工作。三是贯彻落实中央民族工作会议精神，坚定不移推行国家通用语言文字教育，同时尊重和保障少数民族使用本民族语言文字接受教育的权利。推动少数民族地区的双语教学，继续举办少数民族双语教师普通话培训，扎实做好民族地区中小学教师普通话使用情况调研工作，促进民族地区普通话普及率和应用水平的提升。四是加大对弱势群体的支持力度，联合中国残联研制《国家盲文、手语规范化行动计划》，推进视障人士普通话水平培训测试。五是扩大工作范围，整合社会资源，加强国家语委语言文字应用培训基地建设，适度增加基地数量。六是加强国家通用语言文字能力培训，继续开展中小学经典诵读骨干教师培训，全国省地级语委及高校语委干部、中小学示范校校长和幼儿园园长能力提升培训，以及农村骨干教师普通话培训、大中小学书法教师培训，提升语言文字管理干部和相关学科教师的语言能力和业务水平。

第六，加强语言文字平台建设，做好语言文字咨询服务和对外交流工作。一是启动网络服务平台建设，完善语言文字专家资源库，为社会和政府决策提供语言文字咨询服务和应急服务。二是继续开展系列国情调研，联合相关部门和部分省份，开展工商、旅游、公务员、卫生等领域及区域的语言文字使用情况调研，服务地方经济社会发展，满足行业需求。三是积极探索促进语言文字产业发展的新思路、新形式，注重推动开发语言资源，服务语言产业发展。四是促进语言文字对外交流。加强两岸语言文字交流与合作协调小组工作，举办第一届两岸语言文字调查研究与语文生活研讨会，拍摄两岸语言文化专题片，加强两岸语言文字科学研究。举办两岸合编中华语文工具书第十一轮会谈，出版两岸中华语文工具书中型词典、《两岸科学技术常用词典》《两岸科学技术名词差异手册》，完善中华语文知识库网站建设，建设两岸语料库；举办两岸大学生汉字书法艺术交流夏令营和汉字文化创意大会；落实中法人文交流机制有关中法语言政策交流的目标，组织实施中德语言文化交流项目；继续组织实施语言文字国际高端专家来华交流项目，服务两岸四地和国际语言文字交流合作。

党的十八届四中全会精神的贯彻落实为我们全面推进语言文字法治建设提供了强大的思想武器，确定了改革发展新的目标。我们要抓住机遇，开拓进取，认真完成好今年的各项任务，努力开创语言文字事业新局面。如何落实好四中全会精神，依法全面推进语言文字工作，我再提四点要求。

第一，法治意识要强。不断推进法制建设是实现语言文字治理体系现代化的可靠保障，切实增强法治意识是语言文字治理能力现代化的重要内容。要系统梳理已经颁布施行的语言文字法律法规、规范标准，做到心中有数，严格执行，有法必依、违法必究。要努力协调解决好语言文字法律法规与其他相关法律法规之间不一致的问题。既要坚持“法无授权不可为”，更要坚持“法定职责必须为”，抓紧制定各级语委的权力清单和责任清单，以及相关各部门的语言文字工作清单，推动语言文字战线各部门主动担当、履职尽责，全面落实依法行政。

第二，创新举措要实。不断改革创新是推进语言文字事业发展的强大动力。在新一年的工作中要勇于改革、善于创新。要紧紧抓住体制机制建设这个牛鼻子，冲破思想观念障碍，力争取得实质性突破。要将近年来语言文字工作中实践证明行之有效的创新性工作举措进一步落到实处，以精益求精的态度使这些举措制度化、常态化、系统化。要着力加强语言文字智库建设，大胆探索、积极试点，充分发挥专家学者、科研机构、社会团体的咨政辅政作用和社会引导作用。要努力创新语言文字服务社会的方式、渠道和途径，构建综合性服务平台，推动资源共享，不断提升服务水平。

第三，宣传力度要大。语言文字事业是需要动员全社会共同参与的系统工程，全社会的理解、认同和支持对语言文字工作顺利开展至关重要。要继续加大宣传力度，将社会宣传、社会动员、社会引导列为语委日常工作的重要内容。要把重大活动宣传和日常宣传相结合，传统媒体宣传和新媒体宣传相结合，国内宣传和国际宣传相结合，构建全方位的语言文字工作宣传机制，提高宣传的系统性、针对性、时效性。要高度重视、积极做好媒体工作，充分发挥各种类型媒体的作用，不断增强语言文字工作的社会影响力。

第四，统筹协调要好。语言文字工作关涉多个部门、多个领域，加强顶层设计，加强统筹协调，是保证工作全面、有序、高效开展的关键。语委的工作定位之一，就是做好各成员单位的统筹协调。各级语委要切实履行好这一职责，加强教育系统内部，教育系统与语委成员单位、相关部门之间的沟通联系，充分调动各方积极性，形成合力，共同推动工作开展。要着力探索提高沟通协调效率的方式方法，将统筹协调的作用更好地发挥出来。要不断完善“政府主导、语委统筹、部门支持、社会参与”的治理体制，健全“分工协作、齐抓共管、协调有效”的长效、常态工作机制，为语言文字事业发展提供体制机制保障。

同志们，全面深化改革，全面依法推进语言文字工作，实现语言文字治理体系和治理能力的现代化，任务艰巨、责任重大、使命光荣。让我们紧密团结在以习近平同志为总书记的党中央周围，开拓进取、真抓实干，依法扎实推进新一年语言文字各项工作，为增强国家语言实力、提高国民语言能力、构建和谐语言生活，为实现“两个百年”奋斗目标、实现中华民族伟大复兴的中国梦作出我们应有的贡献！

在全国语言文字督查工作会上的讲话

教育部副部长、国家语委主任 杜占元

（2015 年 11 月 3 日）

同志们：

刚才，六个省市的典型发言各具特色，成绩显著，他们的探索和实践为我们出台语言文字工作督导评估政策积累了经验。特别是江苏省近三年来做了大量工作，为语言文字工作督导评估制度的建立作出了重要贡献，在此，向大家表示衷心感谢！

这次会议的主要任务是全面贯彻党的十八大和十八届三中、四中、五中全会精神，深入贯彻习近平总书记系列重要讲话精神，贯彻落实《国家通用语言文字法》，深入实施《语言文字规划纲要》，研究部署语言文字督导评估工作，科学谋划国家语言文字事业发展“十三五”规划。

在全党全国深入学习贯彻党的十八届五中全会精神之际，我们在这里召开语言文字督查工作会具有重要意义。

党的十八届五中全会通过了《中共中央关于制定国民经济和社会发展第十三个五年规划的建议》。《建议》从党和国家战略全局出发，明确提出十三五规划的指导思想、基本原则、目标要求、基本理念、重大举措，描绘了未来五年国家国家发展蓝图，体现了“四个全面”战略布局，体现了习近平总书记系列重要讲话精神，反映了党的十八大以来党中央决策部署，顺应了我国经济发展新常态的内在要求，有很强的思想性、战略性、前瞻性、指导性，是动员全党全国各族人民夺取全面建成小康社会伟大胜利的纲领性文件。

五中全会指出，到 2020 年，要实现全面建成小康社会这个我们党的第一个百年奋斗目标，提出了六大发展原则和五大发展理念，对于我们语言文字事业的发展具有重要指导意义。

六大发展原则：第一，坚持人民主体地位，语言文字事业最集中地体现在推广普及和规范使用国家通用语言文字，只有全面普及和提高国家通用语言文字水平，才能把坚持和尊重人民主体地位落到实处。第二，坚持科学发展，语言文字工作要充分尊重语言文字发展规律,推动事业发展。第三,坚持深化改革,就是在尊重语言文字发展规律的基础上加强和改进语言文字工作,建立健全语言文字工作体制机制。第四,坚持依法治国,语言文字工作要围绕贯彻落实《国家通用语言文字法》,强化依法治理,加快推进语言文字治理体系和治理能力现代化,把语言文字工作纳入督导体系之中就是其中重要的环节。第五,坚持统筹国内、国际两个大局,要加强国家通用语言文字的普及提高,还要提高中文的国际影响力,提高国际话语权。既要大力弘扬和传播以语言文字为载体的中华优秀传统文化,又要建设与综合国力相适应的语言文化强国。第六,坚持党的领导,要坚持贯彻落实党和国家的语言文字方针政策,按照党的十八大精神的要求,大力推广和规范使用国家通用语言文字,科学保护各民族语言文字。

贯彻五大发展理念:第一,坚持创新发展,就是必须把创新摆在语言文字工作发展全局的核心位置。文化创新是创新发展的重要方面。我们语言文字工作就是要把文化创新贯穿语言文字事业之中。第二,坚持协调发展,就是要牢牢把握中国特色社会主义事业总体布局,正确处理好各种语言文字之间的关系,促进城乡区域行业语言文字工作的协调发展,使语言文字工作在增强国家硬实力的同时,为增强国家软实力作出贡献。第三,坚持绿色发展,从语言文字的角度,就是要构建健康和谐的语言生态,坚持国家通用语言文字的主体地位,使汉语方言、少数民族语言文字、外语、繁体字各得其所、各展所能。第四,坚持开放发展,语言文字工作要放开视野,服务国内、国际两个大局。第五,坚持共享发展,语言文字工作要使全体人民群众,包括残障人士在内的特殊群体,享有和使用国家通用语言文字的权益。

当前和今后一个时期,深入贯彻落实党的十八届五中全会精神,把《中共中央关于制定国民经济和社会发展第十三个五年规划的建议》确定的各项决策部署和工作要求落到实处是全党全国的一项重要政治任务。现阶段,对于我们语言文字工作战线来说,首要任务是学习贯彻党的十八届五中全会精神,研究制定国家语言文字事业发展“十三五”规划。“十三五”时期是全面建成小康社会的决胜阶段,也是语言文字事业贯彻落实《教育规划纲要》《语言文字规划纲要》、全面提高全民族语言文字能力的关键五年,我们要认真总结语言文字事业所取得的成就和经验,科学分析当前语言文字事业所面临的形势和问题,系统谋划国家语言文字事业发展第十三个五年规划,以服务全面建成小康社会为核心,建设与综合国力相适应的语言文化强国。

一、深入分析,准确把握语言文字事业的发展形势

语言文字是国家建设、民族复兴不可或缺的战略资源,是推动历史发展和社会进

步的重要力量，是人类文明交流互鉴中打开一国之门的钥匙。语言文字事业具有基础性、全局性、社会性和全民性的特点，是国家综合实力的重要支撑力量，事关国家安全和经济社会发展，事关历史文化传承和民族素质提升，在国家发展战略中具有重要地位和作用。强国必须强语，强语助力强国。

中华人民共和国成立、改革开放特别是党的十八大以来，我国语言文字事业取得了历史性成就，为全面建成小康社会奠定了坚实基础。全面推行简化汉字、大力推广普通话、制定推行《汉语拼音方案》，颁布实施《国家通用语言文字法》，扎实推进语言文字法制化规范化标准化信息化建设，我们走出了一条具有中国特色社会主义语言文字事业发展道路。“十二五”期间，特别是党的十八大以来，我国语言文字事业取得重大发展。国家通用语言文字普及程度进一步提高，普通话普及率达到70%；语言文字法律法规体系初步建立，为推进语言文字工作治理体系和治理能力现代化打下良好基础；语言文字规范标准和工作体系进一步完善，有力促进了国家语言文字信息化进程；语言文字传承中华优秀文化品牌活动广受关注，世界语言大会成功召开，汉语国际传播蓬勃发展，语言资源保护开发取得重要进展，语言文字事业的辐射面、影响力和显示度不断增强。

但是，我们还应清醒地看到，国家语言文字事业发展还不能完全适应国家发展需求。民族地区和农村国家通用语言文字普及程度不高，城乡区域发展还不协调；语言文字信息化关键技术基础较为薄弱，应用研究成果有限，制约相关领域发展；社会语言需求广泛但供给不足，围绕国家安全的语言保障服务体系尚未建立；国民语言能力整体水平还有待进一步提高；中华语言文化的国际影响力还不能与中国的国际地位相匹配；语言文字工作口径还不够宽、体制还不够顺，有些地方语言文字工作机构还不够健全，人员、经费等基础保障不足。

当前和今后一个时期，我国语言文字事业发展面临诸多机遇和挑战。全面建成小康社会、提高民族素质、促进人的全面发展、增进人民福祉，对进一步普及国家通用语言文字，特别是对民族地区和农村的推普工作提出了迫切要求；全面深化改革、全面依法治国，大力推进治理能力和治理体系现代化，为语言文字规范化、标准化和法制化建设赋予了新的时代内涵；实施网络强国战略、“互联网+”行动计划、国家大数据战略等重大战略，对语言文字信息化建设和社会应用提出了更高要求、更多需求；文化大发展大繁荣，培育践行社会主义核心价值观，为传承、发展和弘扬中华语言文化开辟了新视野、新领域；扩大对外开放、加强国际合作、促进和平发展、维护国家利益和安全，特别是实施“一带一路”、推进人民币国际化等国家战略，对语言文字事业服务和保障国家发展战略的实施提出了新课题、新任务。

“十三五”期间，我们必须抓住机遇、迎接挑战，瞄准人机交流和人际交流两个空间，把握国内、国际两个大局，为实现“两个百年”奋斗目标，进行战略性思考、系统性谋划、创造性操作，认真制定和实施好国家语言文字事业发展“十三五”规划。

二、科学谋划，确立“十三五”语言文字事业发展的目标与任务

为了自觉适应经济社会发展新要求，主动迎接国家安全和国际竞争新挑战，加快建设与综合国力相适应的语言强国，十三五期间，我们的总体思路是：第一，贯彻“一条主线”。“十三五”末是实现我们党第一个百年奋斗目标的时间节点。十八届五中全会明确指出，“十三五”规划必须紧紧围绕实现全面建成小康社会这个奋斗目标来制定，因此，语言文字“十三五”规划也要紧紧围绕这个目标，今后五年，语言文字事业必须以提高国家语言能力，服务全面建成小康社会为主线。第二，强化“五个面向”。针对当前语言文字事业的主要矛盾，我们今后的工作要更加面向国家战略聚焦，面向民族地区和农村推进，面向社会应用深化，面向现代治理转型，面向国际社会拓展。总之，“十三五”期间，我们既要“补短板”，也要“高精尖”，既要为全面建成小康社会贡献力量，也要为下一个“百年目标”奠定基础。

（一）明确“十三五”语言文字事业的主要目标

总体目标概括起来就是“三基本一实现”。“三基本”就是“基本普及国家通用语言文字，基本建立国家语言文字能力信息化基础，基本形成语言文字工作治理体系现代化条件”；“一实现”是“实现国家语言文字能力与国家综合国力相适应”。

（二）明确“十三五”语言文字事业的工作任务

要实现上述目标，“十三五”期间我们要重点完成“五大任务”：

一是普及国家通用语言文字。要继续大力推广普及国家通用语言文字，重点加快民族地区和农村普通话的普及，深化学校语言文字教育，推进语言文字规范化建设，完善语言文字测评体系。到2020年，实现全国范围内的语言障碍基本消除，普通话基本普及，普及率要达到85％的目标。在民族地区和农村，国家通用语言文字普及程度大幅度提高，其学校、机关、广播影视新闻出版、公共服务行业等重点领域普通话普及率基本达到全国平均水平，少数民族初、高中毕业生基本掌握和使用国家通用语言文字，少数民族高校毕业生能够熟练掌握和使用国家通用语言文字。

二是推进语言文字信息化建设。加强语言资源建设，推动语言文字技术创新发

展，建构语言文字信息化平台。经过五年的努力，国家语言文字信息化能力基础要基本建立。语言文字信息化关键技术研发取得重要突破，并广泛应用于语言产业和国家安全领域；语言资源保护、开发和建设取得重大进展，濒危语言得到及时记录和保存；语言文字信息化工作平台、信息化工作手段更加完备。

三是构建语言文字工作治理体系。加强语言文字法治建设，完善语言文字规范标准，强化重点行业领域监管，加强社会语言生活引导。五年以后，我们要基本形成语言文字工作治理体系现代化条件。语言文字法律法规体系比较完善；语言文字规范标准基本满足社会需求；相关行业部门语言文字工作依法行政能力显著增强，以依法管理为核心的语言文字工作治理体系现代化条件基本形成；语言文字社会应用规范化明显增强；社会语言生活健康、和谐发展。

四是构建语言文字服务与保障体系。全面服务国家战略，服务国家安全，服务社会应用，服务特殊需求。“十三五”结束，要基本形成语言服务体系和保障体系，使语言文字工作更加适应实施国家重大战略和维护国家安全的需求，语言文字社会服务平台基本建立，各项语言服务基本满足社会和人民群众语言学习和使用需求。

五是弘扬传播中华语言文化。推进语言文化传承发展，深化海峡两岸语言文化交流合作，加强中华语言文化国际传播。“十三五”期间，中华语言文化要得到大力弘扬和传播。中华优秀传统文化获得更好的继承和发展；语言文字合作交流进一步拓展深入；海外华人对中华语言文化的认同明显增强；海外汉语学习范围明显扩大，人数明显增长；汉语在国际组织和国际社会的地位明显提升。

完成这五大工作任务，需要把握以下工作重点：一是要实施“一个攻坚”。加快民族地区和农村国家通用语言文字普及攻坚，打通国家通用语言文字推广普及“最后一公里”。二是要搭建“两个平台”。重点打造一个全球性的普通话学习网络平台和一个国家电视语言文字传播普及平台。三是要筑牢“三个阵地”。要紧紧抓住学校这个主阵地。“建国君民，教学为先”，语言文字工作的基础在学校。学校的国家通用语言文字教育抓好了，推广国家通用语言文字的工作就会事半功倍。要努力夯实基层这个相对薄弱的阵地。语言文字工作要重心下移，深入基层，以区域为面、县域为点，走进乡村，点面结合。要不断巩固重点行业领域这个需要语言文字工作重点发力的阵地。要紧紧抓住网络媒体、新闻出版、广播影视和公共服务等重点行业和领域，各尽其责，齐抓共管。四是实施“五大工程”：国家通用语言文字普及攻坚工程、“互联网＋语言文字”益民服务工程、语言文字信息化关键技术攻关及应用工程、语言文字筑桥工程、语言文字探源与传承保护工程，要围绕这五大工程集中攻关。

完成“十三五”的工作任务，需要创新体制机制、推进队伍建设、加强宣传教育、强化科研支撑、保障经费投入。在这些保障措施中，我们要把创新体制机制放在首要位置，要继续加强和完善“政府主导、语委统筹、部门支持、社会参与”的管理体制。要以这次语言文字督查工作会议为契机，加强语言文字工作的督导督查机制建设。加强统筹协调，把语言文字相关行业、企业、基层单位和科研、教育、管理、应用等方面专家、志愿者以及其他相关方面的力量凝聚起来，共同做好语言文字工作，全面推进语言文字事业创新发展。

三、加强督导，保障语言文字“十三五”规划顺利实施

加强语言文字工作督导督查，建立语言文字工作督导评估制度，是落实全面依法治国要求、推进语言文字工作依法行政的重要举措，是推进语言文字工作治理体系和治理能力现代化的内在要求，是健全语言文字工作体制机制、提高语言文字工作效能的迫切需要，是实施语言文字事业发展“十三五”规划的有力保障，对于推动语言文字事业全面发展，更好地适应、服务国家发展需求具有十分重要的意义。

地方政府、教育督导部门和语言文字工作部门要充分认识加强语言文字工作督导评估的重要意义，切实增强责任感、紧迫感和使命感。地方政府要落实主体责任，加强语言文字工作的组织领导，建立健全语言文字工作管理体制和工作机制，落实语言文字工作的物质保障。教育督导部门要加强政策指导，切实履行监督指导职能，开展工作督导。语言文字工作部门要积极配合，加强与教育督导部门沟通协调，切实履行统筹协调职能，推动各部门各负其责，形成合力。通过督导，促进语言文字工作制度建设更加完善、条件保障更加充分、宣传教育更加深入，促进语言文字事业发展水平不断提升，服务国家发展需求的能力不断增强。

“十二五”期间，经过大家的不懈努力，语言文字工作督导督查已经有了良好的工作基础。全国省级语言文字立法工作全面完成，语言文字工作依法管理、执法监督的体制机制逐步建立，城市语言文字工作评估为语言文字工作督导评估积累了较为丰富的经验，一些地方多年前就在教育督导评估实践中纳入了语言文字工作督导内容，16个省(区、市)在语言文字地方法规规章中将语言文字规范化纳入教育教学督导。2013年，教育部下发了关于开展中小学校语言文字工作督导评估的文件，得到各地积极响应，学校语言文字督导评估机制逐步建立。现在，语言文字工作督导的范围又实现了全覆盖。为了做好今后的工作，在这里，我再强调以下几条原则：

一是要明确导向。督导评估是推动语言文字事业发展的有效手段，我们的最终目的是以评促建、以评促改，推动地方解决问题，采取切实措施有效开展语言文字工作。

二是要立足发展。做到监督与指导并重。督导既要反映当地语言文字工作基本情况、经验与特色，又要列出问题清单，提出整改要求，使督导对象认识自身不足，明确努力方向。

三是要尊重科学。要遵循语言文字发展规律。既要加强监管，又要注重引导；既要执行政策的刚性要求，又要注意语言文字的文化属性，使督导评估实事求是、客观公正。

四是要注重实效。要从实际出发，重在督导地方政府及其有关部门职责是否到位、工作落实是否见效以及语言文字事业发展是否取得实效。

同志们，督导督查是语言文字工作全局中不可缺少的重要环节。没有督导督查就没有工作落实，没有督导督查就不能保障事业发展。当前，语言文字工作督导评估已经全面启动，“十三五”规划正在加紧制定。今后五年，“十三五”规划能否实现预期目标，能否有效服务国家未来发展，加强督导督查、健全体制机制是关键、是保障。我们一定要把思想统一到党的十八届五中全会精神上来，认清形势，坚定信心，健全法制，加强督导。既要全面覆盖，也要突出重点，围绕国家发展战略，服务社会发展需求，改革创新，努力工作，全面提升国家语言文字事业治理能力和发展水平，为全面建成小康社会作出我们应有的贡献！

在第29期中央普通话进修班上的讲话(节选)

教育部副部长、国家语委主任 杜占元

(2015年6月13日)

一、依法推广普通话是党和国家的一项重要事业

充分认识推广普通话的重要意义。语言文字是人类智慧和文明的结晶，是文化传承的重要载体，是推动历史发展和社会进步的重要力量。在我们这样一个发展中人口大国，拥有多民族、多语言、多文种、多方言，普及国家通用语言文字，充分发挥其作为中华文化载体及鲜明标志的作用，不仅是方便沟通、促进各民族经济文化交流的需要，而且事关整个中华民族的历史文化认同和传承，是维系中华民族的重要纽带。多年来，民族地区在加强双语教育、推广普通话方面所取得的成就，对促进民族地区教育发展、增进各民族之间的交流交往，巩固平等团结互助和谐的社会主义民族关系，发挥了不可替代的作用。

党和国家始终高度重视普通话的推广工作。2014年4月28日，习近平总书记在视察新疆小学时指出，双语教育要抓好，学好汉语不仅将来找工作方便，更重要的是能为促进民族团结多作贡献。从法律层面看，我国宪法规定“国家推广全国通用的普通话”。2000年出台的《国家通用语言文字法》进一步明确了普通话作为国家通用语言的法定地位。从党和国家事业全局看，党的十八大明确提出要“推广和规范使用国家通用语言文字”，这是新时期语言文字事业发展的核心任务。2014年12月中共中央、国务院印发的《关于加强和改进新形势下民族工作的意见》明确要求：要坚定不移推行国家通用语言文字教育，全面开设国家通用语言文字课程，全面推广国家通用语言文字，确保少数民族学生基本掌握和使用国家通用语言文字。从实际工作层面看，早在中华人民共和国成立初期的1956年，国务院即成立中央推广普通话工作委员会并发出《关于推广普通话的指示》。1997年，国务院批准设立“全国推广普通话宣传周”。近年来，中华诵·经典诵读、《汉字听写大会》等一系列

活动有效地带动了学习国家通用语言文字的热潮。因此,依法推广普通话,责任重大,使命光荣。

二、扎实做好新形势下推广普通话工作

多年来,在各方的大力支持下,通过同志们坚持不懈的努力,推广普通话取得了很大进展。2014年,文盲率从65年前的80%下降到4.08%,普通话的普及率提高到了70%,识字人口使用规范汉字的比例超过95%。为进一步做好国家通用语言文字的推广工作,刘延东副总理在纪念《国家通用语言文字法》颁布10周年座谈会上,专门就推广工作的发展目标提出了明确要求。《国家中长期语言文字事业改革和发展规划纲要(2012—2020年)》从政策上进行了明确规定,即到2020年,国家通用语言文字在全社会基本普及,全国范围内语言交际障碍基本消除,少数民族双语教师达到国家通用语言文字教学要求,完成义务教育的少数民族学生能够熟练掌握国家通用语言文字。对照国家的发展目标,我们加快推进国家通用语言文字的推广任务,特别是相对于规范汉字的使用比率,普通话的推广任务还显得十分艰巨。所以同志们一定要树立时不我待、只争朝夕的意识,不断增强做好推广普通话工作的使命感和责任感。

总结前期工作的经验,结合新的形势任务,做好当前推广普通话工作的基本思路是"突出重点、中心下移、抓住龙头、创新机制"。突出重点,就是要把推广和普及国家通用语言文字摆在语言文字工作的核心地位,对于推广普通话而言,从70%到基本普及,还有很长的路要走,特别是对于部分重点地区,要紧紧抓住这个工作核心不放松。重心下移,就是工作重心要下移到基层,贴近实际,目前看普及率最低的地方主要是县、乡,即使在民族地区,城市的普及率也远远高于县、乡,必须把工作重心转向县城、乡村,抓住薄弱环节不放松。抓住龙头,就是要抓住学校、机关这个龙头,学校是推广普通话的基本阵地,机关在整个社会具有很强的示范作用,推广普通话还是要坚持从学生教起、从机关干部抓起。创新机制,就是调动社会各个方面的资源积极参与国家通用语言文字的推广工作,国家语委有20多家成员单位,社会组织、企业协会也是推广普通话的重要参与力量,主要是怎么想新点子、用新办法,把各方面的积极性调动起来。

三、扎实做好队伍建设,为推广普通话提供人才支撑

人才是做好普通话推广工作的根本保证。推广普通话的工作对象是"人",推广普

通话的工作力量还是“人”。我们必须树立人才资源是第一资源的观念，必须清醒地认识到，顺利实现 2020 年基本普及普通话的目标，归根到底，需要依靠一批基础良好、各有所长、层次分布合理的高水平、专业化人才，需要打造一支语言文字工作的尖兵、铁军、生力军。中央普通话进修班就是加强人才队伍建设的一个显著标志。几十年来，中央班先后为国家培养了 3,000 多名优秀的语文研究、教学和管理人才，其中不少成为先进工作者和重要骨干。许多著名的语言学家像罗常培、吕叔湘、丁声树、李荣、吴宗济、徐世荣、周殿福、张志公、朱德熙等先生都曾在这里授课。我们这期进修班是第 29 期，按照“强调理论与实践相结合，注重宏观视野与微观研究的平衡关系，兼顾推普事业长远发展和个人专业素质提高”的办学宗旨，主要培养民族地区双语教学骨干师资，体现了向农村、边远、贫困、民族地区倾斜的要求。

大力加强普通话推广人才队伍建设。一是要创新管理队伍培训方式。建立培训制度，通过中央普通话进修班，中青年骨干海外研修计划、语言文字管理干部岗位培训和专题研修、测试员提高培训等项目，对语言文字专兼职管理队伍开展上岗培训和定期轮训，建设高水平、专业化的管理队伍和测试员队伍。以现有资源为基础，建立国家级培训基地。二是要加大专家队伍培养力度。通过科研资助、出国研修、重点培养等方式遴选培养一批优秀的语言文字专家，改善工作条件，完善用人机制，进一步发挥专家学者在学术理论和政策研究、规范标准研制和咨询服务中的作用。三是要健全奖励制度。对在国家语言文字事业发展中作出突出贡献的组织和个人，按国家有关规定予以表彰奖励。

教育部将把中央普通话进修班纳入国培计划，给予制度性的支持，希望有关方面要大力支持普通话培训工作，密切配合，勇于创新，一定要把中央普通话进修班这一重要的语言文字人才培养基地办好。也希望中央普通话进修班的学员们，善学善思，学以致用，勤于实践，有所作为，在全国各地普通话教育教学、教材建设、科学研究中发挥“种子”作用。让我们共同努力，把新形势下推广普通话工作做得更好。

依法推广普通话　提升国家软实力

——在第18届全国推广普通话宣传周开幕式上的讲话

教育部副部长、国家语委主任　杜占元

（2015年9月14日）

同学们、同志们、朋友们，大家上午好！

今天，我们在古都安阳中国文字博物馆前，举行第18届全国推广普通话宣传周的开幕仪式。首先我代表全国推广普通话宣传周领导小组和教育部、国家语言文字工作委员会，向全国语言文字工作者和所有关心支持语言文字工作的各条战线的同志们、朋友们，表示诚挚的问候和衷心的感谢！

大家知道，发现于安阳的甲骨文，是公认最早成型的汉字系统，是今天我们所使用汉字的前身，而汉字又是历史上使用几千年且唯一没有中断过的文字。人类自从有了文字，才真正能够实现文明的积累和传播，才能够更好地推动社会的发展和进步，也才能够不断地创造梦想和有了实现这些梦想的可能。自秦以来文字的统一，为我们这个多民族构成的中华民族大家庭注入了国家统一的文化基因。此后两千多年里，虽然朝代兴衰、更替，但都不能改变中华民族国家统一的历史轨迹和发展方向。在农耕文明时代，人们鲜有跨地域交流的需要，传播知识和信息的主要方式是靠书面的文字。因此“书同文”对国家统一和发展起到的作用应该说是基础性的，影响深远。今天，我们处在信息社会，人们的活动范围不断扩大，跨地域交流更为频繁，口头语言的沟通和交流更为频繁也更加便捷，人们对“语同音”的需要从来没有像今天一样更为迫切。

再过几个月，就是国务院发布《关于推广普通话的指示》60周年。60年前，在新中国百废待兴之际，毛泽东、周恩来等老一辈革命家高瞻远瞩，亲自决策和领导了推行简化字和推广普通话工作。推行简化字、推广普通话的主要目的是为了便于人们更好地沟通交流、便于快速提高人民的知识文化水平，从而有利于促进社会主义建设事业快速发展。1982年，“国家推广全国通用的普通话”正式写入了《中华人民共和国宪法》。1997年，国务院批准开展“全国推广普通话宣传周”。2000年颁布了《国家通用语言文字法》。从这一历史脉络可以清楚地看出，推行国家通用语言文字是我国的一项基本国策。

与60年前相比，我们的国家已经发生了翻天覆地的变化，各项事业取得了伟大成就，这其中语言文字工作的作用也功不可没。得益于普通话和简化字推广的教育事业，基本普及义务教育、基本扫除青壮年文盲的“两基”目标已经实现并且达到了更高的水平。同时，我们也清醒地看到，全国推广普通话的任务仍未完成。根据近年的调查数据统计，能够用普通话交流的人口比例约为70%，这其中还有相当一部分只能听懂做单向交流，实现普通话暨国家通用语言文字在全国范围内的真正普及，依然任重而道远。

总结前期工作的经验，结合新的形势需要，当前推广普通话工作要坚持“突出重点、重心下移、抓住关键、创新机制”的工作思路。

突出重点，就是要把推广和普及国家通用语言文字摆在语言文字工作的重要地位。提升普及数量、提高普及质量，这方面还有很长的路要走，特别是对于部分重点行业和地区，必须把推普工作牢牢抓住，抓住这个工作重点不放松。

重心下移，就是工作重心要下移到基层，贴近实际，贴近需求，目前看普及率最低的地方主要是县、乡，即使在民族地区，城市的普及率也远远高于县、乡。必须把工作重心转向县城、乡村，要紧紧抓住这些薄弱环节不放松。

抓住关键，就是要紧紧抓住教育、党政机关、新闻出版、公共服务等重点领域，学校是推广普通话的基础阵地，机关是表率，新闻媒体是榜样，公共服务行业是窗口，要紧紧抓住这些关键领域，加大推广力度，取得更好效果。

创新机制，就是调动社会各个方面的资源积极参与国家通用语言文字的推广普及工作。全国推普周领导小组有9家成员单位，国家语委有20多家成员单位，各社会组织、行业协会都是推广普通话的重要参与力量，企业是推广普通话的受益者和需求者，也是推普的积极参与者，我们语言文字工作者要动脑筋、想办法，把各方面的积极性充分调动起来，把各方面的力量组织起来，把各方面的资源利用起来，让这件全民受益的事情由大家共同参与，共同完成，共同做好，共同受益。

河南省作为我国中部地区大省，地理位置重要、文化底蕴深厚，教育基础和语言文字工作基础扎实，是“中原经济区”建设的核心地区，在全国改革发展大局中具有重要的战略地位。安阳市是我国八大古都之一，作为甲骨文的发源地，在文字文化资源方面得天独厚。近年来，河南省和安阳市在语言文字工作方面都取得了很大成绩，希望河南省和安阳市能够以举办全国推普周开幕式为契机，不断开创语言文字工作新局面。

同学们、同志们，今年适逢我国抗日战争暨世界人民反法西斯战争胜利 70 周年，在北京天安门广场举行的世界瞩目的阅兵活动，充分展示了我国捍卫和平与和平发展的决心和实力。今年也是《国家通用语言文字法》实施 15 周年，我们今年推普周的主题是“依法推广普通话，提升国家软实力”。推广普通话，既是宪法和法律的规定，也是提升国家软实力的迫切需要。同学们、同志们，我们要以党的十八大，十八届三中、四中全会精神和习近平总书记系列重要讲话精神为指导，开拓创新、锐意进取、积极谋划、勇于探索，为不断提升国民语言能力和国家语言实力，建设与国家实力相适应的语言文化强国而不懈努力！

现在，我宣布，第 18 届全国推广普通话宣传周开幕！

在《国家手语和盲文规范化行动计划(2015－2020年)》发布启动会上的讲话

教育部副部长、国家语委主任 杜占元

(2015年12月29日)

今天,由中国残联牵头,会同有关部门历时数年研究和近两年制定的《国家手语和盲文规范化行动计划(2015－2020年)》正式发布启动,这是我国语言文字领域和残疾人事业发展的一件喜事和大事。在此,我代表教育部、国家语委,对《国家手语和盲文规范化行动计划(2015－2020年)》的正式发布表示热烈的祝贺!

刚才,程凯副理事长宣读了国务院刘延东副总理和王勇国务委员的重要批示,我们还听取了两个课题组组长关于《国家通用手语标准》《国家通用盲文标准》的结题鉴定意见,鉴定意见对这两个标准给予了很高的评价和充分的肯定,听了姚喜双同志关于《国家手语和盲文规范化行动计划(2015－2020年)》的背景情况介绍,特别是程凯副理事长作了一个非常重要的讲话,我听了之后非常受感动,也深受鼓舞。在此,我想特别对为盲文手语规范化工作的政策制定、科学研究付出辛勤劳动的专家学者致以崇高的敬意和衷心的感谢!

发展特殊教育是推进教育公平、实现教育现代化的重要内容,是坚持以人为本理念、弘扬人道主义精神的重要举措,是社会进步和文明进步的重要标志,是保障和改善民生、构建社会主义和谐社会的重要任务。党中央、国务院始终高度重视特殊教育,党的十八大明确提出"支持特殊教育"、十八届三中全会要求"推进特殊教育改革发展"。经国务院同意,2014年召开了全国特殊教育电视电话会议,国务院办公厅转发了由教育部等七部委制定的《特殊教育提升计划(2014－2016年)》,切实加大对特殊教育的支持力度,加快推进特殊教育改革和发展。两年来,教育部会同有关部门认真贯彻中央要求和李克强总理"履职尽责,特教特办"的要求,加大力度推进特殊教育改革发展,特殊教育提升计划进展顺利,成效显著,特殊教育普及水平、条件保障和教育质量都得到进一步提升,残疾人受教育权利切实得到保障,"全面推进全纳教育,使每一个残疾孩子都能接受合适的教育”的目标正在逐步实现。手语和盲文规范化工作是发展特殊教育、提高特殊教育水平的重要内容，对特殊教育特别是对听力残疾人和视力残疾人教育而言，具有基础性、工具性特点。做好这项工作，将势必为进一步推进特殊教育改革发展发挥更加积极而有效的作用。

中华人民共和国成立初期，我国就开始了手语、盲文的规范化工作。20 世纪五六十年代，教育部、中国文字改革委员会、残联等部门制定和推行了“现行盲文方案”，加快了盲人文字的统一规范，同时成立了聋人手语改革委员会，整理、修订出《聋哑人通用手语草图》。改革开放以来，国家又根据盲文手语的修订、使用情况，在部分聋校进行了推广中国手语的试点，在全国盲校试行《汉语双拼盲文方案》并根据使用情况进行调整。进入新世纪以来，国家语委、教育部高度关注残疾人事业，积极发展特殊教育，加强盲文手语规范化工作，将中国残联纳入国家语委成员单位，推动了特殊教育和盲文手语工作的更快发展。

一是制定实施了《关于进一步加快特殊教育事业发展的意见》，对盲文、手语工作提出了明确要求。二是贯彻落实刘延东同志在《国家通用语言文字法》颁布 10 周年纪念座谈会上的讲话中的要求，统筹规划，加强指导，做好通用手语和通用盲文的研究规范和推广工作。三是将手语盲文规范和推广工作纳入《国家中长期语言文字事业改革和发展规划纲要（2012－2020 年）》，提出加快手语、盲文规范标准研制，加强基础研究、推广运用，为听力、视力残疾人提供服务等要求。四是支持相关高校开展盲文手语科学研究、推广应用和人才培养。近几年来，教育部、国家语委和中国残联在北师大共建的北京师范大学国家手语和盲文研究中心，国家语委在南京特殊教育职业技术学院建设的中国盲文手语推广服务中心，在国家通用手语和通用盲文研究、中国手语和盲文使用状况调查、手语语料库建设和手语网站建设、手语播音主持专业研究生培养等方面都取得了丰硕成果，实现了创新和突破。五是开展视障、听障人员普通话水平测试试点工作，从国家语委的角度解决了特殊教育学校盲人、聋人教师因无法参加正常人的普通话水平测试，拿不到等级证书而不能通过教师资格认证的问题，推动了特殊教育师资队伍建设。六是推动手语盲文工作的国际交流。应该说这些工作都得到了各方面的大力支持，也取得了很好的成绩。

当前，在我国 8,500 万残疾人中，听障、视障残疾人有 3,000 多万。手语、盲文的规范化涉及听力残疾人士和视力残疾人士的切身利益。刚才从大家的介绍中我特别注意到，目前我国手语和盲文的研究和使用仍然存在一些困难和问题，给聋人、盲人的学习、生活和工作带来了诸多不便，手语和盲文的规范化工作还不能满足广大听力、视力残疾人的迫切需求，与我国语言文字事业、残疾人事业的发展水平和要求还不适应。

全面建成小康社会，构建和谐社会的社会语言生活，加快提升残疾人教育水平，都对手语、盲文规范化提出了迫切要求。

“十三五”时期，是全面建成小康社会的决胜阶段。全面小康当然要包括残疾人的小康，而且是重要的一部分。按照《国务院关于加快推进残疾人小康进程的意见》提出的要求，要力争使改革发展成果更多、更公平惠及广大残疾人，促进残疾人收入水平大幅提高、生活质量明显改善、融合发展持续推进，让残疾人生活得更加殷实、更加幸福、更有尊严。手语和盲文规范化是国家语言文字工作的重要组成部分，推动手语和盲文规范化是《国家通用语言文字法》赋予我们的重要职责。因此，我们在制定《国家语言文字事业“十三五”发展规划》时，明确提出语言文字事业要以全面建成小康社会、服务国家发展需求为核心。特别是要把提高包括残疾特殊人群在内的国家语言文字服务能力，作为“十三五”时期语言文字工作的核心任务。《国家手语和盲文规范化行动计划（2015—2020年）》的启动实施，将进一步研制修订通用盲文手语国家标准，大力推广使用国家通用手语和通用盲文，培育和发展手语、盲文社会服务机构，组织研发国家通用手语、国家通用盲文信息化产品，为听障、视障残疾人更加方便地参与社会生活和工作提供更好的服务；加强手语和盲文专业人才、高层次人才培养，加强语言康复研究和技术开发利用。这些都是我们在“十三五”期间，推动特殊教育、手语盲文规范化行动的重要内容。

今天，《国家手语和盲文规范化行动计划（2015—2020年）》制定完成并得以正式发布，这标志着我们这项工作将有一个新的起点。这项工作得到了党中央和国务院领导的高度重视。刚才程凯副理事长宣读了刘延东副总理和王勇国务委员的批示精神，体现了党中央、国务院对这项工作的高度重视，也必将加快手语盲文规范化事业的进一步发展，必将对残疾人学习文化知识、获取信息、社会交往以及更加公平地参与社会活动起到重要作用。对下一步的工作，刚才程凯副理事长就组织实施这一行动计划，作了重要的讲话，全面阐述了行动计划的重要意义，明确提出了行动的目标和要求，我们完全赞成。在《国家手语和盲文规范化行动计划（2015—2020年）》实施的过程中，教育部和国家语委将认真贯彻落实刘延东副总理和王勇国务委员的重要批示精神，全力支持中国残联组织实施好这一行动计划，我们还将进一步加快国家通用手语和国家通用盲文的研制工作，统筹规划和支持手语与盲文的科学研究、应用推广、学科建设和人才培养，以学校和公共服务领域为重点，全面推广使用国家通用手语和国家通用盲文，为听力残疾人和视力残疾人提供更加公平、平等和便利的受教育和参与社会生活的条件，保障他们的语言文字权利、受教育权利和融合发展权利。在这里，我们也特别热切地期待、同时也祝愿《国家手语和盲文规范化行动计划（2015—2020年）》的实施能够取得圆满成功！

同志们，再过两天，新年的钟声就要敲响，我们即将跨入“十三五”全面建成小康社会的决胜阶段。让我们紧密地团结在以习近平同志为总书记的党中央周围，以党的十八届五中全会提出的五大理念为引领，进一步落实共享发展的理念，把语言文字事业服务盲文、手语工作，服务残疾人事业的发展，推上一个新的水平！

在纪念《辞源》出版百年暨《辞源》第三版出版座谈会上的讲话

教育部副部长、国家语委主任 杜占元

（2015 年 12 月 24 日）

各位来宾，各位朋友：

大家上午好！很高兴参加纪念《辞源》出版百年暨《辞源》第三版出版座谈会。在此，我代表教育部和国家语委，向第三版《辞源》的正式出版表示热烈祝贺。

《辞源》在我国辞书事业中具有独特的地位。《辞源》以收录语词为主，兼收有关辞章典故以及文史、地理、文物制度等百科性的知识条目，是一部兼收词语、百科的大型综合性词典，是广大读者阅读一般古籍用的权威性工具书，也是古典文史研究者常用的参考书，一直受到读者的重视和欢迎。可以说，《辞源》是通往传统文化的桥梁。

100 年来，伴随中国社会翻天覆地的变化，《辞源》一直不断修订以适应时代的变化，满足人民群众日益增长的教育文化需求。1915 年第一版《辞源》出版，成为以现代辞书理论为指导编纂成的第一部新型辞书。1958 年，新中国出版部门作出修订《辞源》的决定，至 1983 年，第二版《辞源》全部出齐，确立了它的独特地位。2007 年，《辞源》的修订工作再次启动。这次《辞源》的修订，注意到了语言文字的规范问题，提出了"以现代语言文字学理论为指导，遵守国家统一制定的语言文字法规"的指导思想。在修订过程中，教育界和出版界的不少专家学者以及部分优秀中青年同志，努力工作，辛勤付出，精益求精，充分秉承和展现了老一辈语言文字和出版专家，如叶圣陶、胡愈之、王力、吕叔湘等前辈大家的精神和风范。经过八年的努力，今天，第三版《辞源》终于正式与读者见面。在此，我向付出辛勤劳动的专家和同志们，表示衷心的感谢和崇高的敬意。

习近平总书记在 2014 年中共中央政治局第十三次集体学习时深刻指出，"博大精深的中华优秀传统文化是我们在世界文化激荡中站稳脚跟的根基。中华文化源远流长，积淀着中华民族最深层的精神追求，代表着中华民族独特的精神标志，为中华民族生生不息、发展壮大提供了丰厚滋养”。

语言文字是中华文化的载体。大力加强语言文字工作，弘扬传播中华优秀文化，始终是教育工作和语言文字工作的重要任务。当前，教育部、国家语委正在学习贯彻十八届五中全会精神和中央经济工作会精神，根据《中共中央关于制定国民经济和社会发展第十三个五年规划的建议》，抓紧制定《国家语言文字事业“十三五”规划》。今后一段时期，语言文字事业将以服务国家发展需求为核心，围绕各行各业对语言文字发展的需要，更加面向国家战略聚焦，向民族地区和农村攻坚，向社会应用推进，向现代治理转型，向国际领域拓展，加快在全国范围内推广和普及国家通用语言文字，全面提升语言文字信息化水平，主动应对信息时代的新挑战，全面提升语言文字事业服务国家需求的能力，建设实现与综合国力相适应的国家语言能力。

在推动语言文字事业发展过程中，我们非常期待《辞源》能够在古籍印刷用字规范、现代汉语规范用语用字，以及推动古代汉语教学、普及传统文化知识、弘扬中华优秀传统文化等多个方面发挥出独特作用。我们也希望，商务印书馆坚持“昌明教育，开启民智”的历史使命，勇于实践“服务教育、引领学术、担当文化、激动潮流”的新时代要求，编纂出版更多、更好的中华文化精品。

教育部、国家语委将紧密团结在以习近平同志为总书记的党中央周围，全面贯彻落实党的教育方针，大力推动语言文字事业发展，积极支持高水平语言文字出版物的编纂发行，为繁荣文化事业，为践行社会主义核心价值观，全面建设小康社会作出新贡献。

年度报道

>>>

国家语委召开2015年全国语言文字工作会议

1月27日,2015年全国语言文字工作会议在北京召开。各省(区、市)教育厅(教委)相关负责同志、语委办主任,相关省区民(语)委负责同志和民语委办主任,教育部相关司局、事业单位负责同志共100余人参加了会议。

教育部副部长、国家语委主任李卫红出席会议,发表题为《依法全面推进语言文字工作》的讲话。她对2014年的工作进行了系统回顾和总结,指出,全国语言文字系统认真学习落实中央领导同志的指示批示精神,深入贯彻党中央国务院和教育部决策部署,在语言文字法制建设和依法监管,世界语言大会筹备召开,学校和社会语言文字规范化建设,传承中华优秀传统文化,语言文字规范标准建设,语言文字信息化和科研工作,语言文字合作交流,语言文字测评体系完善和语言文字应用能力提升,语言文字的监测、管理和服务,语言国情调查和资源保护等十个方面取得了一系列重要成果。李卫红分析了新形势下语言文字工作面临的新要求、新挑战,提出要深刻领会习近平总书记重要论述为语言文字工作指明的新方向,深入落实党的十八届三中、四中全会对语言文字工作提出的新任务,深刻把握社会语言生活变化对语言文字工作带来的新挑战。

李卫红强调,2015年是全面深化改革的关键之年,是全面推进依法治国的开局之年,也是全面完成“十二五”规划的收官之年,语言文字系统要重点做好六项工作:一是加强语言文字法治建设,全面推进依法行政;二是加强语言文化建设,为培育和践行社会主义核心价值观助力;三是加强语言文字监管体制建设,规范重点领域语言文字使用;四是加强语言文字规范化标准化信息化建设,进一步提高语言文字科研水平;五是加强语言文字能力建设,进一步提高全社会的语言文字应用水平;六是加强语言文字平台建设,做好语言文字咨询服务和对外交流工作。李卫红进一步对语言文字战线提出了四点要求,即法治意识要强、创新举措要实、宣传力度要大、统筹协调要好。

上海、江苏、陕西、福建、江西、西藏等省(区、市)教育厅、民语委相关负责人,国家新闻出版广电总局、中国传媒大学、上海外国语大学相关负责人等9位代表在会上做交流发言。

国家语委召开2015年国家语委全体委员会议

1月15日，2015年国家语委全体委员会议在北京召开。教育部副部长、国家语委主任李卫红，解放军总政治部宣传部副部长张常银，共青团中央书记处书记傅振邦，中国残联党组成员、副理事长程凯，国家民委、民政部、国家公务员局、全国妇联等17个单位的国家语委委员、联络员出席会议，教育部相关司局和事业单位负责人与会。

李卫红总结了国家语委2014年取得的成绩，分析了当前社会语言生活中的新情况、新变化和语言文字领域存在的主要问题，强调要从推进国家治理现代化的战略高度，从落实依法治国要求的高度，推进语言文字治理体系和治理能力现代化。要主动适应全面深化改革、全面推进依法治国的新要求，牢固树立语言文字法治观念，依法全面履行政府职能；改革创新语言文字工作体制机制，切实增强依法治语体制机制保障；充分认识社会主义初级阶段的基本特征，加强重点行业、重点地区、重点领域的语言文字工作力度，加大对薄弱环节的指导和扶持。李卫红还提出了2015年与各委员单位的合作打算和建议。

与会代表对国家语委的工作总结和计划给予了充分肯定，并结合各领域工作实际，从服务国家发展大局、弘扬中华优秀文化的角度，提出了尽快修订《国家通用语言文字法》、加强民族地区双语工作、支持盲文手语工作、规范和引导网络语言使用、加大语言文字工作的宣传力度等意见建议，并希望国家语委强化语委联席会议机制，进一步加强与委员单位之间的沟通交流，加强与专业研究机构合作，共同推进语言文字事业的改革和发展。

会议通报了教育部语言文字应用管理司、语言文字信息管理司2014年工作总结和2015年工作计划。

国家语委咨询委员会第 14 次会议召开

1 月 8 日，国家语委咨询委员会第 14 次会议在京召开。第九届、第十届全国人大常委会副委员长、国家语委咨询委员会主任许嘉璐主持会议，教育部副部长、国家语委主任李卫红出席会议并讲话，咨询委员会副主任柳斌和朱新均、各咨询委员、教育部相关司局和事业单位负责人与会。

委员们听取了国家语委近两年的工作总结和 2015 年工作要点汇报，一致认为近年来国家语委在推广普及国家通用语言文字、弘扬中华优秀文化、语言文字规范化信息化建设、语言文字科研工作等方面做了大量富有成效的工作，社会宣传效果良好；就如何贯彻落实党的十八届四中全会精神，深入推进《语言文字规划纲要》的全面实施，推进语言文字工作的依法管理、依法行政提出意见建议。

许嘉璐在讲话中强调，语言文字工作要立足于法，任何改革措施都要紧紧依靠法律；要立足于科学，放眼世界，胸怀未来，要具备前瞻性的思维，在充分考虑中国未来发展趋势、认真研判现阶段语言文字事业面临的机遇挑战的前提下，做好语言文字事业的顶层设计，强化国家语委的职能；要加强各民族的语言学习和交流，促进民族团结、社会进步；要关注残疾人、农村妇女等弱势群体的语言文字需求。他代表咨询委员们表示将全力支持国家语言文字事业发展，希望国家语委能够强化定位职能，有大的工作设想和前瞻设计，推进语言文字事业科学发展。

李卫红在讲话中感谢多年来咨询委员会对国家语言文字事业发展中的巨大支持和重要指导，希望各位委员继续为语言文字事业的改革和发展建言献策，提供智力支撑。

国家语委专题咨询会议暨国家语委审委会换届会议召开

11月26日，国家语委专题咨询会议暨国家语委审委会换届会议在北京召开。会议由第九届、第十届全国人大常委会副委员长、国家语委咨询委员会主任许嘉璐主持，教育部副部长、国家语委主任杜占元出席会议并讲话，咨询委员会副主任朱新均，国家语委咨询委员，新一届国家语委语言文字规范标准审定委员会委员，教育部相关司局和事业单位负责人以及《公共服务领域英文译写规范》课题组成员参加会议。

会议成立了新一届国家语委审委会，审定了《公共服务领域英文译写规范》系列分则，并就国家语委正在组织制定的《国家语言文字事业"十三五"发展规划》征求意见。

会议认为，国家语委应加强对外语的规划与管理，作为传播中国理念、提升我国国际形象的重要途径，研制《公共服务领域英文译写规范》等系列标准非常必要。审委会表决通过了《国家语委审委会章程》和《公共服务领域英文译写规范》系列分则。

咨询委员会、审委会委员对《国家语言文字事业"十三五"发展规划》给予充分肯定，认为规划目标明确、立意较高、主线突出、思路开阔、内容丰富。同时对规划如何更进一步凸显党的十八届五中全会精神，在推广普及国家通用语言文字的同时科学保护少数民族语言文字等提出建议。委员们认为国家语委组织开展语言保护工作深受少数民族群众欢迎，协调处理好国家通用语言文字和少数民族语言文字的关系，对促进语言文字事业发展，构建中华民族共有精神家园具有重要作用。委员们建议要注重调动社会各方力量，扩大国家语委委员联席单位，共同推动国家语言文字事业蓬勃发展；进一步深化海峡两岸语言文字交流合作，扩大交流规模，增强两岸人民对语言文字发展历史和现实应用的理解，弘扬中华优秀传统文化；在中华经典资源库建设基础上尽量扩大文献数字化规模等。

许嘉璐在讲话中强调，要将语言文字工作置于中华文化复兴以及世界对学习汉语和了解中华文化的迫切需求中，努力在构建新型国际关系、“一带一路”倡议实施中发挥应有作用。要突出法治建设，做到有法可依，依法执政；关注少数民族语言问题，加强双语教育；在创新发展中注重调动企事业单位、高校和科研院所的力量，发挥他们技术创新的主体作用；进一步深化大陆与台湾地区、内地和港澳地区的语言文化交流合作。

杜占元在讲话中对各位咨询委员、审委会委员对国家语言文字事业的关心和指导表示衷心感谢。他表示要做好语言文字事业的统筹规划，找准抓手，强化服务，努力适应经济社会发展新形势，迎接信息化条件下的新挑战。

《国家语言文字事业“十三五”发展规划》研制工作启动

3月，国家语委启动了《国家语言文字事业“十三五”发展规划》研制工作，成立了由分管副部长、国家语委主任担任组长的规划研制工作领导小组，语言文字应用管理司、语言文字信息管理司、语用所相关负责同志和部分专家参加的规划起草小组及专家组。定期召开起草小组会议和专家咨询会，研究规划起草工作。规划研制工作受到教育部党组高度重视。教育部副部长、国家语委主任杜占元以规划研制作为2015年的工作重点，提出了“着眼大局、服务需求、问题导向、突出重点”的指导思想，要求起草组成员树立战略性思维，进行系统性谋划，开展创造性操作。他多次听取起草小组汇报，亲自指导规划的起草和修改，多次召开咨询会，广泛听取各方面意见。

规划起草小组先后召开西南、京津冀、中部、西北、东北等5个片区省份征求意见座谈会，赴上海、广东、浙江、江苏召开专门会议，通过发文、座谈、专题研讨和咨询、实地调研等方式，广泛征求了部内相关司局和事业单位、各省级教育行政部门和语言文字工作部门、28个国家语委成员单位、部分部属和地方高校，以及国家语委委员和咨询委员、部分专家学者、全国省地(市)级语委干部等的意见建议，征求意见近800人次。起草小组还梳理了“十二五”期间语言文字相关的全国两会建议提案。

党的十八届五中全会召开以后，起草小组重点学习贯彻了《中共中央关于制定国民经济和社会发展第十三个五年规划的建议》精神，注意与《教育规划纲要》和《语言文字规划纲要》相衔接，进一步明确了未来五年国家语言文字事业的发展目标和主要任务，经多次反复修改，形成了规划送审稿。

第18届全国推广普通话宣传周成功举办

第18届全国推广普通话宣传周(简称推普周)于9月14日至20日成功举办。第18届推普周的主题是“依法推广普通话,提升国家软实力”。

9月14日,推普周开幕式在河南省安阳市中国文字博物馆前举行。全国推普周领导小组副组长、教育部副部长、国家语委主任杜占元同志和河南省副省长、省语委主任徐济超同志出席开幕式并讲话。全国推普周领导小组和河南省推普周领导小组成员单位相关负责同志、河南省和安阳市相关厅局、学生及公共服务行业代表等500多人参加了开幕式。

杜占元在讲话中指出,今年是《国家通用语言文字法》实施15周年,推广普通话,既是宪法和法律的规定,也是提升国家软实力的需要。他强调,当前推广普通话工作要突出重点,把推广和普及国家通用语言文字摆在语言文字工作的重要地位。提升普及数量、提高普及质量,特别是对于部分重点行业和地区,必须牢牢抓住推广普通话工作这个重点不放松。要把工作重心要下移到基层,转向县城、乡村,贴近实际、贴近需求;要紧紧抓住教育、党政机关、新闻出版、公共服务等重点领域,加大推广力度,取得更好效果。要调动社会各个方面的资源积极参与国家通用语言文字的推广普及工作。

第18届全国推广普通话宣传周重点活动于9月16日在浙江省诸暨市店口镇举行,闭幕式于9月20日在甘肃省白银市会宁县举行。

推普周期间,各地紧扣主题,积极会同相关部门,结合实际和行业特色,开展系列宣传活动。人民日报、中国教育电视台、中国教育报等媒体播报了推普周新闻。公益宣传片《依法推广普通话 提升国家软实力》在中央电视台、地方电视台和各大网站播出。

语言文字工作督导评估制度确立

8月13日，国务院教育督导委员会办公室印发《语言文字工作督导评估暂行办法》(简称《办法》)，标志着我国语言文字工作督导评估制度正式确立。《办法》共五章十一条，明确了开展语言文字工作督导评估的目的、原则、范围、内容、实施部门、时间、程序、方式以及奖励与问责机制。督导评估内容主要包括语言文字事业发展的制度建设、条件保障、宣传教育、发展水平等4个一级指标，以及组织领导、政策规划、督查机制、工作机构、经费保障等13个二级指标，并赋予了相应的评估分值，明确了考核要点，由此建立起较为完善的语言文字工作督导评估指标体系。按照规定，每5年开展一轮语言文字工作督导评估。为强化督导评估结果的运用，各省(区、市)要建立语言文字工作激励与问责机制，将语言文字工作督导评估结果作为评价地方政府及其有关部门语言文字工作成效的重要内容，对工作成效突出的进行奖励，对职责落实严重不到位的给予通报批评。

11月3日，语言文字督查工作会在徐州召开，教育部副部长、国家语委主任杜占元出席会议并讲话。

杜占元强调，在全党全国深入学习贯彻党的十八届五中全会精神之际，召开语言文字督查工作会，研究部署语言文字督导评估工作，科学谋划国家语言文字事业发展"十三五"规划，具有重要意义。杜占元指出，"十三五"时期是全面建成小康社会的决胜阶段，"十三五"规划要贯彻"一条主线"，即以提高国家语言能力，服务全面建成小康社会为主线。制定语言文字"十三五"规划，一是要深入分析，准确把握我国语言文字事业的发展形势。二是要科学谋划，确立"十三五"语言文字事业发展的目标与任务。"十三五"期间的语言文字工作要强化"五个面向"：面向国家战略聚焦，面向民族地区和农村推进，面向社会应用深化，面向现代治理转型，面向国际社会拓展。目标是实现"三基本一适应"："三基本"是基本普及国家通用语言文字，基本建立国家语言文字能力信息化基础，基本形成语言文字工作治理体系现代化条件；"一适应"，就是要实现国家语言文字能力与国家综合国力相适应。三是要加强督导，保障语言文字"十三五"规划顺利实施。他指出，加强语言文字工作督导评估，是落实全面依法治国要求、推进语言文字工作依法行政的重要举措，地方政府、教育督导部门和语言文字工作部门要增强责任感和紧迫感，充分认识加强语言文字工作督导评估的重要意义。

会议还对《国家语言文字事业发展“十三五”规划》（讨论稿）进行了研究，对语言文字督导评估工作进行了部署，语言文字督导评估工作进入实施阶段。全国各省（区、市）教育厅（教委）主管语言文字工作的负责同志，江苏省及部分地市教育行政部门相关负责同志，各省级教育督导办、语委办负责同志以及各省（区、市）语言文字工作骨干和专家参加会议。

中国语言资源保护工程启动

5 月 14 日，为贯彻党的十八大和十七届六中全会关于大力推广和规范使用国家通用语言文字，科学保护各民族语言文字的精神，落实《国家中长期语言文字事业改革和发展规划纲要（2012—2020 年）》的任务要求，教育部、国家语委联合下发通知，决定自 2015 年起启动中国语言资源保护工程（简称语保工程），在全国范围开展以语言资源调查、保存、展示和开发利用等为核心的各项工作。语保工程由国家财政予以支持，按照"国家统一规划、地方和专家共同实施、鼓励社会参与"的方式进行，计划用 5 年时间完成。语保工程的目标是利用现代化技术手段，收集记录汉语方言、少数民族语言和口头文化的实态语料，通过科学整理和加工，建成大规模、可持续增长的多媒体语言资源库，并开展语言资源保护研究工作，形成系统的基础性成果，进而推进深度开发应用，全面提升我国语言资源保护和利用水平，为传承中华优秀传统文化、促进民族团结、维护国家安全服务。

2015 年，语保工程针对急需开展记录保存的汉语方言和少数民族语言，首先在山西、浙江、福建、重庆等省份启动汉语方言调查，同时由中国语言资源保护研究中心聘请专家组成调查团队，在全国范围内开展少数民族语言等调查。2015 年度共计划开展 80 个少数民族语言（含濒危语言）调查点、50 个汉语方言（含濒危方言）调查点和 30 个语言文化调查点的调查工作，同时开展中国语言资源采录展示平台建设和已有资源的整合汇聚。

京津冀三省市签订语言文字事业协同发展战略协议书

6月,京津冀语言文字工作协同发展座谈会在河北省张家口市召开。北京、天津、河北三省市语言文字工作委员会的负责同志在会上签订了《京津冀语言文字事业协同发展战略协议书》,共同促进京津冀三地文化交流、人文交流和经验交流,提升京津冀语言文字区域竞争力、创新力。教育部语言文字应用管理司司长姚喜双出席会议和签字仪式。会议由中共河北省委教育工委副书记、省语委副主任韩俊兰主持。张家口市副市长、市语委主任李宏代表张家口市政府致辞。

姚喜双在讲话中指出,《京津冀语言文字事业协同发展战略协议书》的签订,是落实习近平总书记系列讲话精神和“四个全面”的一个重要举措,也是开展“三严三实”专题教育的一项务实成果,体现了京津冀三省市语言文字工作部门围绕中心、服务大局的主动性和自觉性。他对京津冀语言文字工作协同发展提出以下几点要求:一是纳入整体,服务大局。要把语言文字工作协同发展纳入京津冀协同发展整体规划之中,服务于中心工作。二是体现一体,协同发展。要根据工作规律和特点,体现一体和创新。三是突出重点,逐步落实。对战略协议中的众多工作任务,先做最重要的、最急需的、最有亮点的工作,分步实施,彰显地方特色。四是开放包容,协同创新。要实现资源共享,互相开放,在合作中互相包容,共同发展。五是辐射周边,引领战线。要及时总结京津冀协同发展的经验,辐射、带动全国语言文字工作战线。他表示,国家语委和教育部语言文字应用管理司会全力支持京津冀语言文字事业协同发展,建议三地在协同创新过程中提出有特点的、服务国家战略的语言文字工作专项、调研专项,整体谋划,创新机制,逐步落实战略协议的各项工作。

北京、天津、河北三省市语言文字工作委员会的负责同志分别介绍了本地区贯彻落实《语言文字规划纲要》情况和典型经验,提出下一步重点工作及设想。

工作概况

>>>

中国语言文字概况

我国有 56 个民族，是一个多民族、多语言、多文种的国家。根据《中国的语言》《中国语言地图集》，我国有 130 余种语言，有约 30 种文字。

国家通用语言文字是普通话和规范汉字。

汉语是汉族的语言，是世界主要语言之一，也是联合国六种正式工作语言之一。我国占总人口 91.51%的汉族使用汉语，少数民族也不同程度地兼用汉语，有的民族还转用汉语。

现代汉语有标准语(普通话)和方言之分。普通话以北京语音为标准音，以北方话为基础方言，以典范的现代白话文著作为语法规范。《中华人民共和国宪法》规定："国家推广全国通用的普通话。"2000 年 10 月 31 日颁布的《中华人民共和国国家通用语言文字法》确定普通话为国家通用语言。

汉语通常分为七大方言：北方方言、吴方言、湘方言、赣方言、客家方言、粤方言、闽方言。各方言区内又分布着若干次方言和许多种"土语"。其中使用人数最多的北方方言分为北方官话、西北官话、西南官话、下江官话四个次方言。

占全国人口总数 8.49%的我国 55 个少数民族中，回族、满族大部分转用汉语，其他 53 个民族都有自己的语言。

从语言的系属来看，我国 56 个民族使用的语言分别属于五大语系：汉藏语系、阿尔泰语系、南岛语系、南亚语系和印欧语系。汉藏语系分为汉语和藏缅、苗瑶、壮侗三个语族。属于藏缅语族的有藏、嘉戎、门巴、仓拉、珞巴、羌、普米、独龙、景颇、彝、傈僳、哈尼、拉祜、白、纳西、基诺、怒苏、阿依、柔若、土家、载瓦、阿昌等语言；属于苗瑶语族的有苗、布努、勉、畲等语言；属于壮侗语族的有壮、布依、傣、侗、水、仫佬、毛南、拉珈、黎、仡佬等语言。阿尔泰语系分为蒙古、突厥、满—通古斯三个语族。属于蒙古语族的有蒙古、达斡尔、东乡、东部裕固、土、保安等语言；属于突厥语族的有维吾尔、哈萨克、柯尔克孜、乌孜别克、塔塔尔、撒拉、西部裕固、图佤等语言；属于满—通古斯语族的有满、锡伯、赫哲、鄂温克、鄂伦春等语言。属于南岛语系的是高山族诸语言，还有回族的回辉话。属于南亚语系孟高棉语族的有佤、德昂、布朗、克木等语言。属于印欧语系的是属斯拉夫语族的俄语和属伊朗语族的塔吉克语。有些语言的系属尚未取得统一意见,如朝鲜语、京语等。

汉字是记录汉语的文字,是汉民族共同使用的文字,也是我国各民族通用的文字。汉字在公元前3000年以前新石器时代就已经产生,现在使用的汉字是由古汉字逐渐演变而成的。《中华人民共和国国家通用语言文字法》确定规范汉字为国家通用文字。

自20世纪50年代以来,国家对现行汉字进行整理和简化,制定公布了《第一批异体字整理表》《简化字总表》《现代汉语常用字表》《现代汉语通用字表》《印刷通用汉字形表》《GB13000.1字符集汉字字序(笔画序)规范》等标准。2013年6月5日,《国务院关于公布〈通用规范汉字表〉的通知》(国发〔2013〕23号)发布。《通用规范汉字表》是贯彻《中华人民共和国国家通用语言文字法》,适应新形势下社会各领域汉字应用需要的重要汉字规范标准。《通用规范汉字表》公布后,社会一般应用领域的汉字使用应以《通用规范汉字表》为准,原有相关字表停止使用。

中华人民共和国成立前,有21个少数民族有自己的文字。中华人民共和国成立后,政府为壮、布依、彝、苗、哈尼、傈僳、纳西、侗、佤、黎等民族制定了文字方案。

我国的文字从文字类型上看有意音文字、音节文字、表意文字,从字母文字体系上看有古印度字母、回鹘文字母、阿拉伯字母、方块形字母、拉丁字母、斯拉夫字母形式等。

1958年2月11日,第一届全国人民代表大会第五次会议通过决议公布《汉语拼音方案》。《中华人民共和国国家通用语言文字法》规定:“国家通用语言文字以《汉语拼音方案》作为拼写和注音工具。《汉语拼音方案》是中国人名、地名和中文文献罗马字母拼写法的统一规范,并用于汉字不便或不能使用的领域。初等教育应当进行汉语拼音教学。”

《中华人民共和国宪法》规定:“各民族都有使用和发展自己的语言文字的自由。”《中华人民共和国民族区域自治法》规定,“民族自治地方的自治机关保障本地方各民族都有使用和发展自己的语言文字的自由”;“民族自治地方的自治机关教育和鼓励各民族的干部互相学习语言文字”;“教育各民族的干部和群众互相信任,互相学习,互相帮助,互相尊重语言文字”。《中华人民共和国国家通用语言文字法》规定,“国家坚持推广普通话,推行规范汉字”;“少数民族语言文字的使用依据宪法、民族区域自治法及其他法律的有关规定”。国家施行这些法律,对维护国家统一、民族团结,构建和谐语言生活,促进经济、社会、文化发展具有重要作用。

多年来,我国坚持不懈推广国家通用语言文字。教育部语言文字应用研究所2010年抽样调查显示,全国普通话普及率达到70%以上,识字人口使用规范汉字的比例超过95%。

2012年12月4日，教育部、国家语言文字工作委员会共同发布了《国家中长期语言文字事业改革和发展规划纲要(2012—2020年)》(简称《纲要》)。《纲要》提出了语言文字工作的总体目标：“到2020年，普通话在全国范围内基本普及，汉字社会应用的规范化程度进一步提高，汉语拼音更好地发挥作用。语言文字规范标准基本满足社会需求，信息化水平进一步提高。语言文字社会管理服务能力全面提升，社会管理服务体系基本建成。各民族语言文字的科学保护得到加强。语言文字传承和弘扬中华优秀文化的作用进一步发挥。国家语言实力显著增强，国民语言能力明显提高，社会语言生活和谐发展。”《纲要》确定了“大力推广和普及国家通用语言文字”“推进语言文字规范化标准化信息化建设”“加强语言文字社会应用监督检查和服务”“提高国民语言文字应用能力”“科学保护各民族语言文字”“弘扬传播中华优秀文化”“加强语言文字法制建设”等七项主要任务；确定了“推广普及”“基础建设”“督查服务”“能力提升”“科学保护”“文化传承”等六项重点工作和十六个方面的举措；提出了“创新理念思路”“创新工作机制”“创新管理服务”“扩大对外开放”“强化人才保障”“提高科研水平”“加大宣传力度”“保障经费投入”等八项创新与保障措施。《纲要》的发布是贯彻落实党的十八大精神的重要举措，是实现教育现代化的必备条件，是推动社会主义文化大发展大繁荣、推进社会主义文化强国建设的重要手段，是全面建成小康社会的重要内容。

党的十八大以来，全国语言文字系统充分发挥语言文字事业在培育和践行社会主义核心价值观、全面提高公民道德素质、增强文化软实力、增进民族凝聚力等方面的独特作用，在坚持城市语言文字规范化建设、普通话水平测试、全国推广普通话宣传周等行之有效的工作举措的基础上，不断创新中华经典诵读、《中国汉字听写大会》《中国成语大会》、中国语言资源有声数据库建设等工作载体，提高了广大人民群众的语文素养，加强了对各民族语言文字的科学保护，弘扬了中华美德，传播了中华优秀文化。2014年6月5日至6日，中国政府和联合国教科文组织合作，成功举办了世界语言大会，达成了《苏州共识》，首次在联合国教科文组织会议上提出了“语言能力建设”的概念，对推进各国语言教学，提升语言能力起到了重要作用。世界语言大会后，有关部门、高校、学术团体相继举办语言能力与语言发展战略，语言能力与国家安全、社会发展、文化传播等学术研讨会，促进了学术繁荣和语言文字事业发展。

全国语言文字事业

语言文字事业事关国民素质提高和人的全面发展，事关国家统一和民族团结，事关历史文化传承和经济社会发展，在国家发展战略中具有重要作用和地位。中华人民共和国成立以来，我国语言文字事业取得了历史性成就，走出了一条中国特色社会主义语言文字事业发展道路。特别是党的十八大以来，国家语言文字工作委员会全面贯彻落实党的十八大和十八届三中、四中、五中全会精神，深入贯彻习近平总书记系列重要讲话精神，贯彻落实习近平总书记关于语言文字与文化的重要论述精神，制定颁布《国家中长期语言文字事业改革和发展规划纲要(2012—2020年)》，大力推进语言文字法制化、规范化、标准化、信息化建设，努力提高国民语言能力、提升国家语言实力，着力构建语言文字现代治理体系，为传承弘扬中华优秀语言文化、培育社会主义核心价值观、维护国家语言主权和语言安全、构建和谐语言生活作出了重要贡献。

第一，国家通用语言文字普及程度进一步提高。以学校为主阵地、党政机关为龙头、新闻出版行业为榜样、公共服务行业为窗口，大力推广普及国家通用语言文字，提高全社会的国家通用语言文字普及程度。截至2015年年底，全国普通话普及率从20世纪末的53.06%上升到70%以上。把语言文字工作融入教育教学和日常管理，提高各级各类学校师生语言文字素质，创建语言文字规范化示范校3.17万所。加强城市语言文字规范化建设，推动社会语言文字规范化水平进一步提升，36个一类城市和347个二类城市、985个三类城市基本实现“普通话初步普及、汉字的社会应用基本规范”的目标。

持续举办全国推广普通话宣传周活动，围绕迈向新世纪、共筑中国梦、全面建成小康社会等主题开展宣传，重点加强对农村、民族、边远地区的宣传推广力度，营造了浓厚的推广普通话氛围，增强了全民语言文字规范意识。建设完善语言文字测评体系，普通话水平测试从测试到管理实现信息化，建成国家测试中心、省级测试机构、基层测试站三级测试网络，建立测试站1,762个，培养国家级测试员5,651名，境内测试达5,900余万人次，境外累计测试10.69万人次。培训少数民族双语教师1万余名。

第二，语言文字标准化、信息化水平全面提升。加强国家语言文字标准的统筹管理，加快制定语言文字规范标准，先后发布《汉语拼音方案》《简化字总表》《信息交换用汉字编码字符集　基本集》《通用规范汉字表》《公共服务领域英文译写规范　第1部分：通则》等200余项系列规范标准，在语文教学与研究、出版印刷、辞书编纂、信息处理等方面发挥重要作用。

聚焦国家战略、事业发展和社会应用的迫切需求，开展语言文字应用研究，设立400多项科研课题。建设支撑语言文字信息化建设的现代汉语语料库、动态流通语料库等一系列基础资源库，有效提高了我国语言文字信息化水平。

第三，中华优秀传统文化广泛传播。积极推动“中华经典诵写讲”进校园、进社区、进部队，不断提升国民的文化素养和道德素养。成功举办《中国汉字听写大会》《中国成语大会》，观众高达20多亿人次，受到中央领导同志高度肯定和社会普遍关注，激发了大众对中华优秀语言文化的学习热情。开展“中华经典资源库”项目建设，免费向社会提供诵读、书写、讲解经典诗文的标准和示范。增强语言资源意识，建设中国语言资源有声数据库，启动中国语言资源保护工程，完成81个少数民族语言调查点、53个汉语方言调查点和32个语言文化调查点的工作任务。

推动两岸经贸文化交流，构建两岸语言文字交流合作机制，出版《两岸常用词典》《两岸通用词典》《两岸科技名词常用词典》等系列语文、科技词典，发布《汉字简繁文本智能转换系统》，实现共建、互通互联两岸“中华语文知识库”网站，举办两岸大学生汉字书法艺术交流夏令营、汉字文化创意大会等系列活动。整理、翻译、发布哲学、历史、文艺三大学科领域300条术语，积极推进中华思想文化的海外传播。

开展语言生活监测引导，每年向社会发布年度《中国语言生活状况报告》，及时向国内外宣传国家语言文字政策，扩大语言文字工作影响。发布3批外语词的中文规范译名，逐步减少汉语中使用外语词、字母词现象。开展“年度汉语盘点”活动，连续发布年度汉字、流行语和新词语，加强网络语言管理和监测，引导社会规范、正确使用语言文字。

第四，语言文字交流合作取得突破。成功举办以“语言能力与人类文明和社会进步”为主题的世界语言大会，以中国政府为主导提出《苏州共识》，提升了我国在世界语言文字领域的国际话语权，贡献了中国智慧，传播了中国声音。服务港澳普通话学习需求，与港澳15所高校和机构合作开展普通话水平培训测试工作，并将测试拓展到新加坡、泰国等国。持续深化中法、中德等双边语言文字国际交流合作，组织实施语言文字国际高端专家来华交流项目。在134个国家设立了500所孔子学院、1,000个中小学孔子课堂，为世界各国人民学习汉语，了解中华文化发挥了积极作用。

第五，语言文字法治建设取得新进展。推动语言文字法制建设，指导37个地方根据《国家通用语言文字法》制定了地方性法规和政府规章，基本建成以《国家通用语言文字法》为主体，其他法规规章相配套的语言文字法律法规体系。完善依法管理、执法监督体制机制，结合 2022 年冬奥会等重大赛事和国际会议，广泛开展语言文字联合执法和专项整治工作。建立语言文字工作督导评估制度，进一步推动各级政府和相关部门履行语言文字工作职责。

第六，语言文字体制机制建设逐步完善。加强语言文字事业发展的顶层设计，出台《国家中长期语言文字事业改革和发展规划纲要(2012－2020 年)》《国家语言文字事业"十三五"发展规划》。语言文字工作队伍不断壮大，国家语委成员单位增加至 29 个，进一步增强语委统筹协调职能。建立外语中文译写规范部际联席会议制度。语言文字事业全面发展的体制机制进一步健全。

一、推广普及

(一)语言文字规范化建设

截至 2015 年年底，全国共有 401 个市(地区、州、盟)开展了语言文字规范化示范校的创建活动(海南和新疆生产建设兵团除外，详见表 1)。市级示范校共有 23,278 所，占学校总数的 4.9%；省级示范校共有 8,464 所，占学校总数的 1.8%。

表 1　语言文字规范化示范校创建活动进展情况

学校类别	学校总数(所)	已命名地市级示范校（含乡、镇*、村幼儿园/小学/中学）(所)	占学校总数(%)	已命名省级示范校(含乡、镇、村幼儿园/小学/中学)(所)	占学校总数(%)
幼儿园	193,485	2,145	1.1	719	0.4
普通小学	206,970	12,708	6.1	4,686	2.3
普通初中	52,092	5,417	10.4	1,623	3.1
普通高中	13,451	2,170	16.1	869	6.5
中等职业学校	10,606	695	6.6	272	2.6
普通高等学校	2,277	143	6.3	295	13.0
合计	478,881	23,278	4.9	8,464	1.8

* 表格中的"镇"不包括县级政府所在镇。

各地继续按照计划开展城市语言文字工作评估。截至 2015 年年底，全国通过评估的二类城市达到 347 个，占 87%；通过评估的三类城市达到 985 个，占 46%。全部完成二类城市评估的省(自治区、直辖市)共有19个,其中河北、黑龙江、江苏、浙江、广西已全部完成二、三类城市评估(详见表2)。

表2 城市评估数量统计

省份	一类城市		二类城市				三类城市			
	达标数	总数	达标数		总数	完成比例	达标数		总数	完成比例
			2014	2015			2014	2015		
北京	1	1	10	0	10	100%	—	—	—	—
天津	1	1	18	0	18	100%	—	—	—	—
河北	1	1	10	0	10	100%	130	144	144	100%
山西	1	1	10	0	10	100%	60	70	99	71%
内蒙古	1	1	13	0	13	100%	26	42	78	54%
辽宁	2	2	14	0	18	78%	7	0	40	18%
吉林	1	1	0	1	8	13%	0	0	41	0%
黑龙江	1	1	12	0	12	100%	72	0	72	100%
上海	1	1	19	0	19	100%	—	—	—	—
江苏	1	1	12	0	12	100%	61	0	61	100%
浙江	2	2	10	0	10	100%	61	0	61	100%
安徽	1	1	16	0	16	100%	17	19	60	32%
福建	2	2	4	7	8	88%	18	23	65	35%
江西	1	1	10	0	10	100%	18	28	83	34%
山东	2	2	20	0	20	100%	15	35	105	33%
河南	1	1	10	16	17	94%	1	4	104	4%
湖北	1	1	16	0	16	100%	59	60	67	90%
湖南	1	1	13	0	13	100%	30	33	87	38%
广东	2	2	13	18	20	90%	43	52	121	36%
广西	1	1	13	0	13	100%	78	0	78	100%
海南	1	1	0	0	2	0%	0	0	16	0%
重庆	1	1	12	0	12	100%	13	0	17	76%
四川	1	1	20	0	34	59%	0	0	181	0%
贵州	1	1	4	0	8	50%	3	7	78	9%
云南	1	1	8	12	15	80%	13	24	117	21%
西藏	1	1	6	0	6	100%	5	16	71	23%
陕西	1	1	8	10	10	100%	44	49	108	45%
甘肃	1	1	13	0	13	100%	50	57	71	80%

续表

省份	一类城市		二类城市				三类城市			
	达标数	总数	达标数		总数	完成比例	达标数		总数	完成比例
			2014	2015			2014	2015		
青海	1	1	0	0	7	0%	0	0	39	0%
宁夏	1	1	2	0	4	50%	0	0	13	0%
新疆	1	1	10	0	13	77%	30	0	73	41%
合计	36	36	326	347	397	87%	854	985	2150	46%

(二)语言文字培训情况

1.国家通用语言文字培训

2015年,国家语委举办地方语言文字工作管理干部能力提升培训班、本科高校语委和语委办主任培训班、语言文字工作骨干校长培训班、语言文字工作幼儿园骨干园长培训班等,共培训约400人。

举办国培计划(2015)——中小学经典诵读教育骨干教师培训、全国中小学教师书法和规范汉字书写研修、全国中小学书法教师研修、全国高校书法教师研修等,共培训师资约400人。

委托内蒙古、广西、海南、四川、贵州、云南、西藏、甘肃、青海、新疆等10省区培训双语教师近2,000人。委托安徽、湖北、湖南开展农村教师培训项目,共培训教师约300人。

2.国家级普通话水平测试员和骨干教师培训

5月10日至20日、11月9日至19日,举办第55期、第56期国家级普通话水平测试员资格考核培训班。来自全国31个省(自治区、直辖市)、新疆生产建设兵团及香港特别行政区的239名学员参加学习,共有197名学员通过各项考试,取得国家级普通话水平测试员资格。

组织第三期骨干测试员专题研修班,河北等6个省的省级测试机构负责人及38名骨干测试员参加研修。研修班还首次邀请国务院港澳办、教育部港澳台办相关部门的领导为学员作讲座,为持续开展香港特别行政区的普通话水平测试工作提供保障。

5月20日至23日,国家语委普通话与文字应用培训测试中心和云南省普通话培训测试中心联合举办滇西普通话骨干教师培训班,来自楚雄、丽江、临沧、德宏、大理、怒江、迪庆、保山等 8 个州市的 86 名学员参加本次培训并取得结业证书。

6 月 1 日至 13 日，举办第 29 期中央普通话进修班。该班面向少数民族自治区和少数民族人口较多的省招收学员，共有包括汉族、蒙古族、回族、藏族、苗族、彝族、壮族、朝鲜族、土家族、哈尼族、达斡尔族等 11 个民族的 70 名学员参加进修。

3. 语言文字督查工作培训

举办两期语言文字督查工作培训班，以当前语言文字工作的形势与任务，语言文字“十三五”规划的总体思路和主要内容，语言文字督查工作的意义、计划和要求，督导评估现状，《语言文字工作督导评估暂行办法》解读等为主题，对来自全国地市级教育督导部门、语言文字工作部门的负责同志共 200 人进行培训。

二、基础建设

（一）语言文字规范标准建设

印发《教育部、国家语委关于印发〈国家语言文字工作委员会语言文字规范（标准）管理办法（2015 年修订）〉的通知》，对规范标准的计划、研制、审定、审批发布、复审、实施等作出明确规定；修订《国家语言文字工作委员会语言文字规范（标准）审定委员会章程》，调整成立新一届国家语委语言文字规范（标准）审定委员会；《公共服务领域英文译写规范》（第 2－10 部分）通过国家语委语言文字规范（标准）审定委员会审定召开外语中文译写规范部际联席会议专家委员会第四次会议，审议第四批拟推荐使用的外语词中文译名建议稿。

普通话审音工作取得阶段性成果。召开普通话审音委员会工作会议，语音研究和辞书编纂领域、广播影视及公共服务领域、基础教育和普通话测试领域的征求意见会，各地语言文字工作部门座谈会，征求各界对《普通话异读词审音表（修订稿）》的意见和建议。在此基础上，向国家语委成员单位、语委系统的相关部门进一步征求意见，收到反馈意见 478 条。除此之外，通过网站问卷调查等新形式，扩大了征求意见的范围。

经国际标准化组织批准，由中国主导修订的国际标准 ISO 7098《信息与文献——中文罗马字母拼写法》于 12 月 15 日正式出版发布。

此外，2015 年，国家标准化管理委员会（国家标准化管理局）着重加强语言文字国家标准制定工作，先后批复立项了《古籍印刷通用汉字字形表》（20142207－T－360）、

《公共服务领域日文译写规范》(201160580－T－360)、《公共服务领域朝－韩文译写规范》(201160581－T－360)、《公共服务领域俄文译写规范》(201160582－T－360)等标准制定方案，发挥标准化在语言文字相关工作中的规范作用。

(二)语言数据库和语料库建设

1. 普通话水平测试一级乙等语音样本库

建设国家普通话水平测试等级标准样本库(二期)——普通话水平测试一级乙等语音样本库。在国家语委历年测试资料中整理抽选2,700个数据，在全国范围内选取上海、河北、湖北、广东、广西5个典型的方言区代表省(区、市)开展4,000个数据的采集、评测等一系列工程性的研究工作。

2. 通用汉字全息数据库

启动通用汉字全息数据库建设。经招标遴选，确定由北京师范大学承担建设工作。该库运用现代中文信息处理技术，在整合已有汉字信息资源的基础上，全面测查和描述现代汉字、历代古文字的“形、音、义、码、用”等汉字属性，并以信息化手段为社会各领域提供服务。

3. 中华思想文化术语传播工程

在“第四届全国对外传播理论研讨会”上公布“中华思想文化术语传播工程”最新成果，正式出版《中华思想文化术语 第一辑》并举行首发式。该书收录工程首批整理、翻译的100条术语，内容涉及文艺、历史、哲学三大学科领域。

工程秘书处与英国牛津布鲁克斯大学共同策划并举办“东方智慧：中华思想文化术语书法作品展”，让外国观众在欣赏中国书法的同时，能够了解每个术语的思想文化内涵。

(三)语言国情调查

开展民族地区教师普通话使用情况系列调研、民族地区干部双语情况调研、贯彻落实习近平总书记关于“让古籍中的文字活起来”的讲话精神的调研、香港特别行政区语言文字政策及使用情况调研。

教育部联合或委托国家旅游局、文化部、民政部、工商总局、全国妇联开展旅游系统、文化场馆、地名、商标广告和企业注册名称语言文字使用情况以及中国农村妇女语言文字使用情况调研，各调研组在此基础上提出促进上述领域语言文字规范使用的政策建议。

委托国家语委语用所、北京外国语大学、上海外国语大学、北京语言大学、中国传媒大学开展台湾地区语文政策研究、海外华文国际影响力研究、中文在联合国的地位作用研究、外语政策研究、跨境语言与国家安全研究、政府网站语言文字监测研究，为制定相关政策规划提供依据。

三、督查服务

（一）语言文字社会应用监督检查和服务

1. 中国语言生活状况年度报告

发布《中国语言生活状况年度报告(2015)》。同时，继 2013 年发布《中国语言生活状况报告》英文版之后又发布报告的韩文版，成为向世界宣传介绍中国语言文字工作和政策的重要窗口，继续引领中国语言学学术“走出去”。《中国语言生活状况报告》发布十年来，教育部、国家语委积极推动语言生活的监测研究和引导，将其作为掌握语言国情、提升语言服务能力、提高语言文字工作科学化水平的重要举措并取得显著成效，逐渐形成了以服务和引导语言生活为目标的理念，锻炼出一支过硬的专家学者队伍，打造出一个颇具影响力的品牌。

2.《中国语言生活状况报告》十周年论坛

由国家语言文字工作委员会学术指导、北京语言大学和商务印书馆共同主办的“第二届中国语言生活学术研讨会暨《中国语言生活状况报告》十周年论坛”于 15 日至 16 日在北京语言大学举行。来自内地、香港特别行政区、澳门特别行政区以及新加坡和韩国的近 200 位专家、学者参加论坛。论坛采用大会访谈的形式，围绕语言生活派、语言监测、语言皮书、华语研究、汉语盘点、语言战略、“一带一路”等七个议题展开讨论。会议深入研讨了进一步加强语言生活监测研究、提升服务国家和社会的能力、扩大对海外的影响力、服务“一带一路”等国家重大战略的实施等核心问题，呼吁语言学者承担起学术和社会的双重职责，为语言文字事业的改革和发展贡献自己的智慧和力量。

3. 汉语盘点 2015

国家语言资源监测与研究中心、商务印书馆、人民网、央视新闻联合主办“汉语盘点 2015”，分别选出年度国内字——“廉”、国内词——“互联网＋”；年度国际字——“恐”、国际词——“反恐”。同时发布 2015 年度十大流行语、十大新词语、十大网络用语。

国家语言资源监测与研究中心、商务印书馆、人民网等机构已连续十年联合举办“汉语盘点”活动，希望借助语言来引导民众理性思考自身、社会、国家以及世界，在表达个体情感的同时凝聚时代记忆，推动社会文明进步发展。

4. 媒体用语用字监测

委托国家新闻出版广电总局监管中心、中国语文报刊协会、北京大学开展针对全国广播电视系统、报刊、网络的语言使用情况监测，推动相关行业主管部门联合制定政策措施。利用国务院办公厅清理整顿国务院部门网站契机，提出加强国务院部门网站语言文字规范化工作的建议。参与中宣部、中国记协联合开展的网络文明用语评选活动，优化网络语言环境，引导社会规范使用网络语言。

5. “一带一路”语言服务

指导出版中国首部“一带一路”语言服务工具书《“一带一路”沿线国家语言国情手册》。该书约 60 万字，介绍了“一带一路”沿线 64 个国家的语言状况。指导语言文字应用培训基地——中国文字博物馆赴加拿大、德国、法国、日本等国家和地区举办汉字文化巡展。同时，在浙江、陕西、甘肃、青海、新疆等地开展“一带一路”汉字文化巡展活动。

6. 语言文字智库建设

印发《国家语言文字工作委员会关于印发〈国家语言文字智库建设规划〉的通知》，提出要以服务党和政府决策为宗旨，以政策研究咨询为主攻方向，以完善组织形式和管理方式为重点，以改革创新为动力，加强规划引导，强化政策扶持，做好人才培养和成果转化，着力提升咨政能力，加快培育和发展国家语言文字智库，更好地服务党和国家工作大局。

5 月 5 日，印发《关于开展国家语言文字智库建设试点工作的通知》，在武汉大学、上海外国语大学和上海市教育科学研究院正式启动智库建设试点。

（二）推进盲文手语规范化工作

支持北京师范大学国家手语和盲文研究中心、南京特殊教育师范学院中国盲文手语推广服务中心建设，推动其开展国家通用手语和国家通用盲文研究、推广应用工作。支持江苏师范大学与南京特殊教育师范学院联合开展手语播音主持专业研究生培养工作。

四、能力提升

（一）语言文字应用能力评价测试体系建设

进一步修订完善《普通话水平测试管理规定》等标准和规范。

国家语委语言文字规范（标准）审定委员会审定通过《汉字应用水平等级及测试大纲》修订项目。该项目于 2014 年年初启动，主要依据 2013 年 6 月国务院发布的《通用规范汉字表》、参考义务教育阶段汉字使用情况，并根据 2007 年以来全国 14 个省（自治区、直辖市）先后开展的汉字应用水平测试试点工作的数据统计，在“测试字表”“等级标准”“试卷结构和试题类型”等方面进行了必要调整。

修订完成《普通话水平测试规程》。新修订的《普通话水平测试规程》包括报名、试卷、考点、测试、成绩评定、质量监督、等级证书、档案管理等 8 个部分，新增针对考试违纪行为的处理意见等内容，引用了《国家教育考试违规处理办法》《普通话水平测试工作评估指导标准》等文件。

（二）语言文字应用能力培训与测试情况

1. 国家语委语言文字应用管理司应用培训基地建设

召开国家语委语言文字应用培训基地调研会。教育部语言文字应用管理司、广西壮族自治区教育厅、7 所基地以及来自北京大学、中国美术学院的代表参加本次调研。各基地对历年工作和 2015 年工作计划进行汇报说明，并在活动开展等具体方面进行工作研讨。北京华文学院组织的“书写大学校训、弘扬社会主义核心价值观”书法活动、东北大学秦皇岛分校组织的《秦皇诗韵》诵读品鉴大会、广西师范大学举办的大学生汉语词汇溯源解义活动以及江苏师范大学、苏州市教育局、中国美术学院等受委托完成的相关培训活动，均为语言文字工作提供了支持。

2. 语言文字应用研究优秀中青年学者研修班

举办第二期语言文字应用研究优秀中青年学者研修班，来自全国各地的 62 名优秀中青年学者参加为期 5 天的研修活动。教育部副部长、国家语委主任杜占元在随后召开的国家语委科研工作座谈会上与 40 多位研修班学员座谈，并听取学员的学习汇报以及对《国家语言文字事业"十三五"发展规划》的建议。学员代表先后围绕语言国情调查、移民语言认同、军队语言文字工作、语言服务等主题提出了富有建设性的建议。

3. 全国普通话水平测试工作状况

到 2015 年年底，全国范围内已建成由国家测试中心、省级测试机构、基层测试站组成的三级机构网络，设立测试站 1,762 个。测试机构已覆盖到除台湾省以外的所有地区。国家语委普通话与文字应用培训测试中心共举办国家级普通话水平测试员资格考核培训班 56 期，累计培养国家级测试员 5,651 名。

截至 2015 年年底，全国累计参加普通话水平测试 5,900 余万人次(图 1)。2015 年，全国测试 517 万人次，其中通过计算机辅助测试 480 万人次，占全年测试量 90% 以上。

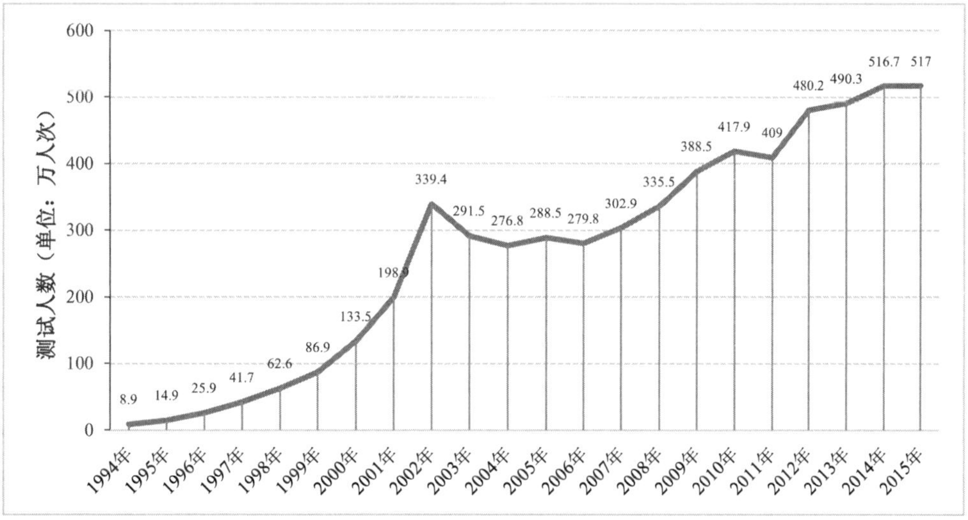

图 1　全国普通话水平测试人次分布趋势(1994—2015 年)

2015 年，社会人员的年度测试量达到 31 万余人次，累计达到 180 余万人次。从测试成绩看，全国达到二级甲等(含)以上成绩占比达到 34.5%，明显高于 2010 年调查时的 29%。按照《普通话水平测试大纲》的规定，获得二级甲等(87 分—91.9 分)及以上成绩的应试人已经具备能说比较标准的普通话的能力。

2015 年，全国总计复审 62.9 万人次。其中，主要针对临界点的考生数据进行抽查复审。计算机辅助测试抽检复审数据错等率为 34%，一级甲等(97 分及以上)人工复审通过率为 35%。

截至 2015 年年底，普通话水平测试在境外地区累计开展测试 19 年，测试地区不仅包括中国的香港特别行政区、澳门特别行政区和台湾地区，还有新加坡、泰国等东南亚国家，累计测试 106,984 人次。2015 年，共测试境外人士 7,682 人次。

4.听障人士普通话水平测试机制建设

启动听障人员普通话水平培训测试试点工作，举办两期听障人员普通话水平培训测试。来自江苏 34 所特殊教育学校的近 70 名听障从教人员和全国 42 名听障教师分别参加了第一期和第二期听障从教人员普通话集训。集训针对听障人员实际，开展汉语拼音书写、手语翻译等专项训练。其间，组织听障从教人员普通话水平专场测试，共有 75 人获得普通话水平测试二级以上证书。

五、科学保护

(一)各民族语言文字科学记录和保存

印发《关于启动中国语言资源保护工程的通知》，决定自 2015 年起启动中国语言资源保护工程，在全国范围开展以语言资源调查、保存、展示和开发利用等为核心的各项工作。工程由国家财政予以支持，按照“国家统一规划、地方和专家共同实施、鼓励社会参与”的方式进行，计划用 5 年时间，利用现代化技术手段，收集记录汉语方言、少数民族语言和口头语言文化的实态语料。通过科学整理和加工，建成大规模、可持续增长的多媒体语言资源库，并开展语言资源保护研究工作，形成系统的基础性成果，进而推进深度开发应用，全面提升我国语言资源保护和利用水平，为传承中华优秀传统文化、促进民族团结、维护国家安全服务。

截至 2015 年年底，工程进展顺利，社会反响良好，完善了管理制度，制定了工程管理办法、专项资金管理办法以及系列工作规范和技术规范，按计划顺利完成 2015 年度调查工作。中国语言资源采录展示平台建设工作初步完成。

（二）少数民族语言文字信息化建设

采取多种形式组织开展少数民族语言文字规范化、标准化、信息化建设调研。走访国家民委教科司，交流民族语文工作。在内蒙古自治区召开专题座谈会，教育部、国家民委和11个省区民语委负责同志及有关专家交流座谈，并在内蒙古师范大学、内蒙古教育出版社等实地考察蒙古语文教学与资源库建设情况。对国家民委和教育部联合举办的第一期全国民族语文应用研究中青年学者高级研修班学员进行问卷调查，并访谈少数民族语言文字专家。经广泛调研，形成《少数民族语言文字规范化、标准化、信息化调研报告》，为做好“十三五”期间民族语文工作提供参考。

六、文化传承

（一）中华经典诵写讲行动

1.推进“中华经典资源库”建设

加大宣传力度，向全国各省及相关部门免费赠送光盘近4,000套；部分内容已于8月在中央电视台科教频道播出；全部内容于12月起在中国教育电视台一套、四套陆续播出，并放入教育电视台空中课堂频道。

统筹后几期建设工作，资源库第二至六期项目经统筹规划，以经、史、子、集中具有代表性的经典要籍为制作内容，分专题呈现。第二、三期项目选取20部中国传统重要文化典籍继续进行诵写讲的视频资源制作，并委托7个省市、解放军总政治部部队教育局等进行地方篇目、民族篇目以及军事文化诵读资源的具体制作。同时，根据中央领导指示，加入诗文吟诵的专题制作。

2.打造语言文字品牌活动

继续以《中国汉字听写大会》、《中国成语大会》、《中国诗词大会》、齐越朗诵艺术节暨全国大学生诵读大会等活动搭建社会参与平台。与中央电视台联合举办第三届《中国汉字听写大会》、第二届《中国成语大会》和首届《中国诗词大会》。《中国诗词大会》以赏中华诗词、寻文化基因、品生活之美为基本宗旨，在全国诗词爱好者中选拔选手，通过对诗词知识的比拼及赏析，带动全民分享诗词之美、感受诗词之趣。6月初，专家研讨以及节目海选活动在上海等地陆续举行。10 月底，在北京完成全国总决赛及录制工作。

教育部语言文字应用管理司和中国传媒大学联合举办第十七届齐越朗诵艺术节暨全国大学生朗诵大会，以纪念抗日战争胜利 70 周年为主题，共吸引 136 所高校的 758 部作品参与初赛。11 月 13 日，举行全国总决赛及名家名篇朗诵会，62 所学校的 400 余名师生参与为期两周的现场复赛、决赛、读书讲座、高端研讨、首都图书馆展演等系列活动。

(二)港澳台地区及海外合作交流

1. 与港澳台的合作交流

4 月 18 日至 19 日，首届“两岸语言文字调查研究与语文生活”研讨会在福州召开。来自海峡两岸的 70 余位专家学者参加会议，两岸语言文字交流与合作协调小组顾问、原全国人大常委会副委员长许嘉璐向会议发来贺信。会议内容涉及语言文字规范标准、辞书编纂、汉语国际教育、方言研究等。研讨会为海峡两岸与会专家搭建了高水平的学术交流平台。

5 月 28 日，香港特别行政区普通话水平测试工作交流会在武汉华中师范大学召开。教育部港澳台办、语言文字应用管理司、国家语委普通话与文字应用培训测试中心、湖北省教育厅、华中师范大学有关负责人和全国普通话培训测试专家指导委员会的专家，以及来自香港特别行政区 12 家合作测试机构和内地 6 家省级测试机构的 32 名代表出席会议。会议交流了与香港特别行政区合作测试的经验及在港合作测试 20 周年纪念活动的筹备问题，并就国家通用语言文字在港使用情况及未来发展趋势等问题进行研讨。

7 月，两岸合编中华语文工具书大陆编委会与台湾地区中华文化总会联合举办 2015 年两岸大学生汉字书法艺术交流夏令营，中央美术学院等 5 所高校的 50 名大学生营员赴台参加了书法讲座、书法展览、书法创作、笔会交流等活动。

9 月，委托中国语文现代化学会主办、江苏省语言文字应用学会和南京艺术学院承办的两岸大学生汉字文化创意大会启动，在两岸语言文化交流的形成和载体上进行探索和创新。

10 月 10 日至 11 日，第九届海峡两岸现代汉语问题学术研讨会在鲁东大学召开。与会专家围绕两岸四地汉语共同语的差异与融合，汉语辞书的编纂状况及两岸对比，语文政策的现状、沿革与走向，汉语研究与汉语教学，现代汉语中文信息处理的相关问题等进行深入交流与探讨。

12 月，大陆版《两岸通用词典》《两岸科技常用词典》相继出版。由高等教育出版社出版的大陆版《两岸通用词典》共收录两岸通用的 8 万字词条目。

2. 与海外的合作交流

实施中德语言文化交流项目“中德语言文化研习之旅”，组织德国语言文字领域著名专家先后在北京等 4 省市开展交流考察活动，涉及中华文字发展历史、民族语言文化多元和谐、方言的科学保护、残疾人语言文字权利保障等，实现了深化中德交流、增进双方理解、推动互利合作的预期目标。

推进中法语言文字交流合作，落实中法人文交流机制有关中法语言政策交流的目标，签署《中法教育混委会第四次会议纪要》，就双方继续共同举办语言政策研讨会、探讨建立语言政策合作机制、交流专家学者相关研究成果等方面达成合作共识。

继续组织实施语言文字国际高端专家来华交流项目，策划并资助国家语委科研机构邀请 10 位国际著名专家于 2015 至 2016 年来访开展交流活动。

七、法制建设

召开网络媒体语言文字使用问题研讨会、汉字政策问题研讨会，就是否需要对网络媒体中的语言文字使用、繁体字的使用进行监管，如何监管、监管范围、监管方式等展开研讨。国家互联网信息办公室、国家新闻出版广电总局等网络监管部门相关负责人，工业和信息化部、工商总局等部门相关负责人，国家语委咨询委员和来自北京大学、中国人民大学、中国传媒大学等学校的专家学者，新华网、搜狐网等网络运营商代表，北大方正等企业代表和北京市中小学教师代表出席会议。

（撰稿：教育部语言文字应用管理司、语言文字信息管理司、语言文字应用研究所）

国家语委成员单位

中央网络安全和信息化领导小组办公室

中央网络安全和信息化领导小组办公室（简称中央网信办）设在国家互联网信息办公室，主要职责是负责全国互联网信息内容管理工作，并负责监督管理执法。

一、召开“净化网络语言”主题座谈会

为贯彻落实习近平总书记提出的“网络空间是亿万民众共同的精神家园。网络空间天朗气清、生态良好，符合人民利益。网络空间乌烟瘴气、生态恶化，不符合人民利益”“要为广大网民特别是青少年营造一个风清气正的网络空间”重要指示精神，2015年5月，中央网信办开展“护苗2015·网上行动”，将净化网络语言作为重点任务，指导中国文化网络传播研究会承办“净化网络语言”主题座谈会，大力营造有利于青少年健康成长的网络语言环境。会议强调，要从关注青少年未来、维护网络文化安全、促进网络文化传播的高度来重视净化网络语言问题，就加强网络语言研究、开展网络文明用语教育、倡导青少年网友规范用语等作出部署。

二、做好网络语言发展正面宣传引导

积极配合全国第三次普通话审音工作，围绕贯彻《中华人民共和国国家通用语言文字法》、促进普通话推广，加强网上正面宣传。积极推广有关语言国情、语言文字政策法规和规范标准等系列普及丛书，增强公民依法使用语言文字的意识，营造有利于国家通用语言文字推广和规范使用的社会环境。积极创新宣传方式方法，组织网站策划推出H5网络小游戏“测试你的言值”。游戏上线一周，即吸引530万网友参与、分享，在微信朋友圈出现“刷屏”效应，获得大量媒体关注和报道。

三、加强网络语言特点调查研究

针对网络传播用语用字随意、混乱，甚至低俗、暴力等现象，指导人民网撰写发布《网络低俗语言调查报告》，提高社会对网络低俗语言危害的认识，倡议社会各界共同抵制网络低俗语言。在日常网上宣传管理工作中，认真研究网络语言文字风格特点，配合教育部运用定量和定性研究方法，兼顾“网上”“网下”语言内容共性特点，系统收集研究有代表性的网络语言样本。在全国第三次普通话审音工作中，积极为语言文字规范化建设献计献策，建议采取发布网上调查问卷、征求语言文字专家学者意见建议等方式，系统整理增补词语及读音调查结果，收录简洁生动、约定俗成、使用频率高的网络语言，为进一步推动网络语言文字事业发展打好基础。

（撰稿：张子浩）

外交部

作为国家语委委员单位，外交部负有在公务场合尤其是重要外事活动中规范使用语言文字，规范使用外语词的中文译名，规范并对外传播中华思想文化术语的责任。

2015 年，外交部出台“一带一路”倡议英文规范译法并逐渐被媒体广泛使用。

2015 年 3 月，国家发改委、外交部和商务部联合发布，以官方文件的形式对“一带一路”倡议进行进一步阐释与说明。《推动共建丝绸之路经济带和 21 世纪海上丝绸之路的愿景与行动》英文版将倡议全称的英文译法确定为“the Silk Road Economic Belt and the 21st-Century Maritime Silk Road”。

7 月 1 日，外交部会同中宣部、发改委、商务部、新华社、社科院、国研院、外文局、中央编译局、中国日报社等参与“一带一路”建设和外宣工作的政府部门、外宣媒体和学术研究机构，就“一带一路”倡议英文译法规范化使用召开专题研讨会。9 月 23 日，以推进“一带一路”建设工作领导小组办公室名义就“一带一路”倡议规范英文译法正式下发通知，要求各单位遵照以下规定执行：一是在对外公文中，统一将“丝绸之路经济带和 21 世纪海上丝绸之路”的英文全称译为“the Silk Road Economic Belt and the 21st-Century Maritime Silk Road”，“一带一路”简称译为“the Belt and Road”，英文缩写用“B&R”。二是“倡议”一词译为“initiative”，使用单数。三是考虑到“一带一路”倡议一词出现频率较高，在非正式场合，除首次出现时使用英文全称译文外，其简称译法可视情况灵活处理，如“the land and maritime Silk Road initiative”。其他译法不建议使用。

“The Belt and Road Initiative ”作为权威和正式译法在众多外宣外事场合中广泛使用，尤其是通过中国领导人出访期间的重要演讲和媒体文章，对正式译法进行顶层强化，起到良好效果。中国政府网英文网站、新华社英文官网等均以“The Belt and Road Initiative”为标题，开设了“一带一路”倡议宣介专栏。美国纽约时报社、日本共同社等主流国际新闻机构亦在报道中逐步开始使用“the Belt and Road”的译法。

（撰稿：陈明明、张建敏）

工业和信息化部

根据《国家语委委员单位议事规则》，工业和信息化部负责制定语言文字信息化方面的技术标准，组织少数民族语言文字软件开发和标准研制并提供资金支持，与有关职能部门加强语言文字信息处理的标准化研究。

中文信息技术标准化不仅包括编码字符集的标准化（对应于 ISO/IEC JTC1/SC2），而且包括中国古今语言、文字各类处理技术的标准化。由工业和信息化部、国家标准化委员会共同领导的全国信息技术标准化技术委员会，成立了专门的中文平台特别工作组和七个少数民族文字（蒙古文、藏文、维哈柯文、朝鲜文、彝文、傣文、壮文）信息技术国家标准工作组，开展相应标准研制工作。

自 1970 年代以来，中国中文信息技术的标准体系框架逐步构建并不断完善。到“十二五”末，文字处理等基本处理的标准化问题已经基本解决。目前，中文领域重点开展语言、文字信息复杂处理技术的标准化工作。

截至 2015 年年底，涉及中文信息技术领域的标准共计 173 项（表 3），其中汉字标准 63 项，少数民族文字标准 110 项。

表 3　2015 年中文领域现行标准分类情况

标准状态	汉文	蒙古文	锡伯满文	藏文	维哈柯文	彝文	傣文	朝鲜文	合计
编码字符集	10	1	0	3	2	1	0	1	18
编码字符集实现	0	2	0	0	1	0	0	0	3
字型	42	11	18	13	22	2	9	0	117
输入及键盘布局	4	2	0	2	6	0	2	0	16

续表

标准状态	汉文	蒙古文	锡伯满文	藏文	维哈柯文	彝文	傣文	朝鲜文	合计
语言文字处理要求	0	2	0	0	1	0	0	0	3
网页开发、数据库、词汇切分等	0	2	0	1	3	0	0	0	6
检测	1	1	0	1	1	0	0	0	4
其他	6	0	0	0	0	0	0	0	6
合计	63	21	18	20	36	3	11	1	173

一、《通用规范汉字表》标准化工作

2013 年 6 月 5 日国务院发布《通用规范汉字表》后，为在信息技术领域全面支持《通用规范汉字表》的实施，工业和信息化部当即启动了将字表中所有汉字纳入国际标准的相关工作。2014 年，中国提出的“中华人民共和国国务院 2013 年批准发布的《通用规范汉字表》的汉字编码方案”提交 JTC1/SC2 投票。

2015 年国际标准 ISO/IEC 10646 的基本多文种平面汉字应急字投票通过，中国电子技术标准化研究院随即启动了相关国家标准的制修订工作。工作重点内容之一就是将还未被纳入国家标准的《通用规范汉字表》的字编入中文编码及汉字字型国家标准中，并向国家标准化管理委员会提交标准制修订申请。国家标准化管理委员会于 2015 年 12 月 7 日下达 2015 年第 3 批国标制修订计划，其中安排了 2 项中文编码字符集和 19 项汉字点阵字型标准的制修订工作。

到 2015 年，《通用规范汉字表》规定的 8，105 个汉字全都在国际标准 ISO/IEC 10646 中编码。

二、信息技术国家标准工作组会

6 月 22 日，藏文信息技术国家标准工作组二届二次会议在拉萨召开。会议讨论通过了工作组章程，听取藏文信息技术国家标准研制情况汇报，并讨论了工作组吸纳新成员和下一步标准制修订工作。

6 月 24 日至 25 日，全国信息技术标准化技术委员会在拉萨组织召开第六次少数民族文字信息技术国家标准工作组组长会议。会议就全国信息技术标准化技术委员会牵头组织、各少数民族文字标准工作组共同完成的少数民族文字信息化建设框架、参与“互联网＋”等国家信息化优先发展战略进行讨论，并开展了标准符合性检测、大数据和智能语音技术标准化知识培训。

10月15日，蒙古文信息技术国家标准工作组会议在呼和浩特召开。会议讨论通过了工作组章程，听取蒙古文信息技术国家标准研制情况汇报，并讨论了下一步标准制修订工作。

三、审查发布信息技术国家标准

7月31日，国家标准化管理委员会下达2015年第2批国家标准制修订计划，其中安排了《信息处理用藏文分词规范》等5项国家标准的制定工作。

9月11日，发布2015年第25号国家标准公告，其中发布了《信息技术基于数字键盘的维吾尔文字母布局》等6项维哈柯文信息技术国家标准。

12月18日，全国信息技术标准化技术委员会在延吉组织召开《信息技术朝鲜文通用键盘字母数字区布局》等2项国家标准的标准审查会，审查专家组按照标准化工作程序听取标准编制说明汇报，审查标准文本，质询相关问题，并同意标准通过审查。

12月31日，国家标准化管理委员会发布2015年第43号国家标准公告，其中发布了《信息技术传统蒙古文软件工程术语》国家标准、《信息技术藏文词汇》国家标准以及《信息技术维吾尔常用术语》等5项维哈柯文信息技术国家标准。

（撰稿：孙文龙）

国家民族事务委员会

国家民族事务委员会（简称“国家民委”）负有管理少数民族语言文字工作职责，具体工作主要由教育科技司承担，设有民族语文处（少数民族语言文字工作办公室），编制4人，具体职责包括“研究并拟订少数民族语言文字工作政策，承担起草少数民族语言文字管理的法律法规草案的有关具体工作；承担少数民族语言文字及翻译出版管理的有关工作，承担民族语文机构和跨省区少数民族语言文字协作的业务指导工作”。根据《国家语委委员单位议事规则》，国家民委还负责配合语言文字工作主管部门，做好少数民族地区推广国家通用语言文字工作，支持少数民族语言文字规范标准研制和信息工作。

一、指导推进新时期民族语文工作

2015 年，持续学习领会中央民族工作会议关于民族地区干部双语学习、各民族互相学习语言文字、各民族“语言相通、感情相通、心灵相通”等重要决策部署，明确新时期民族语文工作思路，牢牢把握“学习使用”这个中心，积极推进各民族互相学习语言文字，促进各民族交往交流交融。

6 月 25 日，全国民族语文工作研讨推进会在中央民族干部学院召开。会议深入学习贯彻党的十八届三中、四中全会精神和中央民族工作会议、省部级干部民族工作专题研讨班精神，研究新形势下民族语文工作的思路和对策，部署今后一个时期民族语文工作。国家民委副主任陈改户出席会议并讲话。各相关省区民委、民语委分管负责人及有关人员，教育部、工业和信息化部、国家标准化管理委员会等相关部委和单位民族语文工作负责人及有关人员等 80 余人出席会议。

11 月 25 日，国家民委第一届民族语文工作专家咨询委员会第三次会议召开。国家民委专职委员管培俊出席会议并讲话。共有 31 名来自语言学、信息技术和标准化管理等相关领域的知名专家学者以及有关部委民族语文工作负责人等出席会议。会议对 2015 年和今后一个时期民族语文工作以及有关项目进行了研究和评审。

二、研究制定少数民族语言文字工作规划

国家民委组织研制《少数民族语言文字工作规划（2016－2020 年）》，明确了未来五年全国少数民族语言文字工作的指导思想、基本原则、发展目标、主要任务、重点项目、组织实施和保障措施等，明确了大力推进少数民族语言文字法制建设、加强少数民族语言文字的国情调查与科研工作等 7 项主要任务，同时提出了 17 个重点实施项目。规划已先后 4 次征求各有关部委、各有关单位、各有关地方的修改意见和建议。

三、推进干部和社会的民族语文学习使用

4 月至 5 月，国家民委牵头，中央组织部、中央统战部、教育部、人力资源社会保障部参与，认真贯彻落实习近平总书记在中央民族工作会议上关于民族地区干部民汉双

语学习“要作为一个要求来提”的重要指示精神，组成五部委联合调研组，赴内蒙古、吉林、广西、四川、西藏、甘肃、青海、新疆和新疆生产建设兵团等地开展民族地区干部民汉双语学习情况专题调研。累计召开 25 场座谈会，听取 120 多名与会代表发言。实地考察县级行政服务窗口单位、县人民法院、县人民检察院、乡镇党委政府、公安派出所、居民社区等 62 个基层单位，对 356 名干部、27 名群众代表进行问卷调查，对 58 名基层干部、27 名群众代表进行个别访谈，对 117 名干部进行国家通用语言文字应用能力抽测，对 111 名干部进行民族语文应用能力抽测。调研文种主要包括国家通用文字和蒙古语、藏文、维吾尔文、哈萨克文、朝鲜文、彝文、壮文等 7 个中国主要少数民族文字。调研组及时对调研成果进行梳理，提出了出台《关于推进民族地区干部民汉双语学习工作的意见》、设立民族地区双语干部津贴、实施民族地区双语干部队伍建设工程、建设各民族干部民汉双语学习云平台等对策建议。已研究草拟《关于推进民族地区干部民汉双语学习工作的意见》(征求意见稿)。

及时研究启动双语和谐乡村(社区)试点工作。委托有关单位加强对民族语文活态保护与双语和谐乡村(社区)建设基本理论与方案进行研究，为民族语文学习传承工作提供理论支撑和方案支持。同时，按照 65%的比例，综合考虑语种平衡、地区分布等各方面因素，从各地推荐的候选名单中精心遴选基础比较好、工作思路比较清晰、当地比较重视的 7 家单位作为双语和谐乡村(社区)试点，其中包括 3 个乡、1 个街道、1 个社区、2 个村。拨付经费支持试点单位开展双语和谐乡村(社区)试点工作，引导各民族群众互相学习语言文字，促进语言和谐、民族团结。

四、推进民族语文应用研究和民汉双语人才队伍建设

8 月 3 日至 7 日，国家民委、教育部联合举办第一期全国民族语文应用研究中青年学者高级研修班，共有来自全国 13 个省区和中央民族大学、中南民族大学、中国民族语文翻译局等 7 个单位 12 个民族的 60 多名学员参加研修。研修内容包括民族理论政策、民族语文政策、民族语文信息处理、民族语言应用研究等。

9 月 14 日至 18 日，国家民委、人力资源和社会保障部在中央民族大学国家专业技术人员继续教育基地和国家民委双语人才培训基地，举办第 8 期全国民族语文翻译工作业务骨干高级研修班。研修班以维吾尔语、哈萨克语为主要方向，内容包括中央民族工作会议精神解读、民族语文政策、民族语文翻译理论与实践等。来自新疆、中央人民广播电台、人民网、新华网、央视网，以及民族出版社、中国民族语文翻译局、民族团结杂志社等 6 个单位的近 70 名民族语文翻译工作业务骨干参加了研修。该研修班

自 2009 年连续举办以来，受到各地参训学员的欢迎。

进一步加强对 6 个国家民委双语人才培训基地的指导和帮助，下达彝汉双语人才、藏汉双语翻译骨干、中西部幼儿园师资技能及双语教学等 3 个重点班次培训任务，为推进民族地区双语人才队伍建设起到了主动服务、引领示范作用。批准在青海师范大学新设立国家民委双语人才培训基地，侧重于开展藏汉双语教师的培养、培训工作。

（撰稿：王学荣、杨静）

民政部

民政部负有“拟订行政区划管理政策和行政区域界线、地名管理办法；审核县级以上行政区域的设立、命名、变更和政府驻地迁移；组织和指导省县级行政区域界线的勘定和管理；审核重要自然地理实体以及国际公有领域、天体地理实体的命名、更名；参与联合国地名标准化建设工作”的职责，具体工作主要由区划地名司承担。根据《国家语委委员单位议事规则》，民政部负责全国地名的标准化工作，监督管理地名标志的用字情况，做好语言文字规范化宣传和地名标志的信息化服务。

一、地名理论研究

2015 年，组织开展外语地名汉字译写、蒙古语地名汉字音译转写等地名译写、拼写规范研究。组织开展千年古县、千年古镇、千年古村落等地名文化遗产、“一带一路”地名、红色地名和抗战地名等地名文化研究。

二、地名标准化

实施第二次全国地名普查，对普查中查出的非标准地名进行标准化处理。结合地名普查督查，赴内蒙古、黑龙江、浙江、河南、广东、云南、新疆等 20 多个省份对地名标志上地名的书写和拼写进行监督检查，促进地名标志上地名书写、拼写规范化。推进地名普查成果转化，启动全国标准地名图集、地名录、地名词典编纂工作。联合外交部、海洋局等部门，审核报批太平洋、大西洋、印度洋海域 124 处海底地理实体名称。

三、地名文化保护

3 月至 4 月，组织开展“寻找最美地名”评选，收到作品 2,000 多幅，优秀作品被编入光明日报出版社“核心价值观的故事”丛书。

3 月至 5 月，在《光明日报》推出“地名的故事 · 那些历史那些乡愁”系列报道。

5 月 25 日和 28 日，分别举办全国地名文化培训班和地名文化建设研讨会，研究地名文化保护、传承和弘扬的问题、思路与对策。

9 月至 11 月，组织开展“一带一路”国内地名文化摄影展，收到图片 2.6 万多幅。

四、地名地址管理

4 月 28 日，召开全国地名地址库建设试点座谈会。

8 月 27 日和 11 月 3 日，分别印发《民政部关于开展全国地名地址库试点示范创建活动的通知》（民函〔2015〕265 号）和《民政部关于确定全国地名地址库试点示范创建地区的通知》（民函〔2015〕326 号），在 39 个试点市（县、区）开展地名地址库试点示范创建工作。

（撰稿：张伟）

交通运输部

交通运输部主要职责包括负责拟订综合交通运输标准，协调衔接各种交通运输方式标准。

一、公路语言文字标准工作

2015 年，发布行业标准《公路养护安全作业规程》（JTG H30—2015），进一步规范公路养护作业控制区临时标志的文字表述。开展国家标准《公路路线标识规则和国道编号》（GB/T 917—2009）修订研究工作。随着《国家公路网规划（2013 年—2030 年）》的实施，国家公路网进行了大规模调整，为更加方便用户使用，以及更加有利于行业管理，2015 年组织有关单位开展公路路线编号规则修订研究工作。

二、重新梳理现行水路客货运运输质量及服务标准

对水路客运术语(GB/T 18225－2000)、交通客运图形符号、标志及技术要求(JT/T 471－2002)、集装箱术语(GB/T 1992－2006)、集装箱运输术语(GB/T 17271－1998)、条码术语(GB/T 12905－2000)、物流术语(GB/T 18354－2006)、港口装卸术语(GB/T 8487－2010)等标准,征求地方交通运输管理部门和港航企业意见,争取尽快修订,并采用国家规定的语言文字规范。

三、规范城市客运行业语言文字工作

在公共汽电车、城市轨道交通、出租汽车、汽车租赁、城市客运轮渡、综合客运枢纽等领域,加快推动相关标准制修订,相继出台了《综合客运枢纽术语》(JT/T 1065－2016)、《城市轨道交通运营管理规范》(GB/T 30012－2013)、《出租汽车运营服务规范》(GB/T 22485－2013)等标准,规范城市客运行业的语言文字、术语和标志使用,加强语言文字规范的宣传工作。并启动《2016－2018 年城市客运标准化行动方案》研究工作,开展相关标准的编制计划和前期研究工作。

四、水上安全通信语言文字工作

根据国际电信联盟《无线电规则》、国际海事组织《标准航海通信用语》,以及《海上船舶无线电通话标准用语(GB/T 11197－2003)》和《水上通信、导航术语(JT/T 4607－1989)》相关规范要求,遵守海事播发的语言文字规则,及时规范开展航行警(通)告、气象警(预)报、冰况报告等涉海安全信息的播发工作,为港方、船方等广大涉海用户提供了及时、准确的公众通信服务。

(撰稿:孟秋)

文化部

根据《国家语委委员单位议事规则》,文化部负责组织话剧演员的普通话培训测试,检查监督文化单位、文化产业等公共设施用语用字情况,做好本系统语言文字规范化宣

传，做好各类重大文化活动中的语言文字工作，积极参与全国推广普通话宣传周活动。

2015 年，教育部语言文字应用管理司、文化部科技司委托国家图书馆承担了“全国文化场馆语言文字使用情况调查研究”项目，并成立了三方调研组，在全国范围内选取有代表性的文化场馆进行调研。

一、全国文化场馆语言文字使用状况

课题组选取了北京、河北、山西、安徽、湖北、广东、广西、贵州、云南、陕西等 10 个省市开展实地调研，其中东部地区 2 个，中部地区 4 个，西部地区 4 个。分别选择上述省份文化发展水平较高的省会城市；地域文化特色鲜明、能代表该省（区）文化特点的市县，如湖北的巴东县、广西的合浦县、陕西的榆林市等；少数民族聚居区，如湖北的恩施州、广西的百色市；红色革命老区和红色革命根据地，如贵州的遵义市、陕西的延安市等。

课题组在调研中主要考察文化场馆内为公众提供服务的各类名称牌、标识牌、指示牌、说明书、广告宣传牌、宣传册、展品标签、电子展示牌、演出字幕及讲解等的语言文字使用情况及其是否符合国家已有的政策文件要求。

课题组共调研了 113 家文化场馆，做到国家级、省级、市级、县级文化场馆的全覆盖，其中国家级文化场馆 5 个，省级文化场馆 30 个，市级文化场馆 52 个，县级文化场馆 26。场馆分布情况见表 4 和图 2。

表 4　调研的各地区文化场馆数量分布情况

地区 单位	东部地区		中部地区				西部地区			
	北京	广东	河北	安徽	湖北	山西	广西	云南	贵州	陕西
图书馆	2	7	4	5	3	3	2	3	6	5
博物馆*	3	6	5	3	3	4	6	5	3	4
美术馆	1	3	1	1	1	1	0	0	1	1
剧院	1	0	0	0	0	0	0	0	0	0
文化馆	0	0	0	2	2	2	0	1	5	3
艺术馆	0	0	1	0	0	1	0	0	1	0
规划馆	0	0	1	0	0	0	0	0	0	0
非遗机构	0	0	0	0	1	0	0	0	0	0
总计	7	16	12	11	10	11	8	9	16	13

* 表格中的“博物馆”包括纪念馆。

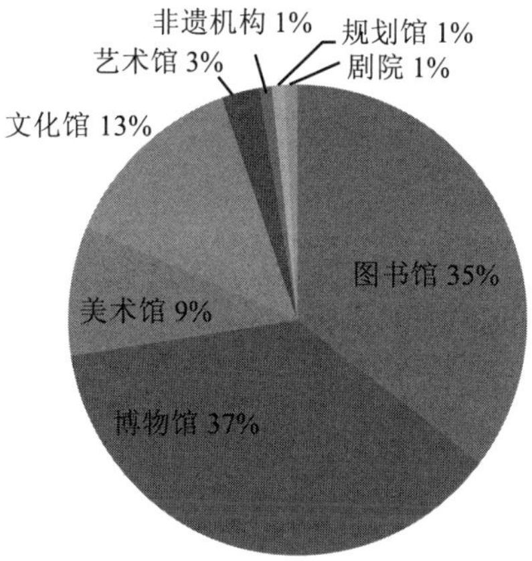

图 2　调研的各类文化场馆数量分布情况

为了更全面地了解文化场馆语言文字的应用情况，调研过程中，调研组面向调研单位发放调查问卷 105 份，面向公众发放问卷 2,321 份，分别回收 99 份和 2,180 份。

二、文化场馆语言文字使用中存在的问题

调研发现，各文化场馆在汉字应用、普通话推广和使用方面总体上都比较规范，但也存在着一些不规范现象，具体为：字词、语法、拼音等使用错误，错别字、标点符号使用不当；繁简字使用不规范，生僻字不标注，如繁简体字混用、没有在使用繁体字的适当位置设置规范汉字的副牌；英语、日语等外文使用不准确，主要表现为拼写错误或翻译不准确；普通话使用不规范，有些基层文化场馆的工作人员直接使用方言提供服务；对少数民族语言的重视程度不够，少数民族语言在文化场馆中使用较少，有的文化场馆已出现少数民族语言流失的现象。

（撰稿：王秀香）

国家新闻出版广电总局

根据《国家语委委员单位议事规则》，国家新闻出版广电总局负责加强对语言文字法律法规、方针政策和规范标准的宣传，配合语言文字工作主管部门，做好宣传并积极参与全国推广普通话宣传周活动；组织播音员、节目主持人、影视话剧演员普通话培训测试工作，推动对编辑、记者包括通讯员等出镜人员的普通话培训和资格认证工作，推

动编辑、记者、校对、计算机录入人员等的汉字应用水平培训测试；加强对影视屏幕用语用字的监督管理，控制方言节目播出比例，检查出版物用语用字情况，坚持高标准、严要求，落实奖惩措施，提高广播影视用语用字规范化、标准化水平。

一、广播电视规范用语的监管与研究

2015年，国家新闻出版广电总局把广播电视规范用语作为监听监看重点内容之一，严格对照《国家通用语言文字法》《关于规范广播电视节目用语推广普及普通话的通知》《关于广播电视节目和广告中规范使用国家通用语言文字的通知》，对全国播出机构进行实时动态监管，发现问题及时纠正处理。

在抓好现有文件落实的基础上，进一步加强对广播电视用语热点问题和潜在风险的分析研判，针对当前网络不规范语言侵蚀广播电视的现象，设立了“广播电视用语在社会语言生活中的地位和作用研究”项目，旨在研究广播电视用语与网络语言等社会语言现象相互作用的方式和程度，以及其对广播电视承担推动规范标准用语、传承中华优秀传统文化、增强国家文化软实力责任的影响的评估，为加强广播电视节目规范用语管理和提高工作科学化、法制化水平提供决策参考。该研究项目已在国家语委“十二五”科研规划2015年度项目中立项。

二、规范主持人持证上岗管理

制作播音员主持人规范使用语言文字专题培训课件，并在广播影视远程培训网上线，完成学习并通过在线考试是“播音员主持人资格证”持证人员下一次注册的必要条件。向全国广电系统发出通知，要求严格执行主持人持证上岗制度，不得使用没有取得执业资格证书的人员担任主持人。其中，规范使用国家通用语言文字是播音员主持人资格考试的重要内容。

三、推进国家辞书编纂出版规划

对《2013—2025年国家辞书编纂出版规划》的实施进展情况进行检查。截至2015年年底，列入规划的189个重点辞书项目，已执行项目65个，占项目总数的34.4%，其中，全部完成53个，部分完成12个，推出了《辞源(第三版)》(商务印书馆)、《新时代汉英大辞典(21世纪版)》(商务印书馆)、《乌尔都语汉语词典》(高等教育出版社)等一批辞书。

《2013—2025年国家辞书编纂出版规划》于2013年10月由国家新闻出版广电总局正式印发实施，分为语文、专科和综合三大类，涉及汉文、少数民族文字和外文30多个文种，涵盖哲学、政治、军事、法律等31个学科。包括新编辞书项目151个、修订辞书项目38个；图书项目181个，电子出版物项目8个（含多载体形式项目4个）。承担规划项目的出版单位有100家。

四、开展优秀传统文化传播推广

各广播电视机构制作播出了《中国汉字听写大会》《中国成语大会》《汉字英雄》等节目，追溯汉字和成语的源与流，示范推广国家通用语言文字的正确书写和使用，受到广泛欢迎，许多观众认为此类节目有利于中华文明的传承和延续，意义重大。

12月，组织开展首届向全国推荐中华优秀传统文化普及图书活动。推荐活动引起了社会的广泛关注，推荐的86种优秀图书得到了广大读者的欢迎和好评。

五、出版物质量提升专项检查

将2015年确定为"出版物质量提升年"，对少儿类和文艺类图书、教辅类图书和养生保健类图书进行了专项检查，以检查促规范。此次检查共抽查少儿类图书45种、文艺类图书89种，其中24种图书编校质量不合格，不合格率为17.91%；共抽查教辅类图书81种、养生保健类图书25种，其中18种图书编校质量不合格，不合格率为16.98%。此次公布的编校质量不合格图书，差错主要集中在两个方面：一是一般性字词错误，包括错字、漏字、多字、颠倒字等；二是知识性差错，存在引文与原文不符、与历史史实不符以及专有名称误用等情况。

国家新闻出版广电总局已经依据相关规定，对所涉及的出版单位处以警告的行政处罚，同时责令出版单位自检查结果公布之日起30日内，全部收回不合格图书。

六、向全国青少年推荐图书活动

六一儿童节前夕，国家新闻出版广电总局公布了"向全国青少年推荐百种优秀图书"入选书目。这也是国家新闻出版广电总局连续第12年开展此项活动。

此次活动共有358家出版社报送了1,475种图书。绝大多数图书发行量都在1万册以上，发行量1至5万册的有1,158种，5至10万册的有129种，10至50万册的有 102 种，50 万册以上的有 25 种。在遴选过程中，坚持优中选优、质量过硬的原则，确保语言规范使用，发挥示范引领作用。

（撰稿：魏霄、苏建国）

中国科学院

根据《国家语委委员单位议事规则》，中国科学院负责开展语言文字规范标准和信息化建设及应用科学研究，加强与职能部门的合作，为提高中国语言文字规范化、标准化、信息化水平提供技术支撑。

中国科学院下属的全国科学技术名词审定委员会（简称全国科技名词委），负有制定中国科学技术名词规范化工作的方针、政策、原则和规划；负责组织科学技术各学科的名词审定、公布及协调、推广应用工作；开展海峡两岸及华语地区科学技术名词的交流、协调和统一工作；组织开展中国术语学学科建设和国内外术语学学术交流活动等职责。

一、科技名词审定公布

全年 65 个分委员会同时开展审定工作，其中新开展学科 3 个。实现正式公布名词 2 种，共 5,640 条，预公布名词 11 种，共 67,586 条，完成审定任务并正处于加工整理阶段名词 9 种，共约 5 万条。截至 2015 年年底，全国科技名词委在第六届委员会期间共组织开展了 79 个学科的名词审定工作，正式公布 25 种学科名词，预公布 24 种，全面完成了“十二五”规定的审定公布任务。

8 月，名词审定工作平台建设项目立项启动。名词审定工作平台是“互联网 +”思维下对传统名词审定工作方法的创新与延伸。

全国科技名词委在各审定分委员会中启动了大规模征集科技用字的活动，力图一揽子解决问题。这项工作得到国家语委和工信部有关部门的支持，已经取得阶段性成果。

二、传播与信息化建设

以召开全国委员会全体会议和全国科技名词委成立 30 周年纪念活动等为契机，

组织中央电视台、光明日报、中国青年报、中国教育报、中国科学报、中国新闻出版报以及新华网、中国政府网等众多新闻媒体对会议和活动进行全方位报道。

科技名词规范被纳入国家新闻出版领域行业标准。1 月，国家新闻出版广电总局印发关于批准发布 19 项行业标准的通知，科技名词作为学术出版规范被纳入其中。这是中国第一部专门针对科技名词规范应用问题编写的成文标准。2015 年，科技名词规范还被纳入新闻出版专项教育培训及全国出版人员职业资格考试中。

开展政务信息工作。重新规划了工作简报的形式和内容，优化了发行数据，确立了运行规则。2015 年全国科技名词委第二次常委会会议和第七届全国委员会全体会议等重要内容都通过简报进行了详细报道，发挥了其他媒体不具备的传播功能。经中科院科学传播局同意，自 2016 年起，全国科技名词委开展的科技名词创新活动将通过中科院政务信息平台向外传播，此举将极大地拓展名词工作科学传播空间。

加强互联网平台建设。改版升级全国科技名词委官方网站，同时构建移动端官网。改版升级后的官网主要承担品牌建设和信息发布功能。全部搭建完成的全国科技名词委互联网平台，主要包括全国科技名词委官网、审定专家工作平台、用户应用服务平台和微信公众平台，其中全国科技名词委官网、审定专家工作平台和用户应用服务平台将同时拥有个人电脑终端和移动终端。

开展微信公众平台建设。运营团队坚持分析时事热点和用户需求，精心选题和排版设计，全年共推送 26 期 83 篇文章，策划开展“有奖调研”“名词自测”等互动活动，开展微信用户行为分析，其中微信查词功能获国家专利一项。

开展成果转化和科学传播工具创新。将全国科技名词委过去 30 年来已公布出版的部分成果，汇编成《科学技术名词 · 工程技术卷(全藏版)》，由科学出版社出版。丛书全套 44 部，共计约 2,300 万字，词条数总计 224,399 条。作为“两岸合编中华语文工具书”项目的阶段性成果，《两岸科学技术名词差异手册》和《两岸科技常用词典》(试用本)由商务印书馆出版。其中，《两岸科技常用词典》(试用本)由路甬祥院士担任首席顾问，共收录两岸常用科技名词 19,500 条，涉及 31 类学科领域，共计 280 余万字，并配有随文插图。

三、对外开放与交流合作

继续按照“积极推进，增进了解；择优选用，统一为上；求同存异，逐步一致”的原则，推进两岸名词对照。全年共有 8 个分委员会开展名词对照工作。继续推进“两岸合编中华语文工具书”项目，为两岸科技文化交流作出贡献。

继续执行与国际术语网的合作项目，参加“国际术语学夏季学校”培训活动和北大西洋公约组织标准化办公室举办的国际术语标准化大会。在国际术语标准化大会上，中方专家被邀请作为主题演讲嘉宾，介绍中国的科技名词工作情况、成绩和实践经验，受到国际同行的广泛关注。

由全国科技名词委和新疆民语委合作编译的《新编汉英维科技大词典》获新疆维吾尔自治区第十届图书奖暨第七届音像制品和电子出版物奖一等奖，这一成果对助力国家“一带一路”倡议实施具有重要意义。《大气科学名词》(汉藏对照本)在拉萨首发，该书的出版基本实现了大气科学藏语文术语的规范化和标准化。

四、学术理论与学科建设

开展学术成果建设。《中国术语学概论》《第五届术语学研讨会论文集》正式出版，《第六届术语学研讨会论文集》《国外术语工作及术语立法》已完成审读，将于 2016 年出版。

启动全国科技名词委基金项目规划。为了在学术队伍不健全、理论基础薄弱等不利条件下，充分调动广大科研教学机构和科研人员的积极性和创造性，启动全国科技名词委基金项目规划设计工作。

加强期刊编辑出版。《中国科技术语》全年共刊出基金项目论文 13 篇，占论文总量的 14.1％；在中科院 2015 年期刊审读工作中，《中国科技术语》“总体评价”及各项评价指标均为“优秀”；在龙源期刊网举办的 2015 年“高校数字阅读影响力期刊排行榜”中，《中国科技术语》首次进入前 100 名。

（撰稿：王琪）

中国社会科学院

根据《国家语委委员单位议事规则》，中国社会科学院负责开展语言文字本体研究及应用研究，为语言文字工作制定政策、规划提供理论支撑。

自中央电视台和国家语委 2013 年推出大型原创文化类电视节目《中国汉字听写大会》以来，中国社会科学院语言研究所就承担了节目的裁判工作。并且，自第二届《中国汉字听写大会》(2014 年)开始，中国社会科学院语言研究所成为《中国汉字听写大会》的协办单位，裁判组在节目准备和录制阶段与导演组、题目组保持了密切合作。

第三届《中国汉字听写大会》于2015年5月31日至6月7日在河南安阳录制，并于7月17日至10月2日在中央电视台科教频道播出。在节目录制前和录制过程中，裁判组全程参与审定题目、严格把关，保证了节目的科学性、知识性、趣味性，在赛场上与选手保持良好互动关系，受到了师生和家长的好评。

（撰稿：刘祥柏、孟蓬生）

解放军总政治部

根据《国家语委委员单位议事规则》，解放军总政治部负责指导、检查、督促部队和直属军事院校的语言文字工作；组织部队通信兵、直属军事院校相关专业师生开展普通话及汉字应用水平培训测试；在部队组织开展国家通用语言文字宣传、教育，提高部队官兵规范使用国家通用语言文字的水平；积极参与全国推广普通话宣传周活动。

加强中华军事文化经典诵读资源库建设。2015年，根据教育部提出的任务，结合军队思想政治教育音像教材建设总体安排，组织建设中华军事文化经典诵读资源库，主要包括革命先辈战斗诗词、中国历代军旅诗词、古代励志故事、古代经典战例、民族英雄故事、战斗英雄故事、挂像英模故事、特色革命精神、军旅道德楷模、星火燎原故事、优秀军旅散文、强军典型故事、人民解放军经典战例等。收集整理了13类505篇约102万字的文字稿，组织八一电影制片厂进行音频配乐朗诵，时长近6,000分钟，并将音频、文字资料加载到全军政工网，供官兵学习使用。大力宣传推广中华军事文化经典诵读资源库，在《解放军报》、中央人民广播电台、中央电视台刊播消息。专门下发通知，要求部队通过军营电视台、军营网络、军营广播等形式组织学习浏览。

组织中华军事文化经典系列诵读活动。部队各级普遍利用集体学习、训练间隙等广泛开展诵读活动，进行各种形式的评比竞赛，引导官兵自觉传承中华优秀传统文化，争做有灵魂、有本事、有血性、有品德的新一代革命军人。

编印传统文化系列教材。着眼发挥语言文字传承弘扬先进文化、助推思想政治教育的功能作用，组织编辑《习主席重要讲话引用的名言诗句汇编》(第3辑)，在全军部队广泛征集新一代革命军人格言感言，编发《做"新一代革命军人"格言感言》教材读物，为部队做好铸魂育人工作提供服务。

加强军事语言文字课题研究。指导军事科学院等军队院校和科研单位，围绕军事语言安全、军事语言规范、军事语言有效传播、军事实力与语言实力等课题进行研究攻关，进一步探索解决军事语言文字领域的重点难点问题。

抓好普通话培训测试工作。在教育部具体指导下，建立完善军队普通话培训测试机构设置、制度机制，着力抓好院校、通信、医疗等单位人员的培训测试，并逐步向基层官兵拓展，不断提高部队官兵普通话水平。

开展群众性语言文化活动。指导部队结合经常性学习教育和文化活动，开展基层网络电视主持人培训以及“说文明话 当文明人”“强军梦 我的梦”等主题文化活动，组织驻新疆、西藏部队开展双语学习活动，推动语言文字工作深入基层官兵。

（撰稿：黄良荒）

中华全国总工会

根据《国家语委委员单位议事规则》，中华全国总工会负责在全国工会系统组织形式多样的活动，加强语言文字规范化的宣传教育，提高普通话和规范汉字的社会影响，积极参与全国推广普通话宣传周活动。

4 月，制定《全国职工素质建设工程五年规划（2015—2019 年）》，提出广泛深入开展“争当学习型职工读书活动”。通过举办读书会和报告会、推荐好书、征文、演讲、职工读书成果发布会、评选读书明星等形式，引导职工多读书、读好书，提升自身素质。

4 月至 10 月，举办以“传承文化，提升素质”为主题的全国职工经典诵读大赛，引导职工多读书、读经典，提升职工语言文字水平，加深对民族精神和优秀传统文化的理解，增强民族凝聚力和自豪感，推动“书香社会”建设。大赛历时半年多，各地职工踊跃参加。经过初赛和选拔赛，21 个省（区、市）总工会和新疆生产建设兵团工会共选拔出 184 件作品参加全国总决赛，在广大职工群众中引起了热烈反响。

（撰稿：彭艺、张成菊）

共青团中央

根据《国家语委委员单位议事规则》，共青团中央负责加强共青团系统，特别是基层团组织干部的语言文字规范意识培养和能力学习；组织全国性的宣传和活动，推动青少年提高普通话和规范汉字的应用能力；利用各种媒体，结合本系统开展的大中小学生的社会实践活动，开展语言文字工作；加强对港澳台青年领袖包括青联委员的国家通用语言文字培训，进一步促进中华民族语言文字的交融和交流，促进汉语的国际推广；积极参与全国推广普通话宣传周活动。

一、组织大中专学生志愿者赴中西部地区开展语言文字支教活动。在由中宣部、教育部、中央文明办、团中央、全国学联共同组织实施的2015年全国大中专学生志愿者暑期“三下乡”社会实践活动中，动员近百万青年学生、近5万支团队到贵州、甘肃、宁夏等中西部地区，特别是基础教育薄弱、教育资源匮乏的贫困县(乡)开展支教活动，通过讲授语言课程、设计语言游戏、开展读书活动等方式，帮助当地教师和留守儿童提升语言文字应用能力。

二、组织青年学生赴新疆农村开展语言文字宣传支教活动。2015年暑期，团中央、全国学联组织开展“新疆学子百村行”大学生暑期实践活动，组织近400支实践团队、6,000余名大学生分赴北疆、南疆、东疆等10个地州50余个县区300多个村(社区)，面向当地群众开展普通话应用宣传等活动，并针对当地中小学生开展课业辅导、双语训练等支教活动。

三、深化优秀传统文化“第二课堂”，帮助青少年学生提升文化素养。共青团中央、全国学联、全国少工委在2015年举办第一届“中华学子青春国学荟”，包括“国学达人”挑战赛、优秀国学项目评选和青春国学荟展示等内容。“国学达人”挑战赛在全国覆盖1,800所高校和1.8万余所中小学，参与人数超过156万人。同时，重点支持传统文化类学生社团发展，面向全国遴选了优秀大学生国学社团、优秀中学生国学社团、优秀红领巾国学小社团、优秀国学教育文艺作品各100个以及地市级和县级团委面向中小学生开展的国学教育项目50项。

(撰稿：钟亚楠)

中华全国妇女联合会

根据《国家语委委员单位议事规则》，中华全国妇女联合会负责配合语言文字工作主管部门，组织开展中小城镇和农村妇女的普通话培训，推动将国家通用语言文字内容纳入农村妇女培训、劳动技能的培训中；积极参与全国推广普通话宣传周活动。

2014至2015年，教育部语言文字应用管理司、全国妇联宣传部委托华坤女性生活调查中心开展了中国妇女语言文字使用情况调查。

调查按照第六次全国人口普查中东部、中部、西部、东北部4∶3∶2∶1的人口比例，结合中国方言区域分布，随机抽取北京、哈尔滨、上海、杭州、南昌、长沙、广州、成都、西安、兰州等10个城市开展城乡妇女调查。涉及城市71个区(县)、农村53个乡镇的169个行政村，共获得有效样本2,046份。

调查显示，被调查女性的母语使用情况：汉语方言 69.9%，普通话 29.0%，少数民族语言 1.0%，英语 0.1%。

调查对女性的语言文字能力、讲普通话的能力、对普通话与方言的态度、汉语拼音拼写能力、对培养孩子语言文字能力的作用、对自己书写水平的满意度、对网络流行词语的态度、对语言文字不规范现象的看法、对语言文字政策的知晓度、对普及和推广规范语言文字活动的兴趣等进行了全面的了解和分析。

（撰稿：陈方、刘中陆）

中国残疾人联合会

中国残疾人联合会负有手语、盲文研究与推广的责任。成为国家语委委员单位以来，中国残疾人联合会和教育部等部门一起，加快推进手语、盲文规范化，保障残疾人语言文字权益，促进残疾人文化素质提高与融合发展，推进残疾人实现全面小康进程。

一、发布国家手语和盲文规范化行动计划

2015 年 12 月 3 日，中国残联、教育部、国家语委、新闻出版广电总局联合印发《国家手语和盲文规范化行动计划（2015—2020 年）》（简称《行动计划》）。

《行动计划》是中国第一个针对残疾人语言文字规范工作的规划。以《残疾人保障法》《国家通用语言文字法》《无障碍环境建设条例》等法律法规为依据，按照《国务院关于加快推进残疾人小康进程的意见》和《国家中长期语言文字事业改革和发展规划纲要（2012—2020 年）》的要求，提出了至 2020 年手语和盲文规范化工作的指导思想、任务目标、主要措施和保障条件。

《行动计划》的指导思想是：“以手语和盲文规范化工作为中心，加快国家通用手语和国家通用盲文的研制。统筹规划手语和盲文的科学研究、应用推广、学科建设和人才培养。以学校和公共服务领域为重点，全面推广使用国家通用手语和国家通用盲文，为听力残疾人和视力残疾人提供更加公平、平等和便利的参与社会生活的条件，保障他们的语言文字权利和融合发展。”

任务目标是：“到 2017 年，颁布国家通用手语方案和国家通用盲文方案；基本形成手语和盲文规范化工作机制。到 2020 年，颁布国家通用手语和国家通用盲文相关规范标准；分级开展国家通用手语和国家通用盲文培训；在特殊教育学校（院）和社会公

共服务领域推行国家通用手语和国家通用盲文；初步实现手语和盲文的信息化；手语和盲文的学科建设和人才培养得到加强；建立健全与手语和盲文相关的法律法规。”

主要措施是：加快推进手语和盲文规范化、信息化建设；大力推广国家通用手语和国家通用盲文；积极开展手语盲文科学研究，加强学科建设和人才培养；加强手语和盲文的法制建设。

保障条件是：建立健全工作机制，加大经费扶持力度，加强手语和盲文研究及推广基地建设。

《行动计划》印发后，国务院有关领导同志对贯彻落实《行动计划》作出重要批示。中共中央政治局委员、国务院副总理刘延东在批示中指出“手语盲文规范化是国家语言文字工作的重要组成部分。教育部、国家语委、新闻出版广电总局配合有关部门，认真组织实施好《国家手语和盲文规范化行动计划（2015—2020 年）》，帮助残疾人学习文化、提高技能、融合发展，维护好 3,000 多万特殊群体的语言文字权益”。国务委员、国务院残疾人工作委员会主任王勇在批示中要求“中国残联会同教育部等部门，统筹规划，加强指导，认真推动，落实好此项行动计划，造福广大残疾人”。

12 月 29 日，中国残联、教育部、国家语委、新闻出版广电总局在京联合召开《国家手语和盲文规范化行动计划（2015—2020 年）》发布启动会。教育部副部长、国家语委主任杜占元，国家语委委员、中国残联副理事长程凯，教育部语言文字应用管理司、新闻出版广电总局办公厅负责人出席会议。

二、两项“十二五”重大科研项目通过鉴定

12 月 29 日，国家语委、中国残联“十二五”重大科研项目“国家通用手语标准”课题通过鉴定。该课题由词汇研究和句法研究两部分组成。由国家手语和盲文研究中心牵头的课题组成员有 40 人，其中聋人 26 位，来自 12 个地区，课题研究充分发挥聋人的作用。鉴定组专家认为，课题组经过为期 4 年的认真有效的研究，完成了通用手语 8,000 多个词汇的规范工作，对手语句法进行了大量调研、整理和归纳。研究规模及范围超过了以往的有关研究，改变了过去的研究方法，使通用手语极大地接近聋人自然手语，为 2,000 多万中国聋人使用通用手语，接受平等教育，融入社会，完成“十三五”规划的脱贫、城市化有极大的促进作用，为聋人手语的进一步研究打下了良好基础。

12 月 29 日，国家语委、中国残联“十二五”重大科研项目“国家通用盲文标准”课题通过鉴定。该课题以定量研究为基础，以定性研究为主导，以保持现行盲文稳定为首要原则，对 3.72 万基础词汇、1,500 万语料进行了上亿条数据运算。在此基础上，

进行定性分析，反复研讨筛选，对标调理论和标调方式进行重大调整，使现行盲文表音准确，又不大幅度增加篇幅，形成了《通用盲文方案》(送审稿)，并在部分盲人中进行了摸读实验。由国家手语和盲文研究中心牵头的课题组核心成员有 11 人，其中盲人 6 位，在课题研制中充分发挥了盲人的作用。鉴定组专家一致认为该项目成果在保持现行盲文原有系统的基础上，研制出标调的系统规则，解决了因标调率低导致的现行盲文猜读和难以信息化的问题，以及标调较随意造成的词形不稳定问题，大幅提升了现行盲文阅读理解的准确性，具有较高的学术价值和应用价值。

(撰稿：顾定倩、魏丹、钟经华)

国家汉语国际推广领导小组办公室

国家汉语国际推广领导小组办公室(简称国家汉办)是中国教育部直属事业单位，致力于为世界各国提供汉语言文化的教学资源和服务，最大限度地满足海外汉语学习者的需求，为携手发展多元文化，共同建设和谐世界作贡献。

一、推进国际汉语教育

2015 年，党和国家领导人多次对孔子学院工作作出重要批示，出席相关会议、见证签署合作协议、参加揭牌仪式等孔子学院活动 18 次，发表中外联合声明、公报、宣言等涉及支持孔子学院建设和汉语教学发展 13 次。

10 月 22 日，习近平总书记访英期间，出席英国孔子学院和课堂年会开幕式并发表重要讲话，指出“语言是了解一个国家最好的钥匙，孔子学院是世界认识中国的一个重要平台”，表扬“孔子学院和孔子课堂为世界各国民众学习汉语，了解中华文化发挥了积极作用，也为推进中国同世界各国人文交流、促进多元多彩的世界文明发展作出了重要贡献”。

6 月 29 日和 10 月 30 日，李克强总理分别出席孔子学院总部与比利时法语布鲁塞尔自由大学、荷语布鲁塞尔自由大学，以及孔子学院总部与德国施特拉尔松德应用科学大学协议签署仪式。

9 月 12 日，刘延东副总理主持召开孔子学院工作座谈会，听取孔子学院总部工作汇报，发表重要讲话，研究和部署孔子学院发展工作。刘延东副总理还先后访问孟加拉国、印尼、美国、英国等国家(地区)孔子学院和课堂，与师生深入交流互动，主持召开欧洲部分汉学家座谈会。

12月6日至7日，第十届孔子学院大会在上海举行，国务院副总理、孔子学院总部理事会主席刘延东出席大会开幕式，并发表主旨演讲，为先进集体和个人颁奖，为示范孔子学院颁发证书，主持召开总部理事会会议并作重要讲话。来自130多个国家和地区的大学校长和孔子学院代表共计2,300多人参加会议。大会以“适应需求，融合发展”为主题，主要总结交流办学经验，集中各国智慧，研究制定今后5年发展规划。其间，共举办9个校长论坛和9个院长论坛，还举办了35家出版社参与的“国际汉语教材资源展”，受到各国代表广泛欢迎。

二、国际汉语教育成果

2015年，新建孔子学院25所，中小学孔子课堂149个。已在134个国家和地区开设了500所学院和1,000个课堂，基本形成了多层次、多样化、广覆盖的孔子学院布局。其中，“一带一路”沿线共有51个国家和地区开设131所孔子学院和119个中小学孔子课堂。全球孔子学院注册学员总数190万人，超过《孔子学院发展规划(2012—2020年)》要求2015年达到150万人的指标。中外专兼职教师达到4.4万人。各国孔子学院的汉语教学质量和水平不断提高，343所孔子学院的课程纳入所在大学学分或专业体系。

(一)孔子学院管理

推进“三院”建设。示范孔子学院新增16所，总数达到41所，刘延东副总理亲自为英国伦敦中医示范孔子学院揭牌。网络孔子学院注册用户达到800万人，其中，学汉语的学员达50万人，在线教师近4,000人，已经开出22万节课程。厦门市政府根据省部共建精神，已批准自筹资金在厦门大学开工建设孔子学院院长学院。

孔子学院总部召开北美、欧洲、大洋洲等地区联席会，英国、法国、德国、俄罗斯、西班牙、葡萄牙、意大利、日本、韩国、泰国、巴西等国家的167所孔子学院，自发组织召开国别联席会议，交流办学经验，研究解决共性问题，促进教学资源共享，建立互联互通机制。

(二)师资队伍建设

严格教师选拔标准，要求外派教师普通话须达到二级甲等以上(含)水平，并鼓励教师熟练掌握相关中华才艺技能。

培训派出中方院长、教师及志愿者1.6万人，组织专家培训各国本土教师4万人次和中外方院长326人。

通过改革招聘办法，建立《国际汉语教师证书》考试制度，有效调动了报考外派教师的积极性，报名与录取比例由原来的1∶1.2上升为5∶1，有效缓解了派出教师难的问题。招收113国"孔子学院奖学金"学生4,300人。在来华攻读汉语国际教育专业硕士毕业生中，已有43国366人回国从事汉语教学工作，充实了本土教师队伍。

派出专家和教师，协助南非、坦桑尼亚、葡萄牙、法国等国制定本国汉语教学大纲。

(三)教材开发推广

建成54个语种的主干教材库，共802套6,643册，其中，2015年完成《汉语乐园》《快乐汉语》等5套核心教材的修订及多语种改编。建成孔子学院本土教材库，共计81国293所孔子学院1,225册。

大力推广《国际汉语教材编写指南》网络版和数字图书馆应用，注册用户达168国6万人。

支持81个国家编写本土教材。

建立《中外文化差异案例库》，已收录典型案例1万多个，用于中外院长和教师培训。向120国售赠教材图书86万册。

出版中英、中法、中西、中阿、中德、中俄、中葡、中韩、中意、中泰、中日等11种中外文对照版《孔子学院》期刊76期，每期发行量达4.5万册。

(四)汉语水平考试

加大《国际汉语教师证书》考试力度，优化考试人才库建设，遴选确立11家考点，初步建立了考试培训体系，全年考试报名人数达9,168人。

继续推进汉字应用水平考试、汉语口语水平测试，全球考点达122国944个，全年各类汉语考生600万人。其中，收费考生51.28万人，同比增长18.7%；网考人数5.15万人，同比增长35.3%。

(五)孔子新汉学计划

招收博士生项目，共收到48国314人报名申请，择优录取37国172人。其中，40%来自哈佛大学、牛津大学等全球100强高校。

"理解中国"和"青年领袖"项目：全年资助8名中方专家赴美国、加拿大等国讲学；

资助21国43名学者来华访学研修，其中，欧美占65%；支持27国172名社会精英、青年领袖来华访学研修，其中，美国占54%。

支持德国汉堡大学、英国伦敦政治经济学院等著名大学举办13场国际会议，首次与海航集团合作举办“中西方文明论坛高峰会议”。

召开世界汉学大会第一次理事会，讨论通过了大会章程和下一届世界汉学大会会议主题。

（六）文化交流活动

邀请3万名“汉语桥”大中小学校长、各国教育官员和夏（冬）令营学生来华体验中华文化。

组织国内45个学生文艺团组，到260多所孔子学院所在社区巡演320场，观众达50多万人。

组织“汉语桥”世界大、中学生中文比赛，10万名各国青少年参加预决赛。

108国404所孔子学院同步举办第二届“孔子学院日”，进一步增强了孔子学院的凝聚力和影响力。

以“文化交流与世界和平”为主题，举办第二届孔子学院总部“开放日”。

举办两期“大使班”，培训来自39个国家的160名外交使节。

（七）汉语的国际影响力

新增俄罗斯、葡萄牙、南非、亚美尼亚等4个国家将汉语教学纳入国民教育体系，至此，已有64国（地区）通过颁布法令、政令、教学和课程大纲等形式，将汉语教学纳入国民教育体系。

9月，习近平主席访美期间，美国总统奥巴马宣布“百万强”计划，到2020年实现全美学习汉语学生人数达到100万人；英国政府宣布拨款1,000万英镑用于支持中小学校开展汉语教学。

德国总理、比利时首相、爱尔兰总统、黑山总统、塞舌尔总统、格鲁吉亚总统、巴基斯坦总理、保加利亚总理、委内瑞拉总统、泰国诗琳通公主、英国安德鲁王子等多国政要，热情出席孔子学院有关活动，称赞孔子学院为展示当代中国和平发展的国家形象和增进世界人民对中国的理解信任发挥了积极作用。

（撰稿：王甬、尹冬民）

地方语言文字事业

北京市

北京市语言文字工作委员会(简称北京市语委)原属市政府议事协调机构,现并入市教委。市语委主任由市政府主管教育的副市长担任,市教委分管领导任副主任,负责市语委常务工作,市委、市政府有关部门分管领导担任委员。北京市语委办公室(简称北京市语委办)是市语委常设办事机构,设在市教委语言文字工作处,公务员编制5人。北京市语委于2008年成立专家委员会,由来自高校和科研院所的15名专家组成。全市16个区政府均设立语言文字工作委员会,语委办设在同级教育行政部门。其中,6个区语委办独立设置,其他10个区语委办与教委有关科室合署办公。

2009年,经市编办批准成立北京市语言文字测试中心。中心为正处级全额拨款事业单位,编制数8人,挂靠首都师范大学,主任由市语委办主任兼任。配合市语委办开展推广普通话和推行规范汉字的工作,面向社会和教育系统开展语言文字水平测试培训工作,组织开展相关科研工作,管理测试员队伍和测试分中心。

一、推广普及国家通用语言文字

6月4日,北京市教委、市语委印发《关于加强高等学校语言文化建设的意见》,指导各高校明确高校语言文化建设的内涵和意义、认识高校语言文化建设的现状与存在的问题、切实加强高校语言文化建设、努力创建语言文字规范化示范校。

11月10日至13日,组织开展第九批北京市语言文字规范化示范校创建工作专题调研。听取了创建工作汇报,查阅示范创建工作档案,按照《北京市语言文字规范化示范校评价标准》规定的指标要素进行实地考察,并召开座谈会。12月31日,市教委、市语委联合发文,批准认定北京市东城区第六十五中学等61所学校为第九批北京市语言文字规范化示范校,完成北京市中小学语言文字规范化示范校创建工作任务。

2015年，全国共67，159人次参加普通话水平测试。截至2015年年底，北京市累计有65万人次参加了普通话水平测试。

组织第18届全国推广普通话宣传周活动。印制新版北京市语言文字工作导览图，受到广大市民欢迎。

二、加强语言文字基础建设

4月30日，北京语言文化数字博物馆建设项目开题会在北京语言大学举行。市语委办负责人对该项目的研发目标及质量提出了明确要求。来自市文物局、科大讯飞的专家分别从博物馆专业、信息技术专业方面提出了建设性意见。

8月，作为北京语言文化资源普查的阶段性成果，市语委办整理了《北京市语言类非物质文化遗产名录》。

10月26日，由北京语言文化建设促进会承担的市语委重大研发项目《面向基础教育和社会公众的规范汉字听说读写辅助训练系统（第一期）》验收鉴定会举行。专家组对项目开发成果给予高度评价，并对项目第二期的研发提出指导意见。

三、加强语言文字社会应用监督检查和服务

3月17日至20日，由北京市语委与北京市卫计委联合主办，北京语言文化建设促进会、北京语言产业研究中心承办的医疗机构语言服务规范培训班举办。来自北京市卫计委、中医局、医管局、三级医院、二级医院及区县卫计委（卫生局）的300余人参加。

11月24日至27日，由北京市语委与北京市公园管理中心联合主办，北京语言文化建设促进会、北京语言产业研究中心、北京市绿地公园协会承办的市公园旅游业语言服务规范培训会举办。来自北京市公园管理中心、各市属公园及区县园林绿化单位、市绿地公园协会会员单位的300余人参加。

9月29日，北京市语委办召集北京语言产业研究中心团队研讨推进若干行业语言文化建设标准和语言服务规范的研制工作，听取了研究团队前一阶段工作汇报，并安排了研究成果的培训转化事项。

四、提升国民语言文字应用能力

3月24日，北京市中小学生辩论俱乐部启动仪式在北师大附属实验中学举行。北

京市委常委、教育工委书记苟仲文出席，北京市委副秘书长郭广生、北京市教委委员李奕、市教科院院长方中雄、北京市西城区政协副主席沈桂芬等出席仪式。北京市各区县语委，基础教育、教研部门负责同志以及北师大附属实验中学师生共120余人参加。

与商务印书馆共同启动市民语言文化阅读活动，努力营造“多读书、读好书、好读书”的良好氛围。4月23日，中国教育报、北京市语委、商务印书馆共同主办“中国教育报2014年度推动读书十大人物揭晓仪式暨北京市阅读能力研究发展中心”成立大会。教育部、中国出版集团公司、北京市教委、北京市语委、中国教育学会、中国教育报有关领导、专家，全国各地的部分校长和教研员、教师参加活动。

为落实《京津冀语言文字事业协同发展战略协议》，于11月29日、12月12日、12月26日分别举办首届京津地区中学生辩论赛决赛、京津冀中小学生诵读演讲辩论赛、北京市中小学生系列辩论赛决赛。

五、弘扬传播中华优秀文化

组织开展“第三届《中国汉字听写大会》北京市选拔赛”，推动语词学习，提高母语情感和母语素养。5月14日至15日，经过两天的选拔，顺义区牛栏山一中实验学校、中国人民大学附属中学、密云三中的五名选手代表北京市参加第三届《中国汉字听写大会》全国总决赛。

7月12日，第三届中华吟诵周开幕式在首都师范大学体育馆举行。中宣部副部长王世明出席活动并讲话。来自大陆、台湾地区以及日本的吟诵专家和吟诵团进行表演。由北京市教委、市语委支持的中华吟诵周是集吟诵研究、教育、展演为一体的大型文化教育公益活动。

（撰稿：贺宏志、安晶晶）

天津市

天津市语言文字工作委员会（简称天津市语委）是天津市人民政府工作部门，市语委主任由主管教育的副市长担任。市语委成员单位由16区县、开发区、保税区，23个委办局、4个新闻媒体、6个学（协）会团体、3所大学等54个单位组成。天津市语委办公室（简称天津市语委办）是市语委的办事机构，设在市教委语言文字与民族教育处，其职责是负责全市语言文字工作的协调实施工作。天津市语委办人员编制为3人，区县语委办专兼职人员编制为36人。

一、推广普及国家通用语言文字

2015 年，天津市语委启动语言文字规范化示范街、示范乡镇创建工作。目前已完成自评、初评和申报工作。

天津市教委等九部门转发了《教育部等九部门关于开展第 18 届全国推广普通话宣传周活动的通知》，要求各单位、各部门做好推普周各项宣传工作。

围绕“依法推广普通话，提升国家软实力”的宣传主题，开展了投入少、效果好的推普宣传活动。一是印制近万张推普广告宣传画，发放到全市各有关单位和学校。二是组织各级广播电视新闻机构，在推普周期间的黄金时段和主要频道播放国家语委公益广告片 500 余次。三是编写《常见易错字词选编》，让更多人读准、用对、写对汉字。四是建立“普通话天津”微信平台，推送推普周公益广告和宣传片，以市教委机关和直属单位为主体开展语言文字竞赛活动，并将此项活动面向社会开放，让更多群众参与到推普活动中来。五是加大了农村地区推普工作力度，将推普宣传工作深入到乡镇。

按照《国家通用语言文字法》关于“国家机关以普通话和规范汉字为公务用语用字”的规定，开辟“每周一字词”推普专栏，为全市机关干部读准、写对、用对汉字提供服务。同时将此项工作推广到各区县教育行政部门及学校。截止到 2015 年年底，共推出 50 期推普专栏，受到广泛好评。

2015 年普通话培训测试 31,459 人，累计测试 345,794 人；汉语口语测试人数 4,472 人，累计测试 44,682 人；汉字书写水平测试 92 人，累计测试 11,216 人；汉字应用水平测试 3,441 人，累计测试 19,703 人。

天津市语委办委托语测中心，根据内地新疆高中班学生母语非汉语、国家通用语言应用不熟练的实际，对他们进行汉语口语培训测试和普通话水平等级培训测试工作，以提高内地新疆高中班学生普通话运用水平。这是天津市语委办将语言文字工作与民族教育工作相结合，为民族教育工作服务的创新之举。

二、提升国民语言文字应用能力

组织天津市干部、教师参加国家语委组织的专项培训。其中，6 人参加全国语委干部培训班，3 人参加全国语言文字督查工作培训班，1 人参加全国中青年学者培训班，3 人参加全国幼儿园骨干园长培训班，3 人参加全国中小学书法教师研修班培训，4

人参加全国中小学教师书法和规范汉字书写研修班培训，2 人参加全国高校书法教师研修培训班。

三、科学保护语言资源

按照教育部、国家语委 2015 年下发的《关于启动中国语言资源保护工程的通知》（教语信〔2015〕2 号）要求，经市政府批准，启动中国语言资源保护工程天津方言普查工作。目前，各项准备工作正在有序开展。

四、弘扬传播中华优秀文化

按照国家语委《关于开展第三届〈中国汉字听写大会〉参赛队伍选拔活动通知》（国语函〔2015〕2 号）要求，经选拔确定，由滨海新区组建参赛队伍，代表天津市参加 2015 年第三届《中国汉字听写大会》。经过激烈角逐，滨海新区大港第二中学辛美琪同学进入半决赛。

举办以"诵读经典，传承文化，敬业成才，圆梦中国"为主题的天津市首届"海河职韵"诵读竞赛活动。各高职院校积极组织初赛，25 所院校报送的近百项个人和集体作品进入复赛；22 项个人作品和 20 项集体作品入围决赛。天津城市职业学院、天津广播影视职业学院、天津艺术职业学院等参赛作品分别获得集体和个人一等奖。通过诵读竞赛活动，加强了中华优秀文化传统教育和革命传统教育，提升了师生的文化素养和道德素养，丰富了学生的校园文化生活。

组织参加由河北省语委办举办的首届师生规范汉字书写大会暨京津冀师生规范汉字书写展，报送作品 10 余幅；选派天津市代表队参加北京市举办的京津冀中小学生诵读、演讲和辩论赛活动。这些举措构建了跨区域语言文字工作的合作机制，推动了京津冀语言文字工作交流与合作向更高水平、更深层次、更宽领域发展。

（撰稿 焦罕珍 王长海）

河北省

河北省语言文字工作委员会（简称河北省语委）常设办公机构是河北省语委办公室（简称河北省语委办）、河北省教育厅语言文字工作处，为行政独立设置，专职人员 2

名、兼职人员1名。河北省语委主任由河北省人民政府副省长兼任，常务副主任由河北省委教工委副书记兼任，河北省语委办主任由省教育厅语言文字工作处处长兼任。河北省11个设区市、2个直管县级市以及各县（市、区）政府，均设立语言文字工作委员会。语委办设在同级教育行政部门。其中，7个设区市语委办独立设置，其他6个设区市及省直管县级市语委办均与教育局有关处室合署办公，合计专职干部21名，兼职干部15名。

一、推广普及国家通用语言文字

截至11月，河北省1个一类城市、10个二类城市、144个三类城市的语言文字工作评估全面完成，实现了国家语委要求的“普通话初步普及、汉字社会应用基本规范”的目标。通过评估，河北所有城市的语言文字工作都得到了极大推进，实现了两个提高：一是初步建立和完善了适应需要的工作机制，提高了管理水平；二是提高了全社会的语言文字规范意识和应用能力。

9月14至20日，围绕第18届全国推普周“依法推广普通话，提升国家软实力”的宣传主题，开展“双推月”活动。各设区市、省部属高校结合本地情况，开展了丰富多彩的第18届推普周重点宣传活动。邯郸市教育局、市语委举办了第18届全国推普周重点活动现场会；石家庄市教育局、市语委举办了第18届全国推普周重点活动暨国家通用语言文字法律法规知识竞赛。河北电视台和河北广播电视台于推普周期间，循环播出推普周宣传片。同时，利用微博、微信、手机报等新媒体对法律法规进行宣传，收到了良好的效果。

坚持依法测试，加大大中专院校及职业学校学生全员普通话水平测试工作力度。

2015年，全省参加普通话水平测试人次达到38.5万，其中教师0.46万人次，学生36.19万人次，公务员0.53万人次，窗口行业0.17万人次，社会人员1.12万人次，播音主持0.03万人次。全年累计复审2.95万人次。

完成普通话水平测试语音样本采集。从全省海量测试录音数据中挑选出600个一级乙等、200个二级甲等的录音并及时上报国家测试中心。

4月至8月，选派8名优秀测试员分三批到香港教育学院和香港树仁大学协助国家测试中心开展普通话水平测试，累计测试近500人次。

二、促进语言文字事业区域协同发展

开启京津冀语言文字工作协同发展。6月4日，召开京津冀语言文字工作协同发展座谈会，北京市、天津市、河北省语委负责同志签订了《京津冀语言文字事业协同发展战略协议书》。教育部语言文字应用管理司司长姚喜双出席会议和签字仪式，会议由中共河北省委教育工委副书记、省语委副主任韩俊兰主持。战略协议的签订，将促进京津冀三地文化交流、人文交流和经验交流，进一步提升京津冀语言文字区域竞争力、创新力，对助力区域协同发展起到积极的推动作用。

举办京津冀师生规范汉字书写作品展。9月26日，河北省首届师生规范汉字书写大会暨京津冀师生规范汉字书写作品展览举行。教育部语言文字应用管理司司长姚喜双出席开幕式。此次作品展特别邀请了北京、天津的师生代表参加，这是《京津冀语言文字事业协同发展战略协议书》签订后三地加强语言文字展览协作与共享的开端。

启动京津冀语言文字事业协同发展综合调研——长城文化带调研。12月，京津冀语言文字事业协同发展综合调研正式启动。本次调研是综合调研的第一期，包括对崇礼县、涞源县、滦平县、迁西县、山海关区等长城周边5县（区）语言文字现状及发展情况进行研究，为京津冀语言文字事业协同发展政策调整提供理论依据和借鉴，为京津冀协同发展提供科学的理论支撑。

三、提高国民语言文字应用能力

举办第46期省级普通话水平测试员培训班，参加培训的学员来自25所省部属院校、9个设区市及广电系统，共计148名，有144人取得了省级测试员资格证书。完成普通话水平测试员的提高培训和考核工作，共组织30批次培训，2,700名测试员参加了提高培训，2,638人考核合格。选派8名优秀省级普通话水平测试员参加第55期、第56期国家级普通话水平测试员培训班。

输送骨干人员参加全国培训。遴选语委管理干部、高校语委主任、中小学骨干校长和幼儿园园长、诵读教育骨干教师、高校和中小学书法骨干教师等人员，共计70余人次参加了国家培训，进一步提升了河北省语委管理干部和学校教师的语言文字素质。

四、弘扬传播中华优秀文化

选拔第三届《中国汉字听写大会》河北省参赛队。5 月 10 日，11 个设区市及定州、辛集市选拔出的 13 个代表队参加省级选拔赛，最终评选出团体一等奖 1 个、团体二等奖 2 个、团体三等奖 3 个以及指导教师奖和优秀组织奖。选拔出沧州市代表队代表河北省参加全国决赛。

五、科学保护语言资源

中国语言资源有声数据库河北库建设试点预验收工作圆满完成。7 月 7 日，中国语言资源有声数据库河北库建设试点预验收工作在唐山师范学院举行。专家组查看了方言调查的摄录现场和纸版材料，与发音人代表进行了交流。教育部语言文字信息管理司司长张浩明出席预验收工作会议并作重要讲话，试点工作为今后在河北省开展语言资源保护工作打下了良好的基础，对保护河北地区的方言和文化具有特殊意义，对方言学科的建设和方言人才队伍的培养也具有重要意义。

中国语言资源保护工程河北汉语方言调查项目正式启动。结合河北省中国语言资源有声数据调查试点情况和河北方言分区实际，确定河北汉语方言调查项目调查点 10 个，分别是：魏县、平山县、平泉县、满城县、巨鹿县、乐亭县、献县、无极县、昌黎县、北戴河区。

六、加强语言文字科学研究

河北省教育厅批准了 19 项语言文字专项科研项目。这些科研项目对河北省语言文字科学研究及政策调整等起到积极的推动作用，对河北省语言文字事业的健康发展起到保障作用。

（撰稿 王晖 许敬辉）

山西省

山西省语言文字工作委员会（简称山西省语委）是省政府议事协调机构，省政府分管教育工作的副省长担任主任，省委、省政府有关部门及省军区分管领导担任委员。山西省语委办公室（简称山西省语委办）设在省教育厅，与省语言文字工作处合署办公，公务员编制3人。

全省11个省辖市、119个县（区、市）政府均设立语言文字工作委员会，语委办设在同级教育行政部门。其中，4个省辖市语委办独立设置，其他7个省辖市语委办以及各县（区、市）语委办均与教育局有关处室合署办公。

山西语言文字培训测试中心隶属于省教育厅，事业编制11人；专家咨询组是参谋咨询机构，由本省语言文字研究和教学、播音主持、书法教育等方面的21位专家学者组成。

一、推广普及国家通用语言文字

以语言文字规范化示范校创建和规范汉字书写教育特色校建设为抓手和标志的学校语言文字工作取得新进展。申报省级语言文字规范化示范校的学校有67所，认定其中54所达到省级语言文字规范化示范校（园）标准，包括9所中学、40所小学、5所幼儿园；申报省级规范汉字书写教育特色校的学校有62所，认定其中59所达到省级规范汉字书写教育特色校标准，包括8所中学、51所小学。

三类城市语言文字工作评估取得新突破。把忻州市、大同市、吕梁市、临汾市、运城市、长治市剩下的三类城市达标作为重点工作之一，与各市签订《目标责任书》，并利用会议、活动、调研等各种机会反复宣讲督促。截至2015年年底，忻州市宁武，吕梁市孝义、汾阳，临汾市乡宁、侯马、曲沃，大同市南郊、新荣、灵丘，运城市稷山县等通过了三类城市达标验收。

山西省语委办组织部分专家和市、县语委办干部研究制定了《山西省乡镇（街道）语言文字规范化工作评估指标体系（试行）》，明确了乡镇语言文字工作的总体目标和工作要求。

普通话培训测试健康有序开展。2015年，全省共测试172,394人，其中教师5,948人、学生158,486人、公务员1,056人，新闻播音及节目主持人40人，服务行业人员6,864人。

二、提升国民语言文字应用能力

山西省先后选派6名中小学书法教师、6名市（高校）语委干部、12名贫困地区语文教师、1名高校语言文字应用科研骨干参加国家语委举办的国家级培训，为山西省语言文字工作培养储备骨干力量。

由县、市、省三级择优选拔参加全国第三届《中国汉字听写大会》选手。全省共有706所学校的133,156人参加。山西省语委办于4月下旬和5月上旬分别进行半决赛和决赛，最终选出运城东康中学、山西省实验中学、太原师院附中的5名学生组成山西代表队参加全国总决赛。最终运城东康中学的3位同学携手进入全国十二强。

9月，山西省语委办与省书协共同举办首届中小学书法教师培训班，120人参加了培训。为改变基础教育书法教师数量短缺、功底薄弱的现状和今后书法进学校、进课堂奠定良好基础，深受广大书法教师和学校的好评。

全省小学师生规范汉字大赛活动圆满成功。活动时间为2014年9月至2015年6月，历时十个月，共有26万人参加。辅导和竞赛内容突出了规范性、知识性、针对性、趣味性，受到全省小学广大师生欢迎。

经山西省语委组织推荐，山西省社会科学院语言研究所“《字课图说》与儿童识字教育、现代学习字典编纂研究”获得了国家语委的科研立项。

三、科学保护语言资源

2015年年初，山西省教育厅、山西省语委向教育部中国语言资源保护中心申请参加中国语言资源保护工程项目研究获得批准，组建了以山西大学语言研究所所长、长江学者为首席专家的调查团队，确定了太原市小店区，大同市大同县、广灵县，晋中市太谷县、平遥县，吕梁市柳林县、孝义市，长治市平顺县、长子县，临汾市尧都区等10个县区为2015年完成方言有声资源调查工作的县区。一年来，按照中国语言资源保护中心的统一规范和要求，调查团队在各市县区的支持和帮助下，精心选择老、中、青不同年龄段的男女发音人，对当地方言、有地方特色的普通话、部分口头文化进行了声像摄录和音标标注。项目于年底圆满完成，并通过了中国语言资源保护中心专家组验收。

（撰稿：王为民、张仁）

内蒙古自治区

内蒙古自治区汉语言文字工作由内蒙古自治区（简称自治区）教育厅主管，蒙古语言文字工作由自治区民族事务委员会主管。自治区汉语言文字工作实行各级政府负总责，教育行政部门主管、汉语言文字工作委员会各成员单位分工负责的管理和监督机制。2002年建立自治区汉语言文字工作委员会(简称自治区汉语委)工作制度,委员会由自治区26个行政、事业和社会团体单位组成。委员会主任由自治区政府分管副主席担任,政府分管副秘书长和教育厅厅长、分管副厅长为副主任,自治区汉语委办公室(简称自治区汉语委办)设在自治区教育厅,与自治区教育厅汉语言文字应用管理处合署办公,负责全区汉语言文字工作的日常管理和协调工作。内蒙古自治区教育厅于2000年成立汉语言文字应用管理处,人员编制3人。全区12个盟市教育行政部门全部设有汉语言文字管理机构。其中3个盟市(赤峰市、鄂尔多斯市、锡林郭勒盟)设置独立行政科室,其余9个盟市与其他行政科室合署办公(大多与人事、师资科合署办公)。

2015年,全区7万余人次接受普通话水平培训测试。累计106余万人次接受了普通话水平培训测试,在教育部经费的支持下,举办3期少数民族学校双语教师普通话水平培训,对全区350名民族学校(幼儿园)双语教师的普通话水平进行业务培训。截至2015年年底,完成1个国家一类城市和13个二类城市达标评估,全区81个三类城市中已有46个接受了盟市汉语委的评估验收;创建国家级语言文字规范化示范(特色)校34所、自治区级示范校145所。中华经典诵读活动在全区各地、各级各类学校全面展开。

一、推广普及国家通用语言文字

(一)自治区级示范校评估活动

修订完善《自治区级汉语言文字规范化示范校评估标准》,使标准体系更加全面、易操作。高校标准重点强化师生语言文字基本功训练,提高语言文字应用能力,积淀丰富语言文字文化素养,增强其文化自信、能力自信,为提高学生综合素质打基础;中小学标准重点抓"日常"、抓"基础"指标设计,强调常规渗透,避免指标流于形式,强调养成教育、传承和沉淀。11月,自治区汉语委、教育厅组建评估组开展了第五批自治区级示范校评估验收活动,认定自治区级示范校39所。

(二)城市语言文字工作评估

加大指导力度,有序推进三类城市评估工作。指导各盟市按"早启动、稳推进"的原则,将城市语言文字规范化工作作为加强城市管理、树立城市形象、提高市民素质的重要内容,列入政府议事日程,制定本地三类城市评估指标体系和时间表、路线图,有力地推进了三类城市达标评估工作。在推进城市评估工作中,各地坚持"重在建设、重在过程、重在实效”的原则，从当地实际出发，注重营造浓厚的氛围，广泛动员，争取社会各行各业的支持形成合力，将城市评估工作有机融入当地中心工作，取得了积极的成效。

2015 年，22 个三类城市接受了盟市的评估验收。乌兰察布市、锡林郭勒盟两个盟市率先全面完成三类城市的达标评估工作。鄂尔多斯市已完成三类城市评估工作的东胜区、鄂托克旗、准格尔旗启动“区域汉语言文字达标评估”试点工作，为进一步巩固城市评估成果积累了经验。

(三)语言文字工作督导检查

认真贯彻落实国务院督导委员会办公室《语言文字工作督导评估暂行办法》，将语言文字规范化工作纳入自治区教育领域重要指标和任务专项督导体系，与其他教育领域工作同部署、同检查督导；印发《关于开展全区公共场所和新闻媒体单位国家通用语言文字专项检查的通知》，指导各地进一步依法规范重点领域汉语言文字工作；完成教育部“少数民族地区教师普通话使用情况调研”项目在内蒙古自治区的调研工作；加大普通话培训测试机构检查力度，对全区普通话水平培训测试机构进行检查评估，对测试机构、测试员、测试考务工作等进一步明确了规范要求，进一步规范了培训测试工作。

二、弘扬传播中华优秀文化

8 月 25 日至 26 日，在呼和浩特举办内蒙古自治区第三届民族学校蒙汉两种语言文字诵读中华经典比赛总赛区决赛。来自全区各盟市、部分高校 117 名选手参加诵读决赛，320 余份作品进入书写决赛。

这是内蒙古自治区贯彻落实党的十八大提出的“建设优秀传统文化传承体系，弘扬中华优秀传统文化”，以及全面落实《中共中央、国务院关于加强和改进新形势下民族工作的意见》关于“推广国家通用语言文字，确保少数民族学生基本掌握和使用国家通用语言文字，不断提高少数民族语言文字教育水平”要求的重要举措，是内蒙古自治区全面实施素质教育的需要，也是全区各级各类民族学校贯彻落实《内蒙古自治区蒙古语言文字工作条例》和《国家通用语言文字法》，大力宣传民族语言文字政策和国家通用语言文字政策，进一步促进蒙古语言文字的繁荣发展和国家通用语言文字的推广普及，弘扬中华民族优秀传统文化，加强民族团结教育，提高全区民族学校师生运用蒙汉两种语言文字能力的一项重要措施。

比赛每两年开展一次。为扩大参与面，历届比赛都采取从班到校、旗县、盟市、自治区层层组织的形式，逐级选拔，并设小学生组、初中生组、高中生组、中小学教师组、高校学生组、高校教师组等 6 个组别。此项活动进一步增强了广大民族学校师生规范使用国家通用语言文字和蒙古语言文字的意识，使其从不同文化经典中汲取营养，提高了对两种语言文字的应用能力。

5 月，组织开展全区第三届《中国汉字听写大会》选拔比赛，来自各盟市的 16 支初中学校代表队的 96 名选手和 36 名教师参加。通过评比，推荐包钢三中、通辽奈曼旗三中、满洲里市五中的 5 名选手代表自治区参加第三届《中国汉字听写大会》。自治区比赛实况于 6 月初在内蒙古广播电视台文体娱乐频道黄金时段播出。

8 月至 9 月，自治区汉语委、教育厅与内蒙古广播电视台共同组织开展全区大中小学校纪念中国人民抗日战争暨世界反法西斯战争胜利 70 周年诵读比赛活动。全区 12 个盟市、77 所大中小学校的 260 余名师生参加了决赛。比赛分小学组、初中组、中等职业学校组、普通高中组、专科院校组、本科院校组、教师组等 7 个组别，共评选出一等奖 7 个、二等奖 14 个、优秀组织奖 6 个。9 月 1 日至 6 日，内蒙古广播电视台文体娱乐频道播出了决赛实况。

（撰稿：杨冬梅、李立柱）

辽宁省

辽宁省语言文字工作委员会（简称辽宁省语委）是经省政府批准成立的省级议事协调机构，省政府分管教育工作的副省长担任主任，省直有关部门及省军区政治部等单位作为委员会成员单位。省语委主要职责是贯彻执行国家关于语言文字工作的方针、政策和法规，拟定语言文字工作规划和实施办法，指导和检查语言文字应用情况，指导推广普通话及测试工作，指导少数民族语言文字规范化工作。

辽宁省语委办公室（简称辽宁省语委办）承担辽宁省语委的日常工作，设在教育厅义务教育处，现有语委办主任 1 人、副主任 1 人、语委专干（科员）1 人，均是公务员编制。全省 14 个省辖市，8 个市语委办设在同级教育行政部门，6 个市语委办设在教师进修学院。全省 100 个县（区、市）政府均有语言文字工作人员。

辽宁省语言文字应用中心为省事业单位，业务主管单位为辽宁省教育厅，主要负责普通话测试等工作。

一、推广普及国家通用语言文字

以“依法推广普通话，提升国家软实力”为主题，辽宁省积极组织开展推普周活动。印制宣传海报 3,000 余份，通过部门联动、文艺汇演、特色发展等多种形式和途径加大普通话宣传力度，起到了较好的效果。先后在朝阳市喀左县和大连庄河市鞍子山乡中心小学举办全省推普周启动仪式，并在《辽宁日报》刊发推普周专版。

开展辽宁省第六批语言文字规范化示范校和辽宁省第三批规范汉字书写教育特色学校创建评估工作。截至 2015 年年底，全省共有 155 所中小学参与创建工作并获得称号，整体评估结果良好，推动了学校语言文字工作的开展。

二、弘扬传播中华优秀文化

组织开展第三届《中国汉字听写大会》辽宁参赛队伍选拔活动，评选出沈阳七中代表辽宁省参加比赛，1 名同学进入决赛。

开展辽宁省第二届中小学语言文字应用能力集中展示活动。经过层层选拔，共有 84 名中小学生进入省级决赛，评选出小学组一等奖 6 名、二等奖 16 名、三等奖 6 名，初中组一等奖 6 名、二等奖 16 名、三等奖 6 名，高中组一等奖 6 名、二等奖 15 名、三等奖 7 名(以上各组别奖项含诵读和演讲两项展示活动)。

举办辽宁省首届大学生普通话主题演讲比赛。全省共有 51 所高校参加，102 名大学生参与省级活动，很好地展示了大学生风采。评选出一等奖 5 名、二等奖 15 名、三等奖 32 名以及“优秀指导教师”奖，其中渤海大学、沈阳师范大学、辽宁师范大学包揽前五名并获“优秀组织单位”奖。

三、加强语言文字干部队伍建设

举办 1 期各市语委干部管理培训班和 2 期中小学校校长语言文字应用能力提升培训班，共 300 多人参加学习。

(撰稿：宋升勇、辛海春)

吉林省

吉林省语言文字工作委员会(简称吉林省语委)是省政府议事协调机构,省政府分管教育工作的副省长担任主任,省政府分管教育副秘书长、省教育厅主要领导和主管领导、省委宣传部主管领导担任副主任,省委和省政府其他有关部门、省军区政治部、团省委、省社科院、吉林日报社、吉林大学和东北师范大学等单位分管领导担任委员。吉林省语委办公室(简称吉林省语委办)设在省教育厅,与省教育厅教师工作处合署办公,公务员编制,专职人员1名。全省9个地区和长白山管委会以及各县(区、市)均设立语言文字工作委员会,8市(州)语委办设在同级教育行政部门,与教育局有关处室合署办公,1个市语委办设在直属事业单位,与市教育考试院合署办公。各县(区、市)语言文字工作部门多设在教师进修学校。

吉林省普通话培训测试中心在吉林省语委办和国家测试机构指导下,对全省普通话水平测试业务工作进行指导,组织实施测试,对测试质量进行监督和检查,开展测试科学研究和业务培训。

一、推广普及国家通用语言文字

6月4日,吉林省教育厅、省语委下发《关于全面推进学校语言文字规范化建设的意见》。意见中对正确认识学校语言文字规范化建设的意义、学校语言文字规范化建设的目标和主要内容以及推进学校语言文字规范化建设的保障措施等提出了明确要求,为全省学校开展语言文字规范化建设指明了方向。

10月13日至15日,吉林省语委副主任、省教育厅副厅长潘永兴率领省语委城市语言文字工作评估组,对松原市进行了国家二类城市语言文字工作评估检查。吉林省人大教科文卫委员会有关负责同志参加了评估检查,教育部语言文字应用管理司副司长彭兴颀率国家语委观察组一行3人对评估检查工作进行了指导,吉林省其他市(州)和松原市所辖县(区、市)的语言文字负责领导和语委办干部参加了评估观摩。松原市是吉林省第一个通过评估验收的二类城市。以此为契机,全省其他地区也启动了迎接城市语言文字工作评估准备工作。

二、弘扬传播中华优秀文化

5月10日,吉林省语委办与《中国汉字听写大会》节目组在长春市联合开展第三届《中国汉字听写大会》吉林省参赛队伍的选拔工作。大会选出5名学生代表吉林省参加第三届《中国汉字听写大会》。

9月16日至18日，吉林省教育厅、吉林省语委举办第14届吉林省高等学校学生语言文字基本功比赛。全省共有43所高校128名大学生参加了比赛。比赛按师范类甲乙组和非师范类甲乙组进行。大学生充分展示了在语言文字规范知识应用、汉字词语识别、诗文朗读和硬笔字书写等方面的能力和水平。根据比赛成绩最终评选出各组团体和个人一、二、三等奖。

三、加强语言文字干部队伍建设

7月10日，吉林省语委办与省普通话培训测试中心联合举办以"全面推进学校语言文字规范化建设"为主要内容的全省语言文字干部培训班，全省各地区和高校共150名干部参加了此次培训。

（撰稿：苏佩衡、杨立兴）

黑龙江省

黑龙江省语言文字工作委员会（简称黑龙江省语委）多年来一直依法有序开展工作，机构设置相对稳定。省级机构现有专职工作人员3人，其中黑龙江省教育厅语工处1人、黑龙江省语委办公室（简称黑龙江省语委办）2人；省辖13个市（地）、2个直管县（市），语言文字工作机构均设在当地教育局，其中行政独立设置3个、合署办公12个，专兼职工作人员合计36人。

一、推广普及国家通用语言文字

（一）组织开展推普周宣传活动

制定推普周活动方案，并与相关部门联合印发文件。确定哈尔滨市为本届推普周重点宣传城市，并在推普周期间派出工作组，巡察各地推普周活动开展情况。开展全省红色经典诵读活动并进行优秀组织奖评选。印制推普周宣传画1,500余份，向各地及相关高等院校免费发放。全省各市（地）语委机构与当地有关部门积极协调，成立相应的领导机构，制定活动方案，在借鉴以往工作经验和做法的基础上，开展了丰富多彩的宣传活动。

（二）启动“推普下乡”公益活动

以组织专家亲赴农村学校提供免费培训的方式，提高农村中小学教师的普通话水平和语言文字应用能力。

10月26日至28日，“推普下乡”公益活动正式启动。由黑龙江省语委语言文字应用研究室主任率领的专家巡讲组走进绥化市的安达市火石山乡中心校、东城小学和肇东市的姜家镇中心校，宣讲国家语言文字法律法规和规范标准，为教师开展“如何提高普通话水平”“普通话培训测试”“语言文字能力与语文教学”等专题讲座，1,500余名省级普通话测试员、学生、教研员、语文骨干教师聆听了讲座。绥化市教育局党委副书记、语委办主任及安达、肇东两地教育局有关负责人全程参与了活动。11月27日，“推普下乡”第二批专家组赴哈尔滨市巴彦县育新小学开展宣讲、培训活动。

二、加强语言文字基础建设

（一）召开省属高等院校语言文字工作座谈会

5月7日，黑龙江省教育厅、黑龙江省语委召开部分省属高等院校语言文字工作座谈会，来自黑龙江15所普通高校的语言文字工作负责人参加会议。会议就高校学习宣传、贯彻落实国家语言文字法律法规、方针政策和规范标准情况，语言文字工作机构设置情况，“大学语文”课及类似的语文能力培养与提高的课程设置、开展情况等方面问题进行了交流讨论。黑龙江省教育厅副厅长、黑龙江省语委副主任到会并讲话。

（二）研制旅游景区语言文字规范化标准

2015年，启动并完成《黑龙江省国家级旅游景区语言文字规范化建设指导标准（讨论稿）》研制起草工作。在征求各市（地）语委办意见的基础上，于12月18日召开《黑龙江省国家级旅游景区语言文字规范化建设指导标准》研制讨论会。省旅游局、哈尔滨太阳岛风景区、黑龙江大学、黑龙江旅游职业技术学院、哈尔滨市语委办等单位专家参加讨论会，与会人员对“标准”各项的科学性、适用性等进行研讨并提出修改意见。

(三)开展区域语言文字工作调研

开展区域语言文字工作调研。相继开展了“边境口岸语言文字使用情况调研”(黑河口岸)和“城市街道用字情况调研”(七台河市、肇东市、泰康县等)。

组织开展“2015 国家语委科研项目”筛选、申报工作。黑龙江省语委推荐的“黑龙江省境内的汉语方言岛现状调查与研究”课题,被国家语委批准为“2015 国家语委重点科研项目”。

组织开展“少数民族地区中小学教师普通话使用情况调查”。根据国家语委统一部署,黑龙江省杜尔伯特蒙古族自治县被纳入全国调查范围。10 月,上报申报课题表、工作方案;12 月中旬,组织调研人员培训,并完成首批以县区内学校为主的教师普通话状况调查。

三、提升国民语言文字应用能力

自 2015 年起,黑龙江省教育厅、黑龙江省语委在全省分期分批地开展了“中小学教师国家通用语言文字能力提高巡回培训”工作。11 月 9 日至 11 日和 12 月 1 日至 3 日,巡回培训分别在鹤岗市和哈尔滨市举行。培训内容包括国家语言文字规范标准解读、规范汉字书写能力提高、普通话水平提高、语言文字能力与语文教学四个专题讲座,培训对象为两市所辖各区、县在岗的中小学语文教研员、语文教师、写字(书法)课专任教师等。巡回培训参照“中小学教师国家级培训计划”开展,两期共培训 80 名骨干教师。

四、弘扬传播中华优秀文化

(一)组织第三届《中国汉字听写大会》黑龙江省赛区参赛队伍选拔工作

黑龙江省教育厅、黑龙江省语委联合下发《关于开展第三届〈中国汉字听写大会〉黑龙江省赛区参赛队伍选拔工作的通知》(黑教联〔2015〕9 号)文件,各地结合本地实际情况,逐级认真地进行了选拔、推荐工作,共有 15 支代表队、90 名选手晋级。5 月 16 日至 17 日在哈尔滨举办的省级冠军赛上,大庆市代表队、七台河市代表队、伊春市代表队分获团体冠、亚、季军;分获个人冠、亚、季军的选手和其他 2 名选手代表黑龙江省参加了全国总决赛,并在全国总决赛中成功晋级半决赛。

(二)组织开展纪念抗战胜利70周年红色经典诵读活动

9月18日,由黑龙江省委宣传部、黑龙江省语委、黑龙江省教育厅等联合主办的"勿忘国耻、珍爱和平——纪念中国人民抗日战争胜利暨世界反法西斯战争胜利70周年红色经典诵读活动"在哈尔滨市侵华日军第731部队罪证陈列馆前隆重举行。黑龙江省语委副主任孟广智主持纪念活动仪式,黑龙江省教育厅副厅长、黑龙江省语委副主任牧童到会讲话,哈尔滨市教育局副局长、黑龙江市语委副主任出席纪念活动并致词;参加活动的还有中共黑龙江省委、哈尔滨市委、平房区委宣传部的相关同志以及教师、学生代表、新闻媒体和社会各界人士。本次活动被纳入由东北三省省委、省政府联合主办的"东北三省'勿忘九一八'撞钟鸣警仪式"联动纪念活动中,省市各大媒体及中央电视台《新闻联播》、中文国际频道、教育频道均对活动进行了报道。

(三)继续开展黑龙江省"书法名家进校园"活动

11月27日,由黑龙江省语委牵头组织的"书法名家进校园"活动走进巴彦县育新小学,活动分为"百名师生现场书写""专家现场点评与指导""专家与师生的答疑解惑互动交流""规范汉字书写(书法)专题讲座"四个板块。受到当地教育局、学校和师生的一致欢迎。

(撰稿:金阳、安红岩)

上海市

上海市语言文字工作委员会(简称上海市语委)是上海市政府议事协调机构,成员单位包括市级委办局、行业系统单位、区县政府等共65个。主要职责包括:编制、组织实施上海市行政区域内国家通用语言文字工作规划,协调、指导、监督上海市各部门、各行业的语言文字工作,组织语言文字规范化宣传教育活动,指导普通话和规范汉字应用的培训和水平测试,推进国家通用语言文字应用研究。

上海市语委办公室(简称上海市语委办)是上海市语委的日常办事机构,和上海市教委语言文字管理处合署办公,现设编制4人。

一、推广普及国家通用语言文字

(一)开展语言文字水平测试

组织华东师范大学等 21 所高校和黄浦区等 17 个区县的 12,646 名教师开展汉字应用水平的培训和测试工作。

全年共组织普通话水平测试 337 场,共计测试 154,821 人。其中,高校、中职校的免费测试工作稳步实施,共组织测试 287 场,报名 147,122 人,实际测试 135,643 人,参测率 92.2%。完成 19,149 名社会人员的普通话水平测试。

(二)开展语言文字执法调研

9 月 29 日,上海市语委、上海市教委联合上海市人大教科文卫委开展语言文字法律法规贯彻实施工作的执法调研活动。活动旨在进一步推广和规范使用国家通用语言文字,推动区县、行业系统健全完善语言文字依法管理的体制机制,提升社会语言文字应用的规范化水平。上海市人大教科文卫委副主任委员张辰,上海市语委、上海市教委副主任袁雯,部分市人大代表,市工商局、市城管执法局以及有关部门负责人等参加了执法调研活动。调研组实地察看了黄浦区新世界商厦、新世界大丸百货以及南京路沿街商店的招牌、设施等用字情况,视察了上海市文化广播影视监测中心,并就社会用语用字监管工作进行了专题研讨,积极探索监管语言文字规范使用的有效途径。

二、科学保护语言资源

(一)上海地方语言资源有声数据库建设通过国家验收

上海作为"中国语言资源有声数据库"建设首批试点省市之一,上海市语委在完成全部 12 个调查点的声像数据采录记写和整理分析的基础上,于 2015 年年初将所有数据上报教育部语言文字信息管理司进行预审。4 月 13 日,"中国语言资源有声数据库"上海库建设项目通过评审验收。

(二)开展上海地方语言文化进校园试点活动

上海市语委试点开展"上海地方语言文化进校园"活动。组织上海沪剧院、上海滑稽剧团、上海人民滑稽剧团的专家进行地方曲艺展演，与师生交流互动，并开展地方语言文化系列讲座。

浦东新区语委办开展本区中小学师生上海方言使用现状调查，对部分教师进行上海话培训，组织近600名学生参加童谣传唱比赛，汇集整理方言学习资料，并组织区级展示活动。

徐汇区语委办开展“我爱上海”徐汇区学生沪语能力比赛、上海地方语言文化特色项目评比等活动，指导本区近半数小学和幼儿园开设方言类的拓展型课程或活动项目。

上海师范大学加强上海文化与上海语言文化的课程建设，成立大学生海派文化社团，举办上海方言文化专题讲座和研讨活动。

上海商学院开设30学时的“上海方言与文化”课程，邀请沪语专家参与授课；在上海商学院语言文字网建设“上海方言文化”板块；组织2015级全体新生开展“感知上海、热爱上海”系列活动，领略上海海派文化风貌。

（三）推进幼儿园试点上海话体验活动

依托上海市语言文字工作者协会，对24所试点幼儿园进行现场调研。总结各试点幼儿园开展上海话体验活动的经验，选编优秀活动方案结集出版，为下一步推广试点经验、有效指导语言工作打下基础。

三、提升国民语言文字应用能力

（一）开展教师语言能力培训

将教师语言能力的提升纳入上海市教师培训市级共享课程。上海市语言文字水平测试中心为中小幼教师在职进修开设“上海话与海派文化”“汉字应用能力”市级共享课程，培训教师248人，并为高校、区县的语委干部、一线教师、办公室文秘工作人员等开设语言能力提升与语言文化传承的系列培训班。

（二）举办上海市首届高校语文教学比赛

上海市首届高校语文教学比赛旨在提升高校语文教师的教学能力和业务水平，切实增强高校语文教育质量。比赛由上海市教委主办、上海高校语文教育联盟承办、华东政法大学协办。比赛分初赛、决赛两个阶段。初赛在7月举行，共有29所高校51位教师参赛，专家根据参赛选手报送的视频录像、教案设计、教学大纲及教学反思等材料，综合评审参赛选手在教学内容、教学组织、教学特色及语言教态等方面的情况，选出进入决赛的选手。9月19日，决赛暨总结展示活动在华东政法大学松江校区进行，21名教师进入决赛。教育部语言文字应用管理司司长姚喜双，上海市教育委员会副主任陆靖，华东政法大学校长叶青、副校长刘晓红，东华大学副校长邱高等有关单位的负责同志，上海高校语文教育联盟常务理事单位代表，参赛选手所在高校有关部门负责人及学生代表等近200人参加了决赛暨总结展示活动。

(三)开展语言文字工作评选表扬活动

发布《关于表扬上海市语言文字工作先进集体和先进个人工作的通知》(沪语委〔2015〕5号)，开展2015年语言文字工作评选表扬活动。本次评选表扬工作注重宣传发动，各单位积极申报先进典型，营造了创先争优的良好氛围，确保了评选工作的圆满完成。经申报、评审、公示，评选出上海市语言文字工作先进集体49个、语言文字工作先进个人49名。

四、弘扬传播中华优秀文化

(一)推进中华经典诵读行动

开展以“读懂中国，传承经典”为主题的校园文化传承系列活动，活动内容包括中小学生“墨香书法展示”和“高校师生楹联创作书写展示”等。各区县和高校在广泛开展初赛的基础上，选送500余幅优秀作品参加市级复评，数万师生通过书写汉字的形式，领略了中华文化的博大精深，提高了人文素养。同时，在教师节期间，组织书法家和优秀获奖选手开展优秀书法作品展示活动，并将优秀书法作品编印成《书怀咏志，墨香载道——“读懂中国，传承经典”系列活动优秀作品集》，进一步展示汉字魅力。

(二)承办《中国诗词大会》选拔研讨活动

根据国家语委的要求，承办了《中国诗词大会》选拔研讨活动，活动由节目选拔和专家研讨两个部分组成。组织500名大中小学生参与节目录制，经笔试和面试选拔，上海市10余名师生获得了中央电视台《中国诗词大会》的参赛资格。《中国诗词大会》

专家研讨会通过全国30余名专家的充分研讨，为节目的进一步完善和呈现提供了很好的理论支撑和智力支持。

（三）开展第三届《中国汉字听写大会》选拔和培训工作

开展全市参赛队伍选拔活动。经过区县选拔和市级选拔初赛、复赛和决赛等环节，最终选拔出5名优秀选手代表上海参加第三届《中国汉字听写大会》。为增强参赛学生的汉字听写能力，组织国家和上海知名语言文字专家开展集中专题培训和全真模拟听写活动，经过参赛队员奋力拼搏，共有3名选手进入半决赛。

（撰稿：马晓华）

江苏省

江苏省语言文字工作委员会（简称江苏省语委）是省政府议事协调机构，省政府分管教育工作的副省长担任主任，省委、省政府有关部门及省军区分管领导担任委员。江苏省语委办公室（简称江苏省语委办）设在省教育厅，与语言文字工作处合署办公，公务员编制3人。

全省13个省辖市以及各县（区、市）政府均设立语言文字工作委员会，语委办设在同级教育行政部门。其中，3个省辖市语委办独立设置，其他省辖市以及各县（区、市）语委办均与教育局有关处室合署办公。

江苏省语言文字应用学会为省社会团体法人，业务主管单位为江苏省教育厅。经江苏省语委批准，江苏省语言文字应用学会代行省级普通话水平测试机构职责，在江苏省语委及其办公室的行政管理和国家测试机构的业务指导下，对全省普通话水平测试业务工作进行指导，组织实施测试，对测试质量进行监督和检查，开展测试科学研究和业务培训。

一、推广普及国家通用语言文字

（一）语言文字工作督导评估

承担教育部语言文字应用管理司下达的语言文字工作督导评估课题研究。在广泛调查、深入研究的基础上，报送了《语言文字工作督导评估暂行办法》（送审稿）。在此基础上，8 月 13 日，国务院教育督导委员会办公室发出《关于印发〈语言文字工作督导评估暂行办法〉的通知》（国教督办〔2015〕5 号）。

承办全国语言文字工作督查会议和首期语言文字督导工作培训班。江苏省教育厅和南通市教育局负责人在督查会议上分别作大会交流发言。12 月，江苏省语委办负责人应邀赴广西师范大学，为全国第二期语言文字督导工作培训班学员讲解《语言文字工作督导评估暂行办法》。

（二）县域国家通用语言文字推广普及

10 月，印发《江苏省县域国家通用语言文字普及情况监测指标体系（试行）》（苏语〔2016〕2 号）、《江苏省县域国家通用语言文字普及情况试点监测操作办法》（苏语办〔2016〕2 号）。该指标体系由 4 个一级指标、14 个二级指标、30 个监测内容组成。其中，4 个一级指标分别是：法律法规知晓度、普通话普及度、社会用字规范度、语言生活和谐度。要求坚持客观性、规范性、引导性原则，遵循语言文字发展规律，抓住重点领域，监测与指导并重，以测促推，切实推动县域国家通用语言文字普及工作。

9 月 14 日，江苏省语委在南京举行第 18 届全国推广普通话宣传周江苏系列活动开幕式，召开全省深入推广国家通用语言文字视频会，江苏省副省长、江苏省语委主任曹卫星出席并讲话，要求各地各部门坚持重心下移，建立健全动态监测评价机制，扎实做好国家通用语言文字的县乡普及工作。全省各市、县（区、市）语委共设立 105 个分会场，各级语委成员单位负责人和联络员，以及省、市、县语言文字规范化监测专家约 2,500 人参加会议，江苏省语委的工作部署首次通过视频同步到县。

9 月，在南京农业大学举办第三期乡镇语言文字规范化视导员培训班，对 150 名来自全省各县（区、市）语委办，以及部分乡镇学校、县（区、市）广电系统和高校的语言文字工作骨干进行业务培训。

二、加强语言文字社会应用监督检查和服务

会同江苏高校语言能力协同创新中心，组织编著《“一带一路”沿线国家语言国情手册》，并由商务印书馆出版。该书约 60 万字，呈现了“一带一路”沿线 64 个国家的语言状况，为各界了解“一带一路”沿线国家的语言国情和语言人才状况提供了详细资料。

继续开展公共场所外文使用情况调查。委托南京大学牵头，组织有关高校师生开展公共场所外文使用情况调查，形成 11 份调研报告。继续开展省辖市政府英文网站

语言文字使用情况监测，向徐州、常州、镇江等3市语委转送监测报告。

三、提升国民语言文字应用能力

组织中国盲文手语推广服务中心专家开展听障人员普通话水平测试研究，首创“写拼音”“打手语”等辅助测试方式。

4月和11月，受教育部语言文字应用管理司委托，分别举办两期听障从教人员普通话集训班。教育部语言文字应用管理司批复指出，这“是语言文字工作部门依法行政、开拓创新、尽责有为之举”。听障从教人员表示，普通话水平测试搭建了一个实现梦想的平台，对于提高听障人士平等参与社会生活的机会和能力具有重要意义。

四、弘扬传播中华优秀文化

连续第8年实施中小学诵读教育骨干教师省级培训项目，年培训人数1,000名。8年来累计培训人数达7,300名。指导江苏省语言文字应用学会、江苏师范大学共建“江苏省中华吟诵传承与研究中心”，举办首届中华经典古诗文朗诵艺术交流研讨活动。开展第三届《中国汉字听写大会》江苏参赛队伍选拔活动。组织研制《江苏省书香校园建设评估指标体系(试行)》(送审稿)。全省教育系统7个集体和7名个人受到省全民阅读领导小组办公室表彰。

江苏省自2008年起建设的江苏语言资源有声数据库，保存了全省各市县70个调查点的有声语言资料。为便于社会各界查阅和利用这些资料，在整理出版音像资料片《方言江苏・乡音悠扬》的基础上，于2015年12月整理出版纸本资料《江苏语言资源资料汇编》。全书共19册，900万字，为后世留下了有史以来最完整记录江苏省语言实态的纸本资料，为科学保护方言、传承中华文化起到了重要作用。

7月，首次组织专家讲学团赴新疆对口援建地伊犁哈萨克自治州(简称伊犁州)送教一周，为伊犁州各县市和直属学校117名中小学语文和德育骨干教师开设中华经典诵读培训。向伊犁州直属学校赠送1,500套江苏省制作的《中华经典诵读(136篇)》音像片。组织江苏省与伊犁州两地专家合作申报“哈萨克族师生普通话等级特征和学习策略研究”课题并获国家语委立项。7月，在伊犁州启动哈萨克族师生普通话语音采录工作。同时，继续推进江苏省援建的锡伯语言资源有声数据库建设，调查数据入库以及转写国际音标和规范汉字工作也有序推进。

五、加强语言文化交流合作

以“传承与创造”为主题，成功承办“2015 两岸大学生汉字文化创意大会”，共征集两岸 450 余所高校的 1.1 万余件作品，作品类型涵盖字体设计、海报设计、产品设计、书法和篆刻等，融创意设计、技术工艺、艺术审美、应用价值于一体，诠释了两岸青年学子对汉字文化的理解与传承，赋予了汉字新的生命形态和表现形式，为汉字文化创意产业的发展注入活力。

4 月 4 日至 5 日，由教育部、国家语委主办的“中德语言文化研习之旅”江苏站活动先后在徐州和苏州举行，研习团专家近 20 人先后到江苏高校语言能力协同创新中心和苏州市进行语言文化考察交流，对江苏省语言文化资源保护传承工作留下深刻印象。教育部语言文字信息管理司代表教育部和国家语委发来感谢信。

（撰稿：赵晓群）

浙江省

浙江省语言文字工作委员会（简称浙江省语委）是省政府议事协调机构，省政府分管教育工作的副省长担任主任，省委、省政府有关部门及省军区分管领导担任委员。浙江省语委办公室（简称浙江省语委办）设在省教育厅，与省语言文字工作处合署办公，公务员编制 3 人。全省 11 个设区市以及 90 个县（区、市）政府均设立语言文字工作委员会，语委办设在同级教育行政部门，与教育局有关处室合署办公。

浙江省教育评估院承担省级普通话水平测试机构职责，在浙江省语委及其办公室的行政管理和国家测试机构的业务指导下，对全省普通话水平测试业务工作进行指导，培训普通话师资和测试员，聘任和管理国家级和省级测试员，对测试质量进行监督和检查，管理测试档案，开展测试科学研究和业务培训。

一、推广普及国家通用语言文字

（一）完成三类城市语言文字评估

2 月，全省国家三类城市语言文字工作评估完成，获得教育部、国家语委授予的

“普通话初步普及 汉字社会应用基本规范达标省”称号。

(二)实施区域推进语言文字规范化试点

4月,下发《关于公布区域推进语言文字规范化试点县名单的通知》,审核确定富阳区等11个县(区、市)为全省区域推进语言文字规范化试点县,逐个制定试点工作方案并推进试点工作。

(三)组织第18届全国推普周活动

9月,在诸暨市成功举办第18届全国推普周活动。

二、弘扬传播中华优秀文化

举办第五届全省中小学生教师中华经典诵读大赛,共有350名中小学幼儿园老师进入决赛;举办第三届大学生汉语口语竞赛,72所高校的146名大学生进入决赛;举办第五期和第六期中华经典诵读骨干培训班,150名省级经典诵写讲骨干教师参加培训。

三、科学保护语言资源

4月,组织相关专家团队,确定12个县(区、市)为浙江省首批语言资源有声数据库建设区域,并召开浙江省语言资源保护工作启动会。

(撰稿:王振斌、郭增勇)

安徽省

安徽省语言文字工作委员会(简称安徽省语委)由省人民政府副省长任主任,省政府副秘书长、省教育厅厅长任副主任,成员由20多家单位的厅局级领导干部组成。下设办公室,负责全省语言文字规范和改革工作,编制5人。2008年1月,经省长办公会议批准,安徽省人社厅印发通知,安徽省语委办公室(简称安徽省语委办)列入参照公务员法管理单位。

全省16个省辖市以及各县(区、市)政府均设立语言文字工作委员会,语委办设在同级教育行政部门。其中,合肥市在市教育局设立语委独立办事机构语工处,其他 15 个省辖市语委办以及各县(区、市)语委办均与教育局有关处室合署办公。80 多所高等院校成立语言文字工作委员会,形成了覆盖全省的语言文字工作的有效运转机制,有力推进了全省语言文字工作。

一、推广普及国家通用语言文字

(一)城市语言文字评估

在完成二类城市达标工作的基础上,进一步推进三类城市评估工作,截至 2015 年 12 月,肥东县等 20 个三类城市完成评估任务。

(二)语言文字规范化示范校创建

开展语言文字规范化示范校创建工作。对合肥、淮北、淮南、芜湖、马鞍山等市申报的 34 所省级语言文字规范化示范校进行检查认定,加大对各市语言文字规范化示范校创建工作的指导力度,全省共创建市级语言文字规范化示范校 100 余所。

按照安徽省委办公厅、省政府办公厅《关于进一步规范行政审批行为,切实提高服务效率的意见》及“行政管理事项原则上进入政务服务中心办理”的规定,“省级语言文字规范化示范校审核”项目进驻省政府政务服务中心,集中统一受理,公开信息,自觉接受社会监管,体现了行政权力项目的规范运行,也使此项工作的管理更加严明高效。

(三)组织第 18 届全国推普周活动

围绕“依法推广普通话,提升国家软实力”的宣传主题,联合有关单位制定活动方案,下发文件部署全省系列宣传活动,督促指导各市、高等院校开展宣传活动。推普周期间,协调安徽省委宣传部,在省广播电视台有关频道播放推普公益广告,在安徽教育网、安徽语言文字网上传推普公益广告视频。指导各市各高校组织大中小学师生和社会各界人士参加中华经典诵读,开展街头宣传、发放推普宣传材料等活动。全省各地推普周活动精彩纷呈:有的市利用手机短信、微博微信平台开展宣传;有的市将推普周活动时间延长,开展系列推普宣传活动;有的市深入街道社区、偏远农村开展宣传活动,推普活动已深入人心。

11 月 21 日,举办第十届“讯飞杯”全省大学生诗文朗诵比赛系列活动。教育部语言文字应用研究所所长、国家语委普通话与文字应用培训测试中心主任张世平出席颁奖典礼并讲话。

2015年，组织征订《语文建设》《语言文字报》《语言文字周报》等专业报刊，鼓励师生撰文投稿，参加征文比赛活动。组织大中小学生和社会各界人士参加第十二届“全国语文规范化知识大赛”等活动。积极向安徽电视台科教频道推荐语言类节目，支持省博物院青少年活动中心在合肥市开展文化博物馆、科技场馆小讲解员志愿者选拔培养活动。

（四）普通话水平培训测试

2015年，全省62家测试站共组织测试1,175批次，测试177,660人次。截至2015年12月31日，全省累计测试2,234,758人次，其中计算机辅助测试人数达到177,660人次。随着普通话水平测试工作的深入广泛开展，以测试促学习、以测试促推广的效应逐渐显现。2015年全省达到二级乙等及以上考生占全年总数比例，从前几年的73%上升到89%，二级甲等及以上考生从不足20%上升到34%。

安徽省各测试站在前期安装远程监控的基础上，联合企业研制并率先采用“普通话水平测试信息采集系统”，实现考生现场刷身份证报到、现场采像、现场采集指纹，并使用指纹登录考试系统，有效杜绝考生作弊行为。

二、提升国民语言文字应用能力

（一）安徽省中国少数民族汉语水平等级考试考点设置申报进展顺利

自新一轮对口支援新疆工作启动以来，安徽省语委办积极向教育部民族教育司报告，申请在安徽省相关高校设立中国少数民族汉语水平等级考试（MHK，简称民汉考）考点。12月11日，教育部民族教育司、教育部考试中心派员专程到合肥幼儿师范高等专科学校调研，重点考察该校设立民汉考考点的筹备情况，评估学校有关民汉考的机器设备、机房配置等硬件条件。

（二）全省语言文字队伍建设工作加强

组织开展多层次的语言文字管理干部、教学骨干人员培训。通过派出研修、重点培养等方式，加强语言文字工作队伍建设，强化人才保障。从各市、各高校选派33人次分别参加教育部语言文字应用管理司、语言文字信息管理司举办的各类培训班。

4 月，组织全省 50 多名语言文字规范化示范校校长、骨干教师参加教育部语言文字应用研究所举办的第 16 期国家语言文字规范标准培训班；10 月，组织全省 80 多名语言文字骨干参加教育部语言文字应用研究所举办的首届国家语言文化大讲堂。

7 月，依托省规范汉字书写测评办公室，举办第三届规范汉字书写测评师资培训班，全省规范汉字书写测试试点学校骨干教师 100 多人参加了培训学习。

8 月、10 月，分别在太和县、桐城市举办两期农村学校语言文字工作骨干培训班，近 200 名农村学校骨干教师参加培训。继续举办农村学校骨干教师普通话培训班，来自全省 16 个市的 202 名农村学校骨干教师参加了培训。

三、弘扬传播中华优秀文化

组织开展第三届《中国汉字听写大会》安徽省参赛队伍的选拔工作。5 月 10 日，第三届《中国汉字听写大会》全国巡回赛安徽省冠军赛举行。全省 16 支代表队参加了比赛，来自合肥寿春中学、全椒县第三中学、宿州市宿城第一初级中学的 5 位同学获得了参加《中国汉字听写大会》全国总决赛的资格。

委托安徽师范大学承担的中华经典资源库（安徽篇）第二期工作进展顺利。

四、科学保护语言资源

5 月 16 日，召开安徽语言资源有声数据库建设研讨会。会议就如何开展安徽省语言资源有声数据库建设展开讨论并达成共识。在中国语言资源保护工程工作研讨会后，拟定安徽省语言资源保护工程初步规划、项目组专家人选、项目承担牵头专家及今年启动的首批 10 个调查点等。

安徽省 12 个科研课题项目通过国家语言资源保护工程中心审批，中国语言资源保护工程安徽汉语方言调查工作顺利启动。

五、加强语言文字科学研究

经安徽省语委办推荐，安徽大学、安徽师范大学、合肥师范学院教师分别申报的 3 项课题获国家语委 2015 年度科研立项。

（撰稿：孙海珍、李敏）

福建省

福建省语言文字工作委员会(简称福建省语委)是省政府议事协调机构,省政府分管教育工作的副省长担任主任,省政府有关部门及省军区政治部分管领导担任委员。福建省语委办公室(简称福建省语委办)设在省教育厅,与省教育厅语言文字工作处合署办公,公务员编制 2 人。全省 9 个设区市、平潭综合实验区以及各县(区、市)政府均设立语言文字工作委员会,语委办设在同级教育行政部门。其中,3 个设区市语委办独立设置,其他 6 个设区市语委办、平潭综合实验区以及各县(区、市)语委办均与教育局有关处室合署办公。

福建省语委办代行省级普通话水平测试机构职责,在省语委的行政管理和国家测试机构的业务指导下,对全省 9 个设区市和 10 所高校共 19 个测试站的普通话水平培训测试业务工作进行指导,组织实施测试,对测试质量进行监督和检查,开展测试科学研究和业务培训。

一、推广普及国家通用语言文字

(一)召开 2015 年度全省语言文字工作会议

3 月 24 日,福建省教育厅在福州市召开全省语言文字工作会议。会议传达 2015 年度全国语言文字工作会议精神,回顾总结 2014 年福建省语言文字工作,部署 2015 年工作。福建省教育厅巡视员刘平出席会议并讲话,来自各设区市、平潭综合实验区教育局分管副局长、市语委办和 10 所高校语委办的同志共 35 人参加了会议。

(二)组织开展第 18 届推广普通话宣传周活动

福建省教育厅等 9 部门印发《关于开展第 18 届全国推广普通话宣传周活动的通知》,印发 1,500 张推普宣传画,要求各地和高校语委围绕“依法推广普通话,提升国家软实力”的活动主题,开展丰富多彩的宣传活动。

9 月 13 日,由福建省教育厅、福建省语委主办,三明市教育局、三明市语委承办的福建省第 18 届推广普通话宣传周开幕式在三明市艺术馆隆重举行。福建省教育厅巡视员、福建省语委副主任刘平,三明市副市长、三明市语委主任张丽娟,以及三明市语委成员单位的领导和部分高校、中小学师生约600人参加了开幕式。

(三)开展普通话水平测试工作

全省19个测试站面向党政机关、新闻媒体、学校、公共服务行业开展普通话培训和测试。采取“网上报名”“送测下县”“送测到校”等便民措施,全年培训测试11.2万人次。

(四)农村中小学教师普通话水平培训

8月10日至15日,经福建省语委办同意,宁德市语委办在宁德市举办全省农村中小学教师普通话水平提高班,全省近80名农村中小学教师参加了此次培训,推动福建省农村中小学教师说好普通话,提升职业语言素养。

(五)第四批省级语言文字规范化示范校评审工作

5月,在各设区市初评和推荐的基础上,省教育厅组织专家对申报的92所学校的材料进行认真评审,最终审核、确认福建省语言文字规范化示范校88所。

(六)开展城市语言文字评估工作

泉州市、南平市、莆田市通过评估组检查评估。至此,除新设立的平潭综合实验区外,全省9个设区市已全部通过了二类城市语言文字工作评估。

福州市、三明市、龙岩市、宁德市语委分别对闽侯、罗源、清流、上杭、武平、霞浦6个县的语言文字工作进行评估。福建省语言文字规范化达标的县(区、市)达到25个,占总数的36.9%。

随着闽侯县、罗源县通过了三类城市语言文字评估工作,福州市语委自2008年对马尾区进行三类城市评估开始,历时7年已全部完成对所辖县(区、市)的三类城市语言文字评估工作,成为福建省首个完成三类城市语言文字工作达标评估的设区市。

二、科学保护语言资源

5月6日至7日,召开2015年福建语言资源有声数据库建设预验收工作会议。经专家组验收,武夷山市、芗城区等13个县(区、市)调查点的调查资料全部合格并通过验收。

6月10日，召开中国语言资源保护工程（福建方言）工作部署会议。福建作为全国四个首批实施该工程的省份之一，在建瓯市、武平县等10个县（区、市）开展汉语方言和口头文化调查、采集工作。首席专家、中国社科院语用所教授，福建省语委副主任、福建省教育厅刘平巡视员和来自10个县（区、市）教育局的分管领导，福建师范大学、集美大学、泉州师范学院等科研处处长及高校调查团队成员约50人出席会议。

7月7日，召开2014年福建语言资源有声数据库建设工作会议。在上杭县、泉州市洛江区等10个县（区、市）开展福建语言资源有声数据库建设工作。来自上述10个县（区、市）教育局分管语言文字工作的负责人，厦门大学、闽南师范大学、泉州师范学院、闽江学院、三明学院、武夷学院、宁德师范学院、莆田学院的科研处处长及高校调查团队成员40多人参加了会议。

11月26日至27日，召开中国语言资源保护工程调查资料预验收工作会议。来自福建师范大学、泉州师范学院、集美大学、宁德师范学院、武夷学院、福建教育学院、龙岩学院等7所高校10支调查团队的项目负责人、录音录像技术人员和项目首席专家，中国语言资源保护与研究中心专家等20多人参加了会议。10个点全部通过验收。

三、弘扬传播中华优秀文化

3月5日，宁德一中的三名高二学生在中央电视台现场直播的第一届《中国谜语大会》总决赛中，以总分300分获得金奖。

4月18日至19日，由福建省语委主办，宁德市教育局承办的第三届《中国汉字听写大会》福建赛区选拔赛举行，来自蕉城区树德学校（民办）、霞浦县民族中学、福鼎一中的5名同学最后胜出，代表福建省参加第三届《中国汉字听写大会》。

9月29日至30日，由福建省教育学会书法教育委员会主办，南平市建阳区教育局、建阳区实验小学承办的“福建省中小学规范汉字书写书法教学研讨会”召开。福建省语委办和有关设区市语委办负责人、福建省书委会的领导和专家，以及全省书法教育开展较好的中小学校长和代表约120人参加会议。

10月，下发《关于开展第四届〈中国汉字听写大会〉福建省选拔赛的通知》，要求各设区市教育局组织开展学校初赛、县级选拔赛和市级选拔赛。

12月底，组织开展“纪念中国人民抗日战争暨世界反法西斯战争胜利70周年诵读活动”评审会。比赛分教师组、大学生一组（本科高校）、大学生二组（高职高专）、中学生（中职）组、小学生组5个组别，各地、各高校共上报参加省级决赛的作品204件，经组织专家评审，评出一等奖 18 名、二等奖 51 名、三等奖 107 名，“优秀指导教师奖”（一等奖获得者的指导教师）16 名。

（撰稿：陈启文、陈贤登）

江西省

江西省语言文字工作委员会（简称江西省语委）常设机构为江西省语委办公室（简称江西省语委办），设在省教育厅语言文字工作处，负责统筹管理全省语言文字工作。全省 11 个设区市全部成立了市语言文字工作委员会，并设立了语言文字工作常设机构语委办，其中，有 4 个设区市的语委办挂靠在市教研室或由教研所兼管。2014 年更名为江西省语言文字培训测试中心。全省各地各校建立普通话培训测试站 52 个，其中行业系统 1 个，设区市 11 个，高等院校 40 个。

一、推广普及国家通用语言文字

（一）第 18 届推普周宣传活动

年初，全省语言文字工作年度会议召开部署推普宣传工作，把推普工作贯穿全年，贯穿始终。7 月 15 日，江西省教育厅、江西省委宣传部等九部门联合发文，要求有关单位、部门和学校共同组织开展三项全省性推普宣传活动：中华经典诵读写活动、组织普通话形象大使开展普通话宣传活动、开展“高校农村推普行”活动。

7 月，聘请江西省广播电视台新闻主播担任全省推广普通话形象大使，拍摄印制并免费发放 3 万余份推普宣传画。

9 月 15 日至 18 日，组成两支推广普通话宣传活动小组，江西省语委、江西省教育厅领导分别担任组长，成员由省推普形象大使、广电部门播音员和主持人、国家级普通话水平测试员等组成，先后到浮梁、婺源、宜丰、芦溪等 4 个县的 8 所农村学校开展第 18 届全国推普周江西“推普农村行”活动。

9 月 22 日，向省政府报送《深入农村补短板 推动城乡同进步——第 18 届全国推广普通话宣传周江西省推普活动情况专报》，10 月 11 日，江西省政府副省长、江西省语委主任朱虹对专报作出批示：“成效明显。要抓住重点，持之以恒，扎实推进。”

(二)普通话水平测试和规范管理

全省全年组织开展普通话水平测试共621次,共有182,072人参加测试。其中在校学生153,616人次,教师8,487人次,公务员7,287人次,广电部门265人次,社会人员12,459人次。共打印核发普通话水平测试等级证书134,724本,组织对1,936名考生的一级乙等普通话测试成绩进行复审。

6月2日,印发《关于进一步加强全省普通话培训测试工作规范管理的通知》,从组织管理、基础建设、队伍建设、考务纪律、收费管理等方面对全省普通话培训测试工作加以规范。

全年组织省语言文字专家学者、国家级普通话测试员和语言文字工作管理干部组成巡考小组,对全省各地各校的普通话水平测试工作巡考共计58次,巡考范围涵盖全省所有设区市和19所高校,巡视考生达12万人次。

(三)城市语言文字规范化建设

指导和推进萍乡市莲花县,宜春市万载县、宜丰县,赣州市崇义县、上犹县、赣县,抚州市宜黄县、乐安县、金溪县、资溪县等10县先后完成三类城市语言文字规范化建设验收。各设区市分管市领导、市语委主任全部参加了本市三类城市语言文字规范化建设验收,江西省语委办派出观察员全程参与指导检查验收。其中萍乡市、抚州市先后成为江西省继南昌市、景德镇市之后第三个、第四个全面完成所辖三类城市语言文字规范化建设任务的设区市。截至2015年年底,全省共有28个县(区、市)完成三类城市语言文字规范化建设验收。

二、弘扬传播中华优秀文化

(一)组织开展经典诵读活动

组织指导各地各校广泛开展经典诵读活动,弘扬中华传统优秀文化,通过经典育人,陶冶情操。

4月,江西服装学院举办"青春飞扬 梦想起航"朗诵比赛。江西农业大学举办"岁月颂·2015梅岭诗韵"诗歌朗诵大赛。

5月10日,九江市举办"大地之爱——2015母亲节名家朗诵晚会",晚会特别邀请众多国内知名朗诵艺术家、电影表演艺术家和金话筒奖得主参与。

9 月 13 日，萍乡市蒲公英志愿者走进万龙山，开展“亲子共读.牵手关爱”活动，40 多名志愿者和孩子们来到万龙山隆波希望学校，与当地的留守儿童开展了亲子共读国学经典和爱心书本捐赠活动。

10 月，上饶市组织开展“百万市民、学生升国旗、唱国歌、诵读《可爱的中国》”活动，纪念中国人民抗日战争暨世界反法西斯战争胜利 70 周年、中华人民共和国成立 66 周年以及方志敏烈士就义 80 周年，所辖各县(区、市)百万师生及机关单位干部参与这次活动。

12 月，坚持了 14 年支教行动的江西师范大学研究生支教团联合支教学校望谟民族中学开展纪念“一二·九”系列活动之“吟诵青春 爱我中华”诗歌朗诵比赛。

(二)组织开展规范汉字书写活动

3 月 11 日，印发《关于开展第三届〈中国汉字听写大会〉江西省参赛队伍选拔活动的通知》，全省 11 个设区市，分别组织初赛，从 160 支队伍近 1,000 名参赛选手中，共选拔出 16 支队伍 96 名选手参加省级比赛。4 月 25 日至 26 日和 5 月 10 日，举办省级复赛和决赛选拔，最终选拔出南昌二中、抚州市临川二中的 5 位同学代表江西省参加全国第三届《中国汉字听写大会》。参赛同学全部获得总决赛资格，1 名同学获得全国亚军。

6 月 30 日，印发《关于开展书法名家进校园系列活动暨江西省规范汉字书写大会的通知》，11 个设区市分别组织开展规范汉字书写竞赛市级评选推荐活动，全省共征集优秀书法作品 98 幅。经书法教育专家先期评选，其中 24 幅作品的作者于 10 月 25 日在赣州市参加了江西省规范汉字书写大会现场决赛。

三、科学保护语言资源

11 月 9 日，江西省获得开展中国语言资源保护工程江西汉语方言调查项目首批立项课题共 10 个。12 月 24 日，江西省语委、江西省教育厅发文启动中国语言资源保护工程江西省项目。

四、提升国民语言文字应用能力

3 月 3 日，发文公布全省普通话水平测试员考评结果，全省 1,035 名国家级和省级普通话水平测试员中，有 854 名测试员考评合格，其中国家级测试员 124 人，省级测试员730人，合格率为82.5%。

8月17日至21日，举办全省语言文字管理干部培训班。全省11个设区市、38所高校和省广电部门的53名语言文字工作管理人员参加培训，江西省委教育工委委员、江西省教育厅副厅长、江西省语委副主任郭奕珊为培训班做动员讲话。

积极推荐骨干力量参加国家语委举办的各类培训。先后推荐18名省级普通话测试员、56名语言文字工作骨干参加教育部、国家语委组织的各类培训班和学习班。

五、加强语言文字科学研究

3月，江西省2个规划课题获得国家语委科研课题立项，其中1个项目获得重点立项。

6月，组织指导井冈山大学向教育部语言文字应用管理司申报“井冈山革命根据地的语言文字应用情况调查与研究”课题获得国家语委立项。

（撰稿：王俊、朱程红）

山东省

山东省语言文字工作委员会（简称山东省语委）常设机构为山东省语委办公室（简称山东省语委办），机构性质为参公事业单位，编制5人。

全省17个地市中有16个设有语言文字工作常设机构，其中行政独立3个，行政合署7个，事业独立2个，事业兼管4个，共有专职干部28名，兼职干部25名。

一、推广普及国家通用语言文字

3月至7月，通过采取审阅评估整改落实情况报告和组织评估专家实地调查相结合的方式，对枣庄、东营、烟台、泰安、威海、临沂、德州、聊城、菏泽等9市二类城市语言文字工作评估整改落实情况进行实地复查。

9月14日至20日，委托临沂大学承办山东省推普周启动仪式，组织山东省第18届推广普通话宣传周语言文字工作成就展，制作推普宣传材料发放给各市、各高校用于推普周宣传活动，联系多家媒体播放推普公益宣传片。

10月14日至15日，济南大学泉城学院通过山东省语委办开展的语言文字工作及普通话培训测试站工作检查评估。

10月16日，山东省三类城评现场会在烟台蓬莱召开。有三类城评工作任务的市语委办主任、县(区、市)语委办分管负责同志参加会议。

12月3日至7日，举办山东省第16期国家级、省级普通话水平测试员考核验证班。来自济南、青岛等11个地市共103名学员参加了培训。

全年共完成42万余人次的测试审核任务，并对需要参加普通话水平测试的高校教师及未建立测试机构的高校学生组织了2次全省统一测试。

二、科学保护语言资源

6月25日至26日，中国语言资源有声数据库山东库督查验收工作研讨会召开。会议总结了前期山东有声数据库工程督查验收工作情况，交流了现阶段工作情况和下阶段工作安排，现场演示了部分调查点验收成果，分项研讨了山东有声数据库成果的验收规范、标准和工作程序。核心专家组对3个审查合格的调查点成果进行了总结验收。

7月15日，由教育部语言文字信息管理司副司长田立新和北京语言大学副校长曹志耘等组成的调研组调研中国语言资源有声数据库山东库建设情况，对山东的工作给予充分的肯定。

8月4日至6日，举办第二期中国语言资源有声数据库山东库建设工程培训班。各市语委办主任，2015年、2016年有调查任务的调查点分管语言文字工作的科长、山东库建设工程核心专家组成员、调查团队成员、验收团队成员共110人参加培训。与会专家介绍了全国有声数据库建设情况，讲解了工程建设总体要求，对《调查手册》和技术规范进行解读，并现场演示摄录方法，济南市、青岛市、淄博市、烟台市语委办及鲁东大学调查团队交流介绍了工作经验。

12月15日，召开山东省实施语保工程试点总结会暨工作部署会。会议介绍了济阳和新泰调查点语保工程试点工作，和山东省语保工程补充细则、音视频验收规范及工作程序。与会专家现场解答试点工作中遇到的问题。

三、提高国民语言文字应用能力

5月16日，举办第三届《中国汉字听写大会》山东省总决赛。此次选拔活动覆盖全省17市的200多所初中，经过17场市级决赛的选拔，共102名选手晋级省级决赛。

最终5名选手代表山东省参加第三届《中国汉字听写大会》。其中一名选手晋级半决赛，是山东省参赛以来的最好成绩。

5月，山东省第二届“快乐汉字”竞赛活动启动。全省15个地市400多所学校参与。11月28日至29日举行决赛。15名选手获得一等奖，30名选手获得二等奖，35名选手获得三等奖，5名选手获得“快乐汉字”小达人奖，莱芜、日照、泰安等市荣获集体一等奖。

12月20日，由山东省委宣传部、山东省教育厅、山东省语委和山东省新闻出版广电局共同主办的“2015全媒体年度汉字”揭晓盛典在济南府学文庙举办。历经一个月的推荐和筛选，最终“调”字荣登榜首，成为2015年度汉字。

四、弘扬传播中华优秀文化

5月20日至24日，山东省首届“朗诵名家进校园”活动启动仪式暨第五期经典诵读骨干教师培训班于济南顺利举办。来自各市教育系统、经典诵读试点高校和部分语言文字规范化示范学校的近100名骨干教师参加了培训。

山东省第二届、第三届“书法名家进校园”活动分别在5月和9月于曲阜市和临沂大学成功举办。7月至9月举办山东省首届教师书法作品选拔赛，共收到各市、各高校书法作品2,000余幅。最后评出获奖作品200份，优秀组织奖24个，其中73份作品在推普周启动仪式上参加了山东省首届教师书法作品展。

举办山东省职业院校学生中华经典诵读大赛。大赛以“弘扬中华优秀传统文化，践行社会主义核心价值观”为主题，面向全省各高职和中职院校在校学生，诵读内容以中华经典古诗文和现当代经典诗文为主，共收到作品356件。共评出朗诵获奖作品高职组一等奖6个，二等奖13个，三等奖18个，优秀奖5个；中职组一等奖4个，二等奖7个，三等奖11个，优秀奖17个。吟诵获奖作品共评出一等奖5个，二等奖6个，三等奖6个，并评选出优秀组织奖和优秀指导教师奖若干名。

五、加强语言文字科学研究

根据山东省语委“十二五”立项通知，对上交的51个项目的科研成果鉴定申请书和结题材料进行审核。其中，符合鉴定要求的项目为39个，11个项目递交变动申请，1个项目申请撤项。

（撰稿：孙祖兴、李志华、杜永娟、赵光、王滨韬、张敏、李冰）

河南省

河南省教育厅语言文字应用管理处是河南省语言文字工作委员会(简称河南省语委)的常设机构,负责全省用语用字规范化、标准化工作。现有5名正式工作人员,3名兼职人员。全省18个省辖市均有语言文字工作机构,专兼职干部约70人。

一、推广普及国家通用语言文字

(一)二类城市语言文字评估收官

2015年,顺利完成三门峡等7个省辖市的评估验收。至此,全省18个省辖市的城市语言文字工作评估已圆满收官,实现了“普通话初步普及,汉字社会应用基本规范”的工作目标。

目前,10个省直管县之一的滑县率先通过河南省政府组织的评估验收。长垣县、巩义市等省直管县(区、市)先后召开了迎接国家三类城市语言文字工作评估动员会。郑州、濮阳、开封、安阳在完成自身评估的基础上,对所属县(区、市)正有序安排开展三类城市语言文字评估工作。其中郑州市的上街区、新郑市和荥阳市以及濮阳市的濮阳县、范县已顺利通过评估验收。

(二)承办推普宣传周启动仪式

9月14日,由教育部、国家语委、河南省人民政府主办,河南省教育厅协办,安阳市人民政府承办的第18届全国推广普通话宣传周开幕式举行。全国推普周领导小组副组长、教育部副部长、国家语委主任杜占元在开幕式上讲话并宣布第18届全国推广普通话宣传周开幕,副省长徐济超出席开幕式并讲话。开幕式由全国推普周领导小组办公室主任、教育部语言文字应用管理司司长姚喜双主持。全国推普周领导小组相关负责同志、河南省推普周领导小组成员单位相关负责同志、安阳市相关部门负责同志、大中小学生及公共服务行业代表等500多人出席开幕式。按照要求,全省各地、各高等学校都开展了丰富多彩的宣传活动。

(三)普通话水平测试工作

在2014年1月起全面实行计算机辅助测试基础上,2015年对全省范围内所有已建成使用的机测站点进行全面实地考察、验收，对其中符合条件的63个普通话水平测试站（点）予以公布，严格按照标准进行规范化管理，强调未经公布的测试站（点）不得进行普通话水平测试。建站后，河南省测试量明显增加。截至2015年年底，全年共机测374,398人，比2014年增加了12万多人，河南省普通话的机测量占全国机测总量的8%以上。

为加强普通话水平测试员队伍建设，进一步做好计算机辅助普通话水平测试工作，7月12日至25日举办第24期省级普通话水平测试员培训班，共有109名学员取得资格。

（四）加强语言文字监督检查

在2014年对全省18个省辖市、36个县（区、市）的219所中小学校开展语言文字工作专项督导的基础上，2015年10月，河南省教育厅联合省政府教育督导办组成2个督导组，在2014年督导剩下的6个省直管县，随机抽取24所中小学校，对其语言文字工作进行专项督导。至此，河南省中小学语言文字工作专项督导评估已全部进行了一轮。11月初，在徐州召开的全国语言文字督查会议讨论会上，河南省专门作了情况介绍。

二、弘扬传播中华优秀文化

（一）组织开展经典诵读活动

11月1日，举办第二届“经典照亮人生”诵读比赛决赛暨颁奖典礼，来自全省各地的200多名选手参加比赛，河南省教育厅副厅长尹洪斌出席颁奖典礼并讲话。比赛从5月至10月在全省各级各类学校广泛开展，分为小学生组、中学生组（中等职业学校）、高校学生组和教师组。

（二）第三届《中国汉字听写大会》的组织选拔

第三届《中国汉字听写大会》河南赛区选拔赛，共有31支代表队155人参加省内小组赛和决赛，选拔出5人代表河南省参加全国总决赛。全国总决赛于5月31日至6月7日在安阳举行，河南省选手信阳市第九中学的学生获得总冠军，并当选为2015河南年度教育新闻人物。

小学组的比赛于10月24日在漯河举行。全省共有28支代表队、140名选手参加总决赛，最终来自新乡代表队的同学获得冠军。比赛有两个新的尝试：一是实现互联网选拔，扩大了学生参与面。通过学生在网上答题选拔出一支特别的代表队——“互联网＋”代表队。在全省参与“互联网＋”选拔的学生共有75万多人。二是首次实现手机直播，观众足不出户就可以在手机上观看到紧张的比赛现场。

（三）承办中德合作交流活动

3月31日至4月1日，由教育部、国家语委主办的“中德语言文化研习之旅”河南站活动在安阳举行。中德双方专家围绕“汉字的发展与演变”这一主题进行深入交流，并参观了安阳殷墟博物苑、中国文字博物馆。

（撰稿：闫俊山、李伟民）

湖北省

湖北省语言文字工作委员会（简称湖北省语委）是省政府议事协调机构，省政府分管教育工作的副省长担任主任，省委、省政府有关部门分管领导担任委员。湖北省语委办公室（简称湖北省语委办）设在省教育厅，为省教育厅机关处室，承担湖北省语委的日常工作，现有工作人员4人，负责筹划、协调、督导全省语言文字工作。全省17个市州（神农架林区）、以及各县（区、市）政府均设立语言文字工作委员会，语委办设在同级教育行政部门。

湖北省普通话培训测试中心设在华中师范大学，现有工作人员4名，湖北省语委办主任兼任省普通话培训测试中心主任，设常务副主任一名，负责中心的日常工作，湖北省语委办在湖北省语委、湖北省教育厅的领导下，对省普通话培训测试中心进行宏观管理、业务指导和监督。

一、推广普及国家通用语言文字

（一）开展省级语言文字规范化示范校创建和复查工作

印发《省语委省 教育厅关于开展2015年省级语言文字规范化示范校创建和复查工作的通知》（鄂语字〔2015〕7号），要求各市州在创建示范校的同时，复查1所省级语言文字规范化示范校(园)。严格执行“各申报学校教职员工普通话水平测试成绩达标率不得低于90%”的要求。在各地自查、初审的基础上,仔细核对学校教职员工普通话水平成绩信息,不达要求的直接取消申报资格。组织评估组,通过查阅资料、问卷调查、随机听课和检查学校用语用字和宣传环境等方式,对学校开展实地检查。

(二)组织丰富多彩的推普宣传活动

湖北省语委会同省直有关部门下发《省语委等九部门转发教育部等九部门关于开展第18届全国推广普通话宣传周活动的通知》(鄂语字〔2015〕7号),做到活动有计划、有安排、有检查、有落实,使推普活动扎实有效。

把举办第四届湖北省农村中小学教师普通话大赛、推进中国语言资源有声数据库湖北库建设、开展省级语言文字规范化示范校创建活动列为本届推普周的重点活动,同时积极指导各地各相关部门结合岗位职责探索推普长效机制。

武汉市在300多个市级“文明用语示范岗”开展岗位推普活动,组织近150名普通话水平测试员开展普通话义诊活动;中南民族大学组织“疆藏学生一对一帮扶”活动;湖北省未成年人戒毒所组织全所戒毒人员集体朗诵经典文章并举办主题演讲比赛;湖北省住建厅组织开展各类设施规范用字检查活动;湖北省交通运输厅组织窗口服务人员进行普通话培训。

(三)推进三类城市语言文字工作评估

通过采取督导检查、调研观摩等形式,完成了年度目标任务,随州市全部完成三类城市语言文字工作评估任务。

二、科学保护语言资源

不断丰富和完善“湖北省语言文字网”。及时发布有关政策文件、工作动态和图片,分享工作经验,解答工作疑虑,增设了“中国语言资源保护工程”板块。

积极组织开展湖北省语言资源有声数据库建设工作。成立湖北省语言资源有声数据库建设领导小组,选派语委干部、专家及相关课题负责人参加中国语言资源保护工程第四期培训班,制定《湖北省调查工作技术规范(试行)》。在宣传发动、录音制作、中期检查等重要节点,多次组织专家到蕲春县、房县2个试点县和承担调查任务的黄冈师范学院、江汉师范学院进行督办指导。5月,蕲春县、房县2个试点县已顺利通过国家验收。

开展中国语言资源保护工程湖北汉语方言调查项目试点建设工作。启动武汉市蔡甸区、黄冈市武穴市和十堰市郧阳区、丹江口市4个语言资源保护工程建设试点，以“湖北汉语方言调查科研项目”形式，纳入国家语言资源保护工程专项任务，并列入省教育厅指导性科研项目管理。

开展湖北汉语方言调查项目申报和谋划工作。湖北省有国家语保工程50个点，另外结合湖北省实际确定了30个点，湖北省共有80个汉语方言调查点，已将湖北汉语方言调查项目纳入《湖北语言文字工作“十三五”规划》和湖北省教育发展“十三五”规划重点工作。

构建湖北汉语方言调查项目联系交流平台。组建湖北语保工作QQ群，制作湖北语保工作通讯录。

三、提高国民语言文字应用能力

加大培训和科研力度，提高语言文字服务能力。加强语言文字工作培训，全年组织安排湖北省优秀语委干部、专家、教师、校长等参加教育部组织的各类培训8次。积极申报科研项目，4月，推荐华中师范大学教授、江汉大学教授申报的项目分别在国家语委成功立项；11月，受教育部语言文字应用管理司委托，筹备开展湖北省民族地区中小学教师普通话使用情况调查工作，工作列入湖北省教育厅科研项目管理。

9月，举办第四届湖北省农村中小学教师普通话大赛。湖北省政府副省长、湖北省语委主任郭生练，湖北省教育厅副厅长、湖北省语委副主任欧阳建平出席颁奖仪式并为获奖单位和选手颁奖。大赛历时5个多月，来自全省17个市州近百个县(市、区)的4万名农村教师参加了比赛。大赛评出个人一等奖4名、二等奖9名、三等奖13名、优秀奖14名。黄石市语委、黄石市教育局获得最佳组织奖，黄冈市、武汉市、襄阳市代表队分别获得团体一、二、三名。大赛有效促进了全省农村中小学教师普通话水平的提高。

加强普通话培训测试工作。规范财务管理，协调将“普通话水平测试费”收费主体从省普通话培训测试中心调整到教育厅机关，实行收支两条线。加大普通话测试力度。全年累计完成普通话测试22万人次。狠抓队伍建设。开展全省骨干测试员业务培训。加强对外交流，协助教育部在湖北省召开了“香港特别行政区合作开展普通话水平测试工作交流会”。

四、弘扬传播中华优秀文化

4月10日至12日，举办第三届《中国汉字听写大会》湖北省参赛队伍选拔活动。17支代表队102名中学生参加，经过复赛、决赛和个人赛，黄冈市麻城思源实验学校、襄阳市四中、荆门外语学校、恩施州利川铜锣坝中学分别获团体第一、二、三、四名，25名选手进入个人赛。

（撰稿：曾彦、李佳军）

湖南省

湖南省语言文字工作委员会（简称湖南省语委）常设机构为湖南省语委办公室（简称湖南省语委办），与省教育厅教师工作与师范教育处合署办公，由教师工作与师范教育处处长兼任湖南省语委办主任。全省14个省辖市以及各县（区、市）政府均设立语言文字工作委员会，语委办设在同级教育行政部门。其中，3个直辖市语委办独立设置，其他11个省辖市语委办以及各县（区、市）语委办均与教育局有关处室合署办公。

湖南省语言文字培训测试中心为省教育厅直属的全额拨款的独立法人事业机构，人员编制6人。

一、推广普及国家通用语言文字

下发《关于开展2015年度湖南省中小学教师普通话水平抽查的通知》（湘教通〔2015〕178号）、《关于印发〈2015年度湖南省中小学教师普通话水平省级抽查实施方案〉的通知》（湘教通〔2015〕470号），明确将中小学教师普通话水平抽查工作作为该省学校语言文字工作的一项常规工作，抽查结果向社会公布，并作为衡量各市（州）、县（区、市）教育部门语言文字工作的重要依据。中小学教师普通话水平抽查工作按照三年一轮的要求安排，将全部中小学在职教师分为语文教师、其他文科科任教师、理科科任教师三类，每年组织对其中一类教师进行普通话水平抽查。

2015年抽查对象为全省中小学（含义务教育学校、普通高中学校、中等职业学校）45周岁（1970年6月1日以后出生）以下在职语文专任教师，原则上按5%的比例随机抽取。综合全省情况，符合抽查条件教师总数98,739人，实际抽查教师5,128人，有效成绩5,088人，抽查平均分为51.94分，其中合格人数为2,734人，合格率为

53.73%；优秀人数为662人，优秀率为13.01%。

积极组织开展学校“一范两特”申报认定工作。截至2015年年底，全省共有国家级语言文字规范化示范校34所、省级语言文字规范化示范校151所、省级经典诵读特色学校181所、省级规范汉字书写教育特色校140所。

稳步推进三类城市语言文字评估工作。2015年，沅江市、冷水江市、衡南县先后通过评估。至此，全省通过三类城市语言文字工作评估的县（区、市）总数达33个。

二、科学保护语言资源

根据教育部、国家语委的部署要求，结合湖南实际，湖南省规划用5年时间，对全省99个方言点进行调查，建立湖南语言资源保护数据库。2015年，经国家语委科研规划领导小组批准，“湖南汉语方言调查项目管理”及21个方言调查专项任务（调研类）、5个技术保障专项任务（音像摄录类）获得中国语言资源保护工程专项任务立项，获得项目委托专项科研经费231万元，排全国第一位。

10月，成立湖南省语言资源保护中心和中国语言资源保护工程湖南工程项目核心专家组；12月，下发《关于做好中国语言资源保护工程湖南工程项目有关工作的通知》（湘教通〔2015〕598号），对各调查点的工作作出总体部署；12月25日至26日，举办中国语言资源保护工程湖南工程项目启动会议暨培训班，启动实施中国语言资源保护工程湖南首批立项项目，开展项目实施培训。

三、提升国民语言文字应用能力

积极推进普通话培训测试规范化建设。进一步加强计算机辅助测试网络评测监管，为全省各市州测试站免费添置防作弊系统，有效提高了普通话水平测试的信度和效度。2015年，湖南省年普通话测试量达到30万人次左右。大力加强省级普通话水平测试员资格考核培训和测试员继续教育培训，对农村中小学教师进行免费培训。目前，全省已建成102个普通话水平测试站，260个测试点，形成了省、市州（高校）、县市区三级工作网络体系；全省共有普通话水平测试员2,961名，其中省级测试员2,682名、国家级测试员279名。

积极开展汉字应用水平测试工作。在2008年和2014年进行汉字应用水平测试试点和区域推广试点工作的基础上，2015年进入正式实施阶段。根据国家语委2015年汉字应用水平测试工作会议精神，本着“集中组织、统筹协作、自愿参测、规范测试”

的原则，围绕学校、新闻出版单位、党政机关和公共服务行业等重点领域，对 3,200 名测试对象进行汉字应用水平测试，汉字应用水平测试的社会影响力进一步扩大。

四、语言文字应用研究与信息化建设

组织完成语言文字应用研究专项课题立项申报和专家评审工作，及 2013 年度语言文字应用研究专项课题结题工作，建立和完善湖南省语委科研工作专家库，完成《语言文字法规政策文件选编》的资料收集和编制工作，进一步完善“湖南省语言文字在线”机构平台的建设与管理，语言文字应用科研和信息化建设水平有了显著提高。

（撰稿：王俊良、彭艳霞）

广东省

广东省教育厅履行广东省语言文字工作委员会（简称广东省语委）职能，主管学校的推广普通话和文字规范工作，承担省语言文字工作委员会的日常工作。广东省语委办公室（简称广东省语委办）为省教育厅的内设机构，公务员编制 3 人，主要职责是：指导高校拟订语言文字规划和实施办法；指导推广普通话工作，管理普通话培训测试工作；指导学校和社会文字规范工作；承担广东省语言文字工作委员会的具体工作。

全省 21 个地市均设立语言文字工作委员会，其中 20 个地市语委办设在同级教育行政部门，与教育局有关部门合署办公。深圳市语委办设在深圳市文体旅游局。

广东省语言文字培训测试工作办公室挂靠广东省外语艺术职业学院，在广东省语委办领导和国家测试机构的业务指导下，对全省普通话培训测试业务工作进行指导，组织实施测试，对测试质量进行监督和检查。

一、推广普及国家通用语言文字

（一）组织开展第 18 届推普周活动

广东省第 18 届推普周重点活动城市为东莞市。东莞市举办了书画展、经典诵读、汉字书写等系列活动。9 月 18 日，东莞市在常平镇举办“常诵常新，平雅仄韵”语言艺术活动，广东省教育厅副厅长王创参加活动并讲话。其他各市和高等院校也举办了丰

富多彩、形式多样的推普周宣传活动。

(二)二类城市语言文字工作评估

有效推进二类城市语言文字工作评估进度，珠海、肇庆、云浮、汕头、潮州、清远等6市先后通过二类城市语言文字工作评估验收。2015年，广东省20个二类城市全部通过达标验收，如期完成“普通话初步普及”“汉字的社会应用基本规范”的工作目标。

二、提升国民语言文字应用能力

(一)普通话培训测试管理

加强普通话水平测试工作日常管理，严肃工作纪律，加强测试审核，规范测试流程，坚决杜绝替考、作弊等违规现象，确保测试工作的严肃性和公正性。2015年，广东省参加普通话水平测试人数为296,095人。

(二)规范汉字书写培训

6月15日至21日，联合广东省委宣传部举办全省中小学教师规范汉字书写研修班，150名语文、写字和书法课老师参加了培训。教育部语言文字应用管理司副司长彭兴颀参加开班式并讲话。

(三)规范汉字书写大赛

组织开展广东省第七届中小学规范汉字书写大赛。全省中小学生踊跃参与。经过层层遴选和评审，评出一等奖软笔47名、硬笔95名，二等奖软笔96名、硬笔210名，三等奖软笔193名、硬笔297名，优秀指导教师奖102名，优秀组织单位奖2个，网络人气奖6名。

三、加强语言文字社会应用监督检查

受教育部语言文字应用管理司委托，开展“广东经济特区语言文字工作状况调查”。项目以深圳、珠海、汕头三市为调查对象，通过召开座谈会、发放调查问卷、访谈等方式，对广东省经济特区改革开放35年来的语言文字状况工作进行摸底调查并形成书面报告。6月，项目结题会在东莞召开，教育部语言文字应用管理司副司长彭兴顾充分肯定了项目成果，该项目获得教育部优秀调研报告评选三等奖。

（撰稿：张毅、张文跃）

广西壮族自治区

广西壮族自治区语言文字工作委员会（简称自治区语委）主任由自治区副主席担任，语委副主任由自治区人民政府副秘书长和自治区教育主管部门领导担任，成员单位由相关的中央直属、自治区直属、广西军区等系统的部、委、厅、局及部分高等学校等39个单位组成。自治区语委办公室（简称自治区语委办）与自治区教育厅汉语言文字工作处合署办公，行政编制2人。广西14个设区市和39所高等学校成立了语委并设置了相应的办事机构，建立了53个普通话水平培训测试站，配备了专职或兼职的工作人员。

一、推广普及国家通用语言文字

第18届全国推广普通话宣传周期间，紧扣“依法推广普通话，提升国家软实力”这一活动主题，组织“推普宣传大篷车”深入贺州市八步区开展语言文字法律法规、方针政策宣传活动和语言文字知识咨询服务，并向八步区黄洞瑶族乡民族学校学生赠送图书和推普宣传资料，新闻媒体对推普周活动进行跟踪报道，取得了良好的社会效应。

完成了教育部和自治区政府布置的“广西中小学教师使用普通话教学调研”项目，3月，向教育部和自治区政府上报调研报告。

加强语言文字规范化示范校建设和语言文字队伍的科研能力。全区有国家级语言文字规范化示范校44个，自治区级语言文字规范化示范校274个，市级语言文字规范化示范校548个。2015年，经广西教育科学规划学术委员会评议审查，各市、高校申报的语言文字专项课题中有29项课题被列为广西教育科学“十二五”规划2015年度语言文字研究专项课题，其中由自治区语委办主持的《广西在校大学生普通话测试情况调研》和《广西市级普通话测试站建设状况调研》被列入自治区教育厅2015年度重点调研报告。

继2014年完成国家三类城市语言文字工作评估之后，下发《关于开展国家三类城市语言文字工作评估复评暨整改“回头看”活动的通知》，启动三类城市语言文字工作的评估复评工作。2015年，各级语委加强对社会用语用字的监督检查力度，全区有8

个县完成了三类城市语言文字工作评估复评。全区计划在2020年前全部完成复评暨整改“回头看”活动。

二、推进语言文字基础建设

自治区语委组建的由管理干部、专家、测试员组成的专、兼职语言文字工作队伍，成为广西语言文字规范化建设的基本依托和骨干力量。截至2015年年底，广西有国家级测试员264人，省级测试员2,214人。

完成国家普通话测试中心语料库建设工作，成为全国普通话水平测试语料库建设试点的四省区之一。组织国家级普通话水平测试员采集和初步筛选了广西3,000个普通话测试语料，通过多轮评分和汇总，将评分误差率为零或最低的600个一级乙等和200个二级甲等的普通话语料上报国家普通话培训测试中心。

继续完善广西语言文字网和广西语言文字微信平台建设，全面实现广西语言文字工作一体化信息共享。

严格按照国家标准，做好中国语言资源有声数据库广西库建设纳入“中国语言资源保护工程”前期准备工作，完成中国语言资源有声数据库广西库已采集的52个调查点的数据的检查、整理和上报工作。

三、提高国民语言文字应用能力

充分利用学校作为语言文字工作主阵地的作用，加强对幼儿园、中小学校领导和骨干教师的培训。举办大中专院校书法教育研修班、高校教务负责人书法教育专题讲座、国培计划教师普通话培训班、中华经典诵读指导教师培训班、中小学教师普通话培训班、语言文字工作管理干部培训班，选送部分市语委办领导、骨干测试员分别参加国家语委举办的各类培训班。此外，还通过选派专家到各市讲课和下拨专项经费等方式，指导各市语委办举办不同形式的中华经典诵写讲骨干教师培训班和中小学骨干教师普通话水平培训班，全区参加培训人数超过3,000人。

推进计算机辅助普通话水平培训和测试工作，提高在校大学生、公务员和社会人员的普通话水平。全区各测试站全年共开考573场次，共20.1万人(次)参加普通话水平测试，比2014年增加20.6%。加强对全体在校大学生参加普通话水平测试工作的督查力度，组织调研组对广西师范大学、广西民族大学、桂林电子科技大学、桂林旅游学院等10所高校开展重点调查，其中有8所高校已将普通话课程纳入教学计划并规定了学分，2 所高校计划从 2016 年开始对全体入学新生开展普通话测试，9 所高校的测试站较好地完成了每个学期的测试任务。桂林旅游学院的建站工作已经开始筹备，计划在 2016 年完成建站任务。

四、弘扬传播中华优秀文化

举办第三届《中国汉字听写大会》广西冠军赛。全区有 16 支代表队共 80 人参与，遴选出南宁市、桂林市、崇左市的 5 名选手组成广西代表队参加全国比赛，其中有 2 名选手进入半决赛。

举办广西第八届中华经典诵读大赛。经过各中小学校、县、市以及各高校层层选拔，共选送 400 多个作品参加全区比赛，通过视频赛和现场决赛的方式评出一等奖 22 个、二等奖 41 个、三等奖 57 个、优秀奖 87 个，优秀指导老师 15 名。

举办全区规范汉字书写大赛和书法展，全区共选送 700 多幅学生和教师的作品参加决赛，评出一等奖 38 名、二等奖 70 名、三等奖 169 名。

组织书法名家进校园开展书法理论传授、技法示范、临帖指导、习作点评、作品展示以及师资培训等活动，丰富校园文化生活，为广大师生搭建与书法家零距离交流的平台，激发师生们热爱书法、学习规范汉字书写的热情，促进了中小学和高校书写教育的全面提升。

（撰稿：黄凯、容子晴）

海南省

海南省语言文字工作委员会（简称海南省语委）是省政府议事协调机构，省政府分管教育工作的副省长担任主任，省委、省政府有关部门及省军区分管领导担任委员。海南省语委办公室（简称海南省语委办）设在省教育厅，与师资管理处合署办公，公务员编制 1 人（兼管），事业编 1 人（挂职）。全省 20 个市县区（含洋浦）政府均设立语言文字工作机构，与教育局有关部门合署办公。

一、推广普及国家通用语言文字

为做好第 18 届推普宣传周活动召开座谈会，组织相关人员学习和宣传《国家语言文字法》。通过报纸、广播、电视、网络等宣传渠道，以悬挂标语、张贴海报、走上街头设立咨询台、发放宣传资料等方式开展宣传。与省内各大媒体合作，开展形式多样的中华经典诵写讲活动。

为促进依法用语用字，联合相关学校和省广播电视台开展“啄木鸟”“小手拉大手”活动，促进城市语言文字规范化建设走上法治轨道。

二、提升国民语言文字应用能力

为加强普通话水平测试管理，配合国家测试中心做好修订《普通话水平测试管理规定》工作，引进计算机辅助普通话水平测试，大大提高了海南省普通话测试的效率。2015 年，海南省共完成 2.9 万人次的测试量。

7 月 15 日，完成教育部部署的“关于少数民族地区教师普通话使用情况调研”工作。分别在三亚市、五指山市、东方市、昌江黎族自治县、乐东黎族自治县、陵水黎族自治县、白沙黎族自治县、保亭黎族苗族自治县和琼中黎族苗族自治县等九市县中开展调研。调研对象为 3,000 多名少数民族地区中小学教师，调研工作历时 3 个月。10 月，完成《海南省民族地区中小学教师普通话使用情况调研考察报告》。

选派 27 名教师、语言文字工作管理干部参加教育部举办的各类语言文字培训班。

8 月，委托琼州学院举办全省第九期国培计划（2014）——少数民族地区双语教师普通话培训班。培训学员分别从三亚市、儋州市等 14 个市县中选派，共培训少数民族地区中小学语文教师 100 名。

三、弘扬传播中华优秀文化

7 月至 9 月，举办“2015 年海南省中小学教师规范汉字书写大赛”活动。活动分初赛和复赛。全省约有 2,000 名教师参加比赛，最终评选出 60 余幅作品分获软笔组和硬笔组一、二、三等奖。活动推广了国家语言文字法律法规知识，提高了海南省中小学教师的书写水平。

由中央人民广播电台授权，联合海南广播电视总台主办“夏青杯”全国朗诵大赛（海南赛区）。6 月 27 日，决赛共评出成人组和青少组朗诵一等奖 2 组、二等奖 4 组、三等奖 6 组、优秀奖 12 组。《小主人报》海口市小记者站等 6 家单位获得组织奖。约有 5 万名群众全程参与活动。

（撰稿：王奋、董怀岩）

重庆市

重庆市语言文字工作委员会(简称重庆市语委)是市政府议事协调机构,市政府分管教育工作的副市长担任主任,市委、市政府有关部门分管领导担任委员。重庆市语委办公室(简称重庆市语委办)设在市教委,与市语言文字管理处合署办公,公务员编制 2 人。全市 38 个区、县(自治县)以及部分高校均设立语言文字工作委员会,语委办设在同级教育行政部门。其中,1 个区的语委办独立设置,1 名专职事业编制工作人员,其他 37 个区县(自治县)语委办以及相关高校语委办均与当地教委、学校有关处室合署办公。

重庆市国家通用语言文字培训测试基地在重庆市语委及其办公室的行政管理和国家测试机构的业务指导下,对全市普通话水平测试业务工作进行指导,对测试质量进行监督和检查,以及进行相关业务培训。

一、推广普及国家通用语言文字

9 月 17 日,重庆市第 18 届全国推广普通话宣传周活动启动仪式在重庆师范大学举行。重庆市政协科教文卫体委主任张明树,重庆市语委委员、重庆市教委专职督学张荣,重庆市语委相关成员单位,各区县、部分高校的领导、师生 500 余人出席了活动。张荣委员在开幕式上讲话。

第 18 届推普周期间,专题开展重庆市第三届"啄木鸟"行动。各地充分利用社区、市民学校开展志愿服务和公益活动,张贴和发放相关宣传、学习资料,组织形式多样、内容丰富的活动,重庆市语委办征集各种相关图片 600 余张,总结资料 60 余份。

二、科学保护语言资源

2015 年,重庆市被纳入国家语委"中国语言资源保护工程"首批 4 个试点省市之一。以"政府主导、学者支持、社会参与"的思路为指导,成立专项工作领导小组、专家咨询组,依托重庆文理学院搭建研究团队,万州区、黔江区、涪陵区、渝中区、巴南区、江津区、合川区、永川区、城口县、巫山县等 10 个区县为重庆首批试点区县。在区县语委、区县教育主管部门的支持下,顺利完成发音人遴选、语音采集、音像摄录编辑、纸质录入转写校对等工作。

西南大学的《中西语言战略比较与国家认同研究》、重庆市教育科学研究院的《聋人语言能力现状及有效教学模式构建的探索——基于重庆市聋人的研究》获得国家语委2015年度科研课题立项。

三、提高国民语言文字应用能力

全年完成25万余人次的普通话水平培训，14万余人次的普通话水平测试。举办1期普通话水平测试员业务培训，普通话水平测试评分质量抽查复审比例达5%，送培4名国家级普通话水平测试员。

审批万州区普通话水平测试站、重庆师范大学普通话水平测试站、重庆文理学院普通话水平测试站、重庆市国家通用语言文字普通话培训测试基地、重庆旅游职业学院普通话水平测试站等5个测试站为重庆市第一批市级重点测试站。

12月，组织专家对城口县城市语言文字工作开展情况进行达标评估。开展实地检查工作，总结了三类城市在推进语言文字工作方面的成绩和经验，“以检促建、以检促改”，进一步带动了周边区县语言文字工作的规范化。

2015年，共计选送8个批次的一线教师参加国家培训。在北碚区、万盛经开区、垫江县、石柱县试点开展“语言文字规范化送培下区县”工作，组织专家深入一线为教师送培。培训内容包括经典诵读、书法技法、普通话、标点符号用法、国家法律法规等，共有600多名一线教师参加培训。

四、弘扬传播中华优秀文化

以理论讲座、技法示范、临帖指导、师资培训等为主要措施，深入推进重庆市书法名家进校园、中华经典诵写讲行动走进区县(潼南区、南川区、黔江区、城口县、北部新区)，走进校园，走近师生，实现零距离指导。开展“中华诵·重庆市第四届经典诵读大赛”。覆盖全市师生，共有198个节目参评，共评选出小学组一等奖11名、二等奖13名、三等奖21名；中学组一等奖9名、二等奖13名，三等奖20名；大学生专科组一等奖4名、二等奖6名、三等奖9名，大学生本科组一等奖4名、二等奖5名、三等奖6名；教师组一等奖8名、二等奖12名、三等奖20名。

10月，举办重庆市第一届大学生成语大赛。共计24支代表队进入市级复赛。重庆文理学院、重庆航天职业技术学院分获本、专科组特等奖。举办重庆市第二届中学生规范汉字听写大赛。大赛设校级、区县级和市级三级赛事。共有37个区县组队参加。经过市级初赛、复赛和决赛，璧山区代表队获团体特等奖，沙坪坝区、江津区、万州区、江北区等4个区县代表队获团体一等奖，渝中区等15个区县代表队获团体二等奖。与第一届大赛相比，市级决赛中因笔画等不规范因素出现书写错误率场均下降10%，普通话语音听辨错误率场均下降30%，“用语用字规范化”的大赛宗旨在学校语文教学中的导向作用正在得到体现。两类比赛近110万大、中学生参加，基本实现全覆盖，是推进校园用字规范化的有力举措。

（撰稿：夏蒂、邱小红）

四川省

四川省语言文字工作委员会（简称四川省语委）是省政府议事协调机构，省政府分管教育工作的副省长担任主任，省委、省政府有关部门及省军区分管领导担任委员。四川省语委办公室（简称四川省语委办）设在省教育厅，公务员编制2人。全省21个省辖市（州）、以及各县（区、市）政府均设立语言文字工作委员会，除凉山州语委办在州编译局外，其他16个语委办设在同级教育行政部门，4个设在教育事业单位。其中，2个市语委办独立设置，其他15个市语委办与教育局有关处室合署办公。

四川省普通话水平测试中心独立建制，直属省教育厅管理，在四川省语委及其办公室的行政管理和国家测试机构的业务指导下，对全省普通话水平测试业务工作进行指导，组织实施测试，对测试质量进行监督和检查，开展测试科学研究和业务培训。

3月30日至31日，召开2015年度四川省语言文字工作会议，总结、交流、部署全省语言文字工作，四川省语委成员单位联络员、21个市（州）和部分高校语委办负责人参加会议。

一、推广普及国家通用语言文字

3月14日，四川省教育厅、四川省人民政府督导团、四川省语委联合下发《关于〈四川省中小学校素质教育督导评估实施办法〉的补充通知》（川教函〔2015〕153号），将示范校评估纳入素质教育评估的范畴，试点专项督导。

印发《四川省二、三类城市语言文字工作综合评估标准和实施意见》（川教函〔2015〕205号）、《“十三五”四川省二、三类城市语言文字工作评估验收年度规划的通知》（川教函〔2015〕401号）、《四川省加强高等院校语言文字工作的意见》（川教函

〔2015〕204 号）、《〈四川省中小学校素质教育督导评估实施办法〉的补充通知》（川教函〔2015〕153 号）、《关于启动四川省语言文字工作科研立项和遴选推荐国家语委 2015 年度科研课题的通知》（川教函〔2015〕66 号）。

9 月 14 日，召开四川省二、三类城市评建工作现场推进会。交流经验、解读政策、落实任务，将完成二类城市评估、启动三类城市评估纳入“十三五”规划和目标责任考核，并实行年度通报制度。

开展第 18 届推普周活动。联合四川省委宣传部等 9 部门发文部署，统一印发宣传画、法制宣传手册；在四川省政府办公厅机关开展全员专项培训，全面提升机关工作人员普通话水平，规范政务服务、展示良好形象；在广元举行四川省全国推普周四川开幕式，增强活动的社会影响力；举行二、三类城市语言文字评建工作现场推进会，共同谋求城市文化软实力的提升；与四川省文明办等单位开展书法、书画进校园和经典诵写讲等活动。

二、提升国民语言文字应用能力

加强语言文字队伍建设。要求市州、高校推荐，建立语言文字专家人才电子档案，形成资源库；积极选送骨干教师和管理人员参加国家级、省级培训。

继续开展民族地区“双语”教师普通话培训。7 月 19 日至 29 日、9 月 22 日至 30 日，分别在四川理工学院和阿坝师范学院举办四川省少数民族教师普通话培训班，培训民族地区教师 200 名，着力提高民族地区教师语言文字应用水平和能力。

2015 年，有 19 个市（州）、72 所高校、2 个窗口行业测试站采用计算机辅助普通话水平测试。全年有 388,255 人次参加普通话水平测试。

加强证书的防伪技术工作。在普通话等级证书上实现扫二维码查询成绩功能，使用单位通过手机扫描即可查辨真伪，有效遏制假证书的泛滥，提高测试能力，推进信息化管理。

三、加强语言文字科学研究

启动四川省语言文字工作科研立项工作，确立省级项目 10 个，遴选推荐、获批国家语委年度科研课题 2 个。

开展民族地区普通话使用情况调研。3 月至 6 月底，委托有关专家先期培训近 70 位各市州、县调查负责人和调查员，严格按照教育部调查统一要求，对样本进行调查，完成对485所小学、58所中学、3,015名教师的问卷调查，获取了四川民族地区中小学教师使用普通话动态信息的第一手材料。

（撰稿：苏萍、陈雪梅）

贵州省

贵州省语言文字工作委员会（简称贵州省语委）常设机构为贵州省语委办公室（简称贵州省语委办），主要负责全省国家通用语言文字工作，现有编制1人，与省普通话培训测试中心合署办公。全省9个市（州）及3个省直管区（市、县）的语委办均没有单独编制，与其他部门合署办公，普通话培训测试工作主要由各地设立的测试站负责。

一、推广普及国家通用语言文字

年初，组织专家分赴黔南州、黔西南州、黔东南州，敦促三地政府召开二类城市语言文字评估工作启动会，广泛动员、明确职责，对迎接评估验收的工作进行布置，对评估指标体系进行分解，对评估活动涉及的单位主要负责人和具体经办人员进行培训。年底，贵州省语委、贵州省教育厅组织专家对上述三个自治州二类城市语言文字工作开展情况进行了验收评估，三地均按要求达到了国家标准。至此，贵州省二类城市语言文字评估工作全部顺利结束。

织金县、盘县、玉屏县、江口县等三类城市语言文字工作评估稳步推进并通过验收。

根据《贵州省语言文字工作规范化示范学校创建标准（试行）》的各项指标，从学校语言文字工作管理、宣传工作、教学活动、工作成果等方面对各地申报的37所学校（幼儿园）进行检查评估。其中，有34所学校达到优秀等次，获得“贵州省语言文字规范化示范学校”称号。

第18届推普周期间，贵州省2015年推普周主体活动在安顺举办。活动由贵州省语委、贵州省教育厅主办，安顺市语委、安顺市教育局承办。活动以《国家通用语言文字法》颁布实施15周年、中国人民抗日战争暨世界反法西斯战争胜利70周年等为主题，围绕全省普通话水平测试员在推广普及国家通用语言文字工作中的体会和感受展开创作。来自省直单位、全省九个市（州）以及三个省直管区（市、县）的50余名普通话水平测试员，通过小品、诗歌朗诵等形式进行展演活动，取得了良好的效果。

二、提升国民语言文字应用能力

2015 年，为各类人员举办了近 30 期普通话过级培训班，1.5 万余人参加培训和测试。全年全省共有 25 万余人次接受普通话水平测试。

加大机测点建设力度，组织专家赴各地(校)指导和帮助建设计算机辅助普通话水平测试点的工作，全年新建立了 25 个机测点。

拓展领域，借评估顺势推动。结合二类城市语言文字工作评估，黔南州、黔东南州、黔西南州语委办(普通话培训测试站)借势借力，充分调动普通话水平测试员的积极性，在当地党政机关、公共服务行业从业人员中开展普通话培训工作，并对部分人员进行了测试。

举办两期少数民族双语教师普通话培训班，共有约 200 名老师参加培训和测试。

三、弘扬传播中华优秀文化

组织开展第三届《中国汉字听写大会》贵州选拔赛，全省 1,700 余所初级中学 80 余万中学生积极参加校级选拔。经过海选、初选、复赛，推选出 16 支代表队参加贵州赛区决赛。在 5 月 24 日的贵州赛区决赛中，评选出团队奖项，贵阳市获一等奖，仁怀市、铜仁市获二等奖，遵义市、六盘水市、贵安新区获三等奖。来自贵阳市和铜仁市的 5 名同学代表贵州参加全国决赛。

四、加强语言文字干部队伍建设

测试员培训。7 月 11 日至 7 月 25 日，在贵阳市举办第 26 期全省普通话水平测试员培训班。共有 167 名学员参加培训，111 人取得一级乙等的成绩并获得省级普通话水平测试员资格，占培训班总人数的 66%，为贵州省普通话推广普及工作增加了骨干力量。选送 15 名学员参加第 55、56 期国测班学习，14 人获得国家级普通话水平测试员资格。选送 16 名学员参加第 29 期中央普通话培训学习。

骨干队伍培训。组织省书法家协会会员、中小学书法教师参加 2015 年全国中小学书法教师研修班学习。组织高校书法教师参加 2015 年全国高校书法教师研修班学习，提高高校书法教师专业素养和教学水平。组织部分语言文字管理干部赴东北大学参加培训，旨在提升规范意识和依法行政能力。组织省内语言文字应用研究中青年学者参加教育部、国家语委的培训，加大对专家队伍的培养力度。组织部分国家级贫困县中小学语文学科骨干教师参加“国培计划（2015）语言文字规范标准培训项目”。分期组织中小学骨干校长和幼儿园园长参加国家语委在苏州和徐州举办的语言文字法律法规及方针政策培训班，交流经验、解读标准，研讨如何进一步推进语言文字事业的科学发展。

五、加强语言文字科学研究

5 月底，召开贵州省语言文字工作专家委员会第一次全体会议。与会专家结合省情，积极为语言文字工作建言献策，为推动语言文字工作科学发展提出了很多建设性意见和建议。

年初，召开“全国民族地区中小学教师普通话使用情况调查”贵州省启动会，对参加调查的人员进行集中培训，分配调查任务。调查人员接受任务后，分期分批深入乡村、学校，按照项目要求认真、仔细开展工作，及时汇总，于 6 月底完成调查工作，并按要求向教育部上报全部调查数据。

9 月，修订出版《贵州省普通话培训测试用书》。该书的修订吸收了多年来贵州省普通话水平培训测试工作中收集的意见和建议，力求简明扼要，深入浅出，以训练为主、理论为辅，更加突出普通话培训的针对性、实用性，更有利于初学者及参加普通话水平测试者学习。结合省情，修订后增加了推介贵州民族文化、风土人情和自然景观等的朗读篇目，让读者在学习普通话的同时，了解和认识贵州。

（撰稿：朱琴、杨震）

云南省

云南省语言文字工作委员会（简称云南省语委）是省政府议事协调机构，原由省政府分管教育工作的副省长担任主任。2008 年，云南省人民政府对云南省语言文字工作委员会设置作出调整，即将其设在云南省教育厅，由云南省教育厅主要领导担任云南省语委主任，省级有关部门负责人任成员，云南省语委办公室（简称云南省语委办）与云南省教育厅语言文字管理处合署办公，编制 3 人。

全省 16 个州（市）、44 个县（区、市）成立语言文字工作委员会，设在同级教育行政部门。其中，2个州(市)语委办独立设置，其他14个州(市)语委办以及44个县(区、市)语委办均与教育局有关处室合署办公。

云南省普通话培训测试中心属自收自支事业单位(公益1类)，编制6人，在云南省语委和国家测试机构的业务指导下，对全省普通话培训测试业务工作进行指导，组织实施测试，对测试质量进行监督和检查，开展测试科学研究和业务培训。全省设有测试站36个(市级测试站16个，高校测试站18个，行业系统测试站2个)。

一、推广普及国家通用语言文字

(一)二三类城市语言文字评估

西双版纳傣族自治州、大理白族自治州、普洱市、保山市等4个州市先后通过国家二类城市语言文字规范化达标验收。至此，云南省共有13个州市通过了国家二类城市语言文字规范化达标验收。

昆明市寻甸县，昭通市绥江县，玉溪市澄江县，楚雄彝族自治州元谋县、牟定县、禄丰县、大姚县、姚安县，临沧市永德县、耿马县等10个县实现云南省三类城市语言文字规范化建设达标，通过了相应州市语委的评估。目前云南省有27个县(区、市)实现国家三类城市语言文字规范达标，昆明市率先实现全省三类城市语言文字规范创建整体达标。

(二)民族地区中小学教师普通话使用状况

3月至7月，开展民族地区中小学教师普通话使用情况调查工作，聘请74名调查员对13个州市60个民族自治县(区、市)451所中小学的2,993名教师进行普通话使用情况调查，完成调研工作任务，向教育部提交调查数据和报告，为国家了解、掌握云南民族地区中小学教师普通话水平和应用能力提供参考。

(三)第18届全国推普宣传周云南系列活动

第18届全国推广普通话宣传周期间，云南省各州、市、高校和各行业系统紧扣“大力推广和规范使用国家通用语言文字”主题，精心组织、认真筹备，积极开展形式多样、各具特色的推广普通话宣传活动。

9月14日，在大理举行第18届全国推广普通话宣传周云南重点城市宣传活动开幕式。教育部，云南省教育厅，云南省语委，大理白族自治州、市相关党委和政府的领导及大理市中小学生、各界群众 500 余人参加活动。

（四）语言文字规范化示范校和特色校创建

根据国家语委相关文件要求，2007 年、2010 年分别启动语言文字规范化示范学校、规范汉字书写教育特色学校创建工作。2015 年，新增省级语言文字规范化示范校（园）87 所，新增省级规范汉字书写教育特色学校 33 所。截至 12 月底，云南省共创建国家级语言文字规范化示范校 32 所、省级 526 所、州市级 1,513 所，共创建国家级规范汉字书写教育特色学校 16 所、省级 107 所。提升了学校语言文字工作的整体水平，提高了师生语言文字法制意识、规范意识和应用能力。

二、提升国民语言文字应用能力

（一）少数民族双语教师普通话培训

7 月 18 日至 25 日，国培计划（2015）少数民族双语教师普通话培训在云南师范大学呈贡校区举办。来自昆明市、玉溪市、曲靖市和楚雄彝族自治州的 200 名农村学校普通话教学少数民族双语骨干教师参加了培训。

（二）普通话水平培训与测试工作

普通话测试工作信息化进程全面推进，测试管理模式不断改进，在面向社会开放测试中实施网上报名及网上缴费一体化模式、启用智能证书打印系统，在全国率先做到全省使用普通话水平测试智能防作弊系统。共建立覆盖 16 个州（市）的机测站点 36 个。测试人数大幅度增加。截至 12 月 31 日，全年共组织测试 895 批次，测试人数共计 328,626 人次，机测累计人数达 122 万余人次，全省历次测试人数累计达 300 万余人次。

7 月 28 日至 8 月 7 日，举办第 19 期省级普通话测试员培训班，来自各州市（院校）的 80 余名学员参加了培训，共有 51 名学员通过考核，被聘任为省级普通话水平测试员。

（三）滇西片区普通话骨干教师培训

由国家语委普通话与文字应用培训测试中心和云南省普通话培训测试中心主办

的滇西片区普通话骨干教师培训班于 5 月 20 日至 23 日在保山学院举办。来自滇西片区 8 个州市各院校的 86 名普通话教师参加了培训。

(四)普通话水平测试复审人员业务培训

11 月 18 日至 19 日，来自全省 36 个测试站点的 80 余名专兼职干部及复审负责人参加了 2015 年度普通话水平测试复审工作培训研讨和测试现场观摩活动。

三、弘扬传播中华优秀文化

(一)中小学“经典诵读”教育教学研讨

10 月 17 日至 18 日，举办云南省中小学“经典诵读”教育教学研讨会。来自全省 14 个州市的语委工作人员、语言文字规范化示范校校长和中小学一线语文教师等共 237 人参加了研讨。

(二)云南教育系统规范汉字书写大赛

4 月至 10 月，云南省教育厅、云南省语委、云南省文学艺术界联合会开展教育系统规范汉字书写大赛。13 个州市、28 所省属学校组织参赛。收到小学、初中、高中、高校 4 个学生组决赛作品 1,500 幅。教师组现场书写决赛暨第二届书法名家进校园活动在普洱学院举行。经专家评审，5 个组共评选出一等奖 17 名、二等奖 34 名、三等奖 51 名、优秀奖 348 名、优秀指导教师 16 名，优秀组织奖 6 个、组织奖 34 个。

（撰稿：金程、丁峰、杨跃琼、赵敏馨、陈典红）

西藏自治区

西藏自治区人民政府于 2005 年 4 月 12 日批准成立了自治区国家语言文字工作委员会(简称自治区语委)。成员单位有自治区教育厅、人事厅、党委宣传部、新闻出版局、财政厅、工商管理局、卫生厅、文化厅、西藏大学等 17 家，自治区国家语言文字工作委员会办公室(简称自治区语委办)设在教育厅，教育厅主持自治区国家语委的日常工作。其主要职责是：贯彻落实国家语言文字工作的方针政策；制定自治区国家语言文字工作的中长期发展规划；协调指导和监督检查汉语言文字规范和标准的应用情况；

带头做好机关语言文字规范化工作；发挥教育的基础作用，抓好各级各类学校语言文字工作；指导推广普通话和普通话水平培训测试工作；加强社会用字的监督检查，为全社会提供有关国家通用语言文字的培训、测试、咨询评估工作。

全区 7 地(市)和各高等学校已经全部成立了国家通用语言文字工作委员会。各地(市)国家通用语言文字工作委员会在行政上挂靠各地(市)教育行政部门，由地(市)教育局主持地(市)国家语委办的日常工作。截至 2014 年年底，全区 7 地(市)全部落实了语委办公室或普通话测试站机构设置和人员编制。其中拉萨、林芝、昌都 3 市语委办单独设置，山南、日喀则、那曲、阿里 4 地(市)语委办均与教育局教研(所)室合署办公。

全区现有 18 个普通话培训和测试工作机构，已形成了覆盖全区的普通话培训测试网络，基本能够满足西藏自治区普通话水平测试工作的需要。

一、推广普及国家通用语言文字

(一)组织开展第 18 届推普周活动

推普周期间，向边远县中小学发放《新华写字字典》共 1,000 册，印发推普周学习资料 8,000 册和推普周宣传画 4,000 套，通过移动、电信、联通等通信部门发送了以“全面贯彻落实《国家通用语言文字法》，大力推广和规范使用国家通用语言文字”为内容的推普公益短信。各地(市)、各学校、各部门组织了丰富多彩的推普宣传活动。同时，自治区语委邀请《西藏日报》《西藏商报》《拉萨晚报》以及西藏电视台等新闻媒体对推普周及国家通用语言文字相关活动进行报道。为及时向国家语委和西藏自治区语委成员单位、各地(市)及高校通报西藏自治区国家语言文字工作进展情况，建立了西藏自治区国家通用语言文字工作简报制度。

(二)语言文字规范化示范校创建

4 月 10 日至 7 月 10 日，组织专家评审组采取听汇报、查资料、现场测试和座谈、听课和实地查看等方式，对 37 所申报第二批自治区级语言文字规范化示范校的大中小学校进行实地考评，最终认定西藏民族大学、拉萨中学、阿里普兰县多油村小学等 36 所学校为自治区级语言文字规范化示范校。

(三)三类城市语言文字达标评估

加大国家三类城市语言文字工作评估督导力度，从迎评工作人员培训和具体业务等方面给予三类城市积极支持和具体指导。拉萨、日喀则、昌都、那曲等地(市)以政府(行署)名义发文部署本市(地)三类城市语言文字工作评估，有的还召开部署动员大会，正式启动了本地市三类城市语言文字评估工作。

二、提升国民语言文字应用能力

(一)普通话培训测试

2015年共派遣21名各级语委干部、校长和教师参加教育部举办的语言文字工作干部培训班、国培计划培训班学习。选送5名优秀教师参加第29期中央普通话进修班的学习，选送10名优秀自治区级普通话水平测试员参加国家级测试员培训。

在江苏省语委的大力支持下，成功举办70人规模的第七期自治区级普通话水平测试员任职资格培训班，壮大了普通话培训测试专业队伍。全区目前拥有450多名国家级和自治区级普通话测试员。

经过各级普通话培训测试机构的努力，全区取得普通话等级证书人数取得新突破，2015年年底累计已超过81,000人。

委托拉萨师范高等专科学校制定了《西藏自治区实施〈国家通用语言文字法〉办法》。

(二)少数民族双语教师培训

在教育部语言文字应用管理司支持下，组织实施国培计划(2015)少数民族双语教师普通话培训项目，在那曲、林芝、山南、日喀则等4个地市开展少数民族双语教师普通话专项培训，共有200名少数民族双语教师受益。

三、弘扬传播中华优秀文化

组织第三届《中国汉字听写大会》西藏赛区的选拔活动。通过校级、县级、地市级的比赛，各地市选拔出的8支代表队于5月9日、10日参加西藏自治区排名赛和选拔赛。拉萨市第八中学、拉萨市第一中学的5名选手代表西藏参加了全国总决赛。

四、加强语言文字科学研究

根据教育部要求，开展民族地区中小学教师国家通用语言使用情况调研，西藏自治区教育厅成立以朱赟副厅长为组长、各地市教体局分管局长为成员的调研工作领导小组。举办30人规模的调研员培训班，下发《关于开展中小学教师普通话调研工作相关事宜的通知》(藏语委办〔2015〕2号)。在调研过程中，各地市分管局长亲自带队，严格按照规定程序对247所中小学的3,063名中小学教师进行问卷调查，并全程录音。调研于6月底如期完成。

启动西藏自治区国家通用语言文字应用研究和双语教学科研工作，公布了2014年自治区级语言文字工作科研申报和立项10个课题。

(撰稿：王建社、泽旺曲珍)

陕西省

陕西省语言文字工作委员会(简称陕西省语委)是协调陕西省有关部门和社会各方面开展语言文字工作的议事机构。陕西省副省长担任省语委主任，陕西省政府副秘书长和省教育厅厅长担任省语委副主任。陕西省语委办公室(简称陕西省语委办)设在省教育厅。具体办事机构为省教育厅语言文字工作处，与省教育厅基础教育二处合署办公，公务员编制2人。全省11个省辖市、杨凌示范区均设立语言文字工作委员会，各级语委办设在同级教育行政部门。

陕西省语言文字水平培训测试中心挂靠在省电化教育馆，是全省普通话培训测试工作的实施机构，接受陕西省语委办的行政管理和国家语言文字水平培训测试机构的业务指导，负责对测试质量进行监督和检查，开展测试工作科学研究和业务培训。

一、推广普及国家通用语言文字

(一)陕西省第18届推普周活动

陕西省语委联合省委宣传部、省人社厅、省文化厅等9部门印发《关于开展陕西省第18届推广普通话宣传周活动的通知》。9月14日，陕西省教育、人社、民政、总工会等陕西省语委成员单位在延安大学启动第 18 届陕西省推广普通话宣传周活动。其间，向陕西省语委成员单位、11 个市区、相关学校赠送《国家通用语言文字资料汇编》近 4000 册，推普周宣传品 1000 份。

(二)二类城市语言文字达标评估

12 月，陕西省语委联合省人大、省语委成员单位评估验收渭南、汉中两市国家二类城市语言文字规范化工作。同时，由陕西省人大教科文卫委员会主任委员杨希文和省教育厅副厅长、省语委办主任王海波带队，对两市开展语言文字执法调研和巡视指导。至此，陕西省已圆满完成国家语委在 2015 年前全部二类城市(地级市)通过语言文字评估验收的任务要求。

(三)语言文字规范化示范校创建

陕西省语委创建并验收汉中、榆林、延安、神木、宝鸡 5 批 44 所省级语言文字规范化示范校。

截至 2015 年年底，共有 15,780 所学校开展语言文字规范化示范校创建活动。其中，已命名的地市级示范校 713 所，已命名的省级示范校 297 所。

二、弘扬传播中华优秀文化

(一)组织开展中华经典诵写讲系列活动

年初，在全省各级各类学校和社会文化领域、有关艺术团体中组织开展 2015 年“中国梦·爱国情·成才志”中华经典诵读活动。经过省级评审，从 178 家单位上报的 219 件作品中评选出获奖作品 80 件，优秀组织单位 50 个，省语委、省教育厅、省人社厅、省文化厅联合印发表彰文件。据不完全统计，全省共举办中华经典诵读4,600余场，参与人数超过 100 万人。

5 月上旬至 11 月，陕西省语委、省教育厅联合语文出版社面向全省高校、中职学校组织了第一阶段“语文知识大赛”，共收到答卷 2.8 万余份，经语文出版社组织专家阅卷，确定陕西师范大学、西北大学等 12 所高校，陕西银行学校、陕西省理工学校等 4 所中职学校晋级省级竞赛。6 月底，启动第二届陕西省中小学规范汉字书写大奖赛活动。12 月 22 日至 23 日，第二阶段“语文知识大赛”在西安理工大学举办。

3 月，陕西省语委办联合团省委、省诗词学会举办“青春年华 · 中国梦”诗词征文大赛。5 月 23 日，在西安音乐学院举办颁奖暨获奖作品诗歌朗诵会。

(二)组织开展第三届《中国汉字听写大会》选拔赛

从全省 12 支代表队 60 名选手中遴选并培训全省前 5 名参加国家语委、中央电视台第三届《中国汉字听写大会》。陕西省取得 5 人全部晋级半决赛、3 人进入全国前 6 名、1 人荣获全国并列亚军的优异成绩。10 月，召开表彰大会，对本届《中国汉字听写大会》先进单位和个人予以通报表彰。

三、提升国民语言文字应用能力

全年共举办省级语言文字培训 4 期。

在延安大学举办两期农村骨干教师语言文字培训；委托省语言文字培训基地举办语言文字管理干部能力提升培训 1 期；在商洛举办“推普下乡（商洛站）——陕西省山区中小学骨干教师普通话培训”。上述培训邀请省内外语言文字专家授课，协调相关中小学开展观摩和现场教学，得到参训学员的高度评价。

普通话水平测试工作信息化水平大幅提高。2015 年陕西共有普通话培训测试站 52 个，计算机辅助测试 127,377 人次，累计测试 1,685,274 人次。

四、加强语言文字科学研究

按照教育部、国家语委课题项目的要求，完成教育部语言文字应用管理司交付陕西省语委办和延安大学的《“延安时期语言文字工作”的调查研究》课题结题工作；组织开展国家语委 2015 年度语言文字科研课题的立项申报工作。陕西省语委办遴选指导的陕西广播电视大学《新丝绸之路建设教科文发展中语言文字推广的作用与对策研究》课题首次入选国家语委课题项目；11 月陕西省被教育部、国家语委正式纳入 2015 年第二批中国语言资源保护工程项目。中国语言资源保护工程——“陕西省汉语方言调查”项目第一批调查点 11 个，分别是富平、神木、延安、延川、户县、合阳、韩城、岐山、平利、安康、城固。目前，该项目进展顺利。

（撰稿：张荣祖、刘白燕、曹军平）

甘肃省

甘肃省语言文字工作委员会(简称甘肃省语委)由副省长任主任,省教育厅厅长、总督学任副主任,由34个成员单位组成。甘肃省语委办公室(简称甘肃省语委办)现有编制4人,归口省教育厅管理。全省14个市(州)、86个县(区)均成立了语言文字工作委员会,语委办设在同级教育行政部门,其中10个省辖市(州)语委办独立设置,其他4个省辖市(州)语委办与教育局有关处室合署办公。

一、推广普及国家通用语言文字

(一)省级语言文字规范化示范校创建

2015年,兰州市第六十四中学等123所学校被命名为省级语言文字规范化示范校。全省现有国家级示范校36所、省级示范校392所。

(二)三类城市语言文字达标评估

徽县、成县、两当县、和政县、康乐县、玛曲县、碌曲县等7个县顺利通过国家三类城市语言文字工作评估验收,达到了"普通话初步普及、汉字的社会应用基本规范"的城市语言文字工作目标。全省通过国家三类城市语言文字工作评估验收的县(区)达到78个。

(三)开展第18届推普周系列活动

8月,甘肃省语委、省教育厅等13家单位印发《关于开展第18届全省推广普通话宣传周活动的通知》,各行业、各系统广泛开展以"依法推广普通话提升国家软实力"为主题的推普系列活动。9月20日,"第18届全省推广普通话宣传周"闭幕式在会宁县举办,甘肃省副省长郝远,教育部语言文字应用管理司、机关党委负责人出席闭幕式。

二、提升国民语言文字应用能力

甘肃省语委向教育部、国家语委成功申请成立"'一带一路'汉语普通话推广培训基地(西北中心)”,该培训基地的具体建设事宜由教育部语言文字应用管理司负责指导,甘肃省教育厅负责运行,西北师范大学具体承办。

甘肃省语委同意成立甘肃工业职业技术学院语言文字培训测试站。全年累计测试教师、公务员、学生、窗口行业服务人员、播音员共计10万人次。

7月,在西北师范大学举办两期少数民族地区双语教师普通话培训班,全省民族、边远、贫困地区的200名教师参加了培训。

三、弘扬传播中华优秀文化

3月,印发《省教育厅关于开展第三届〈中国汉字听写大会〉甘肃选拔赛工作的通知》。5月10日至13日,举办《中国汉字听写大会》甘肃赛区决赛,来自全省14个市(州)的70名选手经过5场激烈角逐,选出团体和个人一、二、三等奖。获得团体一等奖的西北师范大学第二附属中学代表队代表甘肃省参加了第三届《中国汉字听写大会》。

(撰稿:杨坚、卢永峰)

青海省

青海省语言文字工作委员会(简称青海省语委)由副省长任主任,省教育厅厅长任副主任,由11个成员单位组成。青海省语委办公室(简称青海省语委办)现有编制3人,归口省教育厅管理。

全省8个市、州有7个设立语言文字工作委员会,语委办设在教育行政部门,与教育局有关处室合署办公,其中果洛藏族自治州语委办有1个编制。

一、推广普及国家通用语言文字

3月至12月,省语委从上报的60所示范校申报材料初步评出17所学校为第二批省级语言文字规范化示范校候选校。6月至11月,组织专家走访西宁、海西、海北、果洛、玉树等入围候选校所在地区,对17所候选校进行实地抽查评估。经评审,认定西宁市大通县长宁镇中心学校等14所学校为青海省第二批省级语言文字规范化示范校。

7月,青海省委、省教育厅等9家单位印发《关于开展第18届全省推广普通话宣传周活动的通知》(青教语〔2015〕11号),各行业、各系统广泛开展以“依法推广普通话提升国家软实力”为主题的推普周系列活动。9 月 14 日至 20 日推普周期间，海东市语委在 2 区 4 县组织开展推普周下乡活动。以语言文字专家、学校师生为推普下乡主要工作团队，进入农村社区、街道进行《国家通用语言文字法》及青海省《实施办法》、《国家中长期语言文字事业改革和发展规划纲要(2012—2020 年)》及青海省《实施方案》等的宣传。

12 月，海东市平安区和乐都区正式启动二类城市语言文字评估验收工作，青海省语委、省教育厅多次派专家进行现场指导，并完成预评估工作。

二、提升国民语言文字应用能力

2 月，青海省语委部署民族地区中小学教师普通话使用情况调研。3 月，对各地遴选的 30 余名调查员进行专题培训，调研涉及 200 余所学校、近千名教师。4 月，举办城市语言文字规范化建设工作培训班。

9 月，举办第 24 期省级普通话水平测试员资格培训班，来自全省各地教育局、高校的 110 名教师参加测试员资格培训，49 名教师获得省级普通话水平测试员资格，改善了全省普通话水平测试员队伍结构。

10 月，举办全省语言文字业务干部培训班，来自全省各地及语委成员单位的 200 名语言文字管理干部参加培训，进一步提升了各地语委办、测试站业务干部工作水平。

6 月、10 月，以“送培下乡”的模式在一市两州举办 3 期少数民族教师普通话培训班，培训学员 300 名，解决了教师培训抽调难的问题，受到基层教师的赞誉，有效提升了少数民族教师普通话水平。

11 月，同意成立青海广播电视大学语言文字培训测试站，实现了青海高校普通话测试站设立的全覆盖，深入推进了普通话机测工作。

三、弘扬传播中华优秀文化

3 月，下发《关于开展第三届〈中国汉字听写大会〉青海赛区选拔工作的通知》(青教语〔2015〕4 号)。来自全省 2 市 6 州的 170 多所中学近 20,000 名初一、初二在校生参加了大赛。大赛历经 3 个多月的校内选拔赛、区县晋级赛、省域排位赛和省级冠军赛近 200 多场次。16 支代表队参加全省冠军赛，6 位优胜者代表青海省参加《中国汉字听写大会》全国总决赛。

4月，全省中小学、各大中专院校组织学生和教师共同参与的“全省师生书法大赛”。聘请省书法家协会著名书法家担任评委，对所有选送的作品进行初评和复评，评出4个组别个人软、硬笔一等奖24名，二等奖48名，三等奖72名，优秀奖120名，组织奖和辅导奖若干名。

6月、12月，下发《关于组织开展“书法名家进校园”活动通知》（青教语〔2015〕9号），由教育厅语工处与省书法家协会联合举办“书法名家进校园”活动，涉及海东市乐都区高级实验中学、互助县第一中学、民和县川垣学校、平安区第三小学等4所中小学校和青海大学、青海民族大学，参与师生、家长400余人，收到良好效果。

（撰稿：张永胜、张宏山）

宁夏回族自治区

宁夏回族自治区语言文字工作委员会（简称自治区语委）是宁夏回族自治区人民政府议事协调机构，自治区政府分管教育工作的副主席担任主任，教育厅厅长兼任副主任，自治区党委、政府有关部门及自治区军区分管领导担任委员。自治区语委办公室（简称自治区语委办）设在自治区教育厅，与自治区教育厅教师工作处合署办公，公务员编制4人。全区5个地级市以及20个县（区、市）政府均设立语言文字工作委员会（利通区、沙坡头区未设立教育局，相关工作分别由吴忠市和中卫市教育局承担实施），语委办设在同级教育行政部门，并均与教育局有关处室合署办公。

一、推广普及国家通用语言文字

（一）语言文字示范校创建和达标评估

强化学校语言文字规范化的基础作用，在全区中小学、幼儿园开展语言文字规范化示范校创建工作的基础上，继续开展汉字书写特色学校建设，组织专家先后对全区46所中小学校进行汉字书写特色学校评估。2015年，全区有国家级语言文字规范化示范校21所，自治区级语言文字规范化示范校81所。组织修改完善中小学语言文字规范化示范校评估标准和体系，加强评估专家队伍建设；对已经取得自治区级和国家级示范校称号的学校进行抽查和回访。加快推进城市语言文字评估工作，积极帮助指导推进全区三类城市的评估工作。

（二）推进普通话水平计算机辅助测试

顺利完成国家普通话培训测试中心组织的对宁夏回族自治区的普通话培训测试工作的调研；加强对普通话水平测试质量、操作规范、服务效率、证书发放等的管理。全面推进计算机辅助普通话测试工作开展，批准成立3个测试站，全面实现普通话水平计算机辅助测试。

（三）组织开展第18届全国推普周活动

印发《自治区教育厅等七部门关于开展第18届全国推广普通话宣传周活动的通知》，制定全区第18届推普宣传周活动方案，指导各市、县（区）、高校、窗口单位认真扎实开展丰富多彩的推普宣传活动；印制宣传标语和宣传画各8,000份，分发各市、县（区）、高校和窗口单位张贴宣传；各市、县（区）语委办和各级各类学校组织师生普遍开展街头咨询等宣传活动，通过播放录音、现场宣读或散发宣传资料等形式，向广大市民广泛宣传语言文字有关法律法规以及语言文字规范知识，产生了很好的社会宣传效应。

（四）民族地区中小学教师普通话使用现状

承担国家语委下达的“少数民族地区中小学教师普通话使用现状调研”工作，按照国家语委的要求，制定方案，召开动员会，组成由语言文字专家和普通话水平测试国家级测试员为主体的调研组，利用3个月的时间，对全区22个县（区）480多所中小学的3,000多名教师进行了语言面貌调查、录音、整理、分析等工作，全面完成任务。

二、弘扬传播中华优秀文化

举办学生书法大赛。3月到5月，在全区范围内举办大、中、小学生书法大赛，共有4.7万人次参加比赛，在学校营造了“开口就讲普通话，提笔就写规范字”的校园氛围，收到良好的效果。

举办两期中小学教师书法培训班。共有100余名来自教学一线的专、兼职书法教师接受了由自治区书法家协会承办的书法培训，培训受到一线教师的好评。组织开展书法家进校园活动，知名书法家深入到中小学校，指导语言文字工作和校园文化建设。

举办中小学汉字听写活动。在全区中小学组织开展中国汉字听写活动，选拔选手进入全国决赛。

组织开展经典诵读活动。全区各市、县及大中专院校，结合本地、本单位实际，利用五四、六一、七一等节日积极组织开展了形式多样、内容丰富的经典诵读活动。

三、加强语言文字工作信息化建设

充分发挥宁夏回族自治区语言文字网的作用，积极宣传国家语言文字方针政策，努力服务宁夏回族自治区语言文字工作和社会语言生活。

（撰稿：张鲁生、马希林）

新疆维吾尔自治区

新疆维吾尔自治区民族语文翻译局与新疆维吾尔自治区民族语言文字工作委员会[简称新疆民语委（翻译局）]是两块牌子一套人马，是自治区人民政府组成部门、全国唯一正厅级语言文字工作机构。现有15个职能处室和单位，编制117人、在职105人。主要负责全区语言文字法制建设，制定各民族语言文字发展规划，推广普及国家通用语言文字，组织实施全区各族干部群众和农牧民的双语学习，主管全区民族语文翻译，组织开展普通话和规范少数民族语言培训测试以及各民族语言文字规范化、标准化、信息化建设等工作。

一、推广普及国家通用语言文字

5月，新疆民语委（翻译局）和自治区教育厅联合发文，经过评审、抽查，伊犁州广播电视大学等32所学校获得自治区级语言文字规范化示范校。

组织开展第18届推普周活动。会同自治区党委宣传部、自治区教育厅等9部门下发《自治区关于开展第18届全国推广普通话宣传周活动通知》。全疆各地、各单位，紧紧围绕“大力推广普通话，提升国家软实力”的主题，开展丰富多彩的活动。新疆民语委（翻译局）根据国家制作的推普宣传画，及时翻译，统一印制双语版宣传画发往全疆各地和各大中专院校。自治区及各地广播、电视播发推普、公益广告。设立宣传点，向市民免费发放推普宣传手册、主题海报和印有推普标语的文化衫、鼠标垫和围裙等宣传品，在语委门户网站发布推普公益广告片、宣传画等，切实增强了宣传效果，营造了浓厚的宣传氛围。

1月至6月底，在全疆组织开展了中小学教师普通话使用情况调查工作，主要对中小学教师基本背景情况、语言能力及语言使用、语言态度等进行调查。调查范围涉及全疆14个地州市的800多所学校的3,000多名教师,调查问卷3,200份。

全区33个普通话水平测试站共测试3万人次。自治区普通话水平测试中心对200余名社会人员进行培训测试。在新疆大学、新疆师范大学和昌吉学院设立计算机辅助普通话水平测试站,并正式开展计算机辅助测试工作,其他测试站正进行硬件建设,全面实现普通话水平计算机辅助测试。编写出版适合于全疆各族群众学习的《普通话水平测试指导用书》(新疆版)。

二、加强语言文字法制建设

9月21日,新疆维吾尔自治区第十二届人民代表大会常务委员会第十八次会议修订通过《新疆维吾尔自治区语言文字工作条例》(简称《条例》),该条例自12月1日起正式施行。

新修订的《条例》呈现诸多亮点:一是与《国家通用语言文字法》和新时期国家语言文字政策规定相衔接。明确立法目的在于推进国家通用语言文字和少数民族语言文字的规范化、标准化及其健康发展,大力推广国家通用语言文字,科学保护少数民族语言文字,使国家通用语言文字和少数民族语言文字在社会生活中更好地发挥作用。二是明确了语言文字和翻译工作机构及各部门管理语言文字的职责,建立适应时代发展要求的语言文字工作机制。三是强化语言文字的使用管理。明确要求县级以上人民政府语言文字管理机构要加强对语言文字社会应用的管理,加大执法工作力度;对学校、机关、文化、新闻出版广播电影电视和公共服务行业等重点领域加强监督检查;为从根本上治理社会用字不规范现象,加强对从事语言文字翻译、广告牌匾制作经营企业的管理。四是对各级人民政府提出加强双语学习和教育的要求。五是加强民族语文翻译工作。要求机关、团体、企业和事业单位要重视和加强少数民族语言文字翻译工作,加强翻译队伍建设。六是强化法律责任。依据《行政处罚法》和语言文字工作实际,区分机关、团体、事业单位和企业以及从事语言文字翻译、广告牌匾制作的经营企业等不同违法主体和违法类型分别作出处罚规定,处罚更精准,更易操作。

5月6日,以新疆民语委(翻译局)主任迪木拉提·木沙为组长、巡视员张树山为副组长一行5人组成的调研组,对昌吉回族州贯彻落实语言文字法规政策情况进行了实地调研。

9月15日,新疆民语委(翻译局)党组成员、专职副局长铁来克·依不拉音带队对乌鲁木齐市天山区、高新区(新市区)、经济开发区(头屯河区)城市主要交通道路、公共场所、公用设施的自治区成立60周年大庆宣传标语、宣传牌规范使用国家通用语言文字和少数民族语言文字情况进行检查。检查组共检查宣传标语、宣传牌128个。针对个别翻译错误、文字书写不规范情况，检查组责成相关部门立即整改，确保自治区成立60周年大庆宣传标语、宣传牌用字规范、翻译准确，为自治区成立60周年大庆烘托节日气氛，营造良好的宣传氛围，展现新疆崭新的精神面貌。

三、推进语言文字标准化信息化建设

规范审定少数民族语言新词术语。自治区名词术语规范审定办公室规范审定各语种常用名词术语及政治理论新词术语共7,002条，并及时公布。其中，维吾尔语种规范审定常用名词术语1,700条，政治理论名词术语共1,100余条；哈萨克语种规范审定了常用名词术语共900条，政治理论名词术语共1,100条；柯尔克孜语种规范审定常用名词术语共602条；蒙古语种规范审定新词术语1,200条。编纂出版《汉维、汉哈政治理论对照手册》。

为加强各民族语言文字科研工作，积极推进民族语言上网工作，成立工作协调小组，制定推行实施方案，结合"维吾尔、哈萨克语言文字信息资源建设与共享工程项目"实施，完善维吾尔、哈萨克、柯尔克孜文信息化技术规范标准，做好民文上网工程技术基础工作。建设新疆多文种语言文字门户网站及公共信息服务平台。整合政策法规、文学艺术、教育科技、实用技术等资源，丰富民文网上内容，向各族群众提供精神文化产品。

四、提升国民语言文字应用能力

7月22日和8月18日，分别在伊犁州新源县和阿克苏地区拜城县召开北疆片区、南疆片区青壮年农牧民双语学习试点县工作推进会，交流推广双语学习试点县工作取得的经验。教育部语言文字应用管理司司长姚喜双、自治区人民政府副秘书长帕尔哈提·贾拉勒出席北疆片区会议并讲话，教育部语言文字应用研究所为自治区赠送双语学习教材。自治区党委组织部、人社厅、民语委（翻译局）等相关部门负责人、各地州市和新源、托里、拜城、疏附、于田5个试点县及相关县语言文字工作部门负责人等100多人参加会议。

8月，分别对自治区银监局和工商银行等11家银行开展双语学习，为各民族群众提供双语服务情况进行了实地调研。

举办维吾尔、哈萨克、蒙古等少数民族现代文学语言正字正音、翻译专业继续教育、少数民族人名汉字音译转写培训班21期，培训2,511人。为甘肃阿克塞哈萨克自治县举办培训班2期，培训106人，通过培训提高了各民族语言文字规范化水平。

自治区党委组织部、党委宣传部、新疆民语委（翻译局）、自治区新闻出版广电局等四部门联合举办以“民族团结，从我做起”为主题的自治区基层干部双语口语大赛。自2月初开赛到大赛结束，全疆14个地（州、市）近千名各族基层干部报名参加。通过县（市、区）初赛、地（州、市）复赛，最终60名选手进入自治区决赛。最后评选出一等奖2名、二等奖3名、三等奖5名、优秀奖10名。

5月至7月，举办以“热爱伟大祖国、建设美好家园”为主题的第四届少儿双语口语大赛。大赛由自治区党委宣传部、自治区教育厅、自治区新闻出版广电局、新疆民语委（翻译局）主办，新疆人民广播电台、新疆电视台、新疆教育电视台、中国移动新疆公司承办。参赛对象为4岁到13岁的幼儿和小学生。比赛分县市区初赛、地州市复赛、自治区决赛三个阶段，各阶段按参赛选手年龄分为幼儿组、小学1—3年级组、小学4—6年级组，各组又分为双语组（含民考民）、民考汉组、母语为汉语组三个组。最终幼儿组评出15名“优秀双语宝贝”，小学组评出20名“优秀双语儿童”，授予35名指导教师“园丁奖”。自治区少儿双语口语大赛自2006年首次举办以来，每三年举办一届。参赛人数不断增加，从首届的不足4万人到第四届的112万余人参与。

10月28日至29日，第16次全国民族语文翻译学术研讨会在乌鲁木齐召开。新疆维吾尔自治区党委常委、宣传部长李学军，自治区副主席吉尔拉·衣沙木丁，以及国家民委教育科技司、中国民族语文翻译局、中国翻译协会相关负责人出席会议并讲话。来自北京、西藏、新疆等14个省（区、市）及自治州的19个语种、20多个民族的代表参加了会议。

少数民族语文翻译专业技术职务评定。2015年，新疆有9人取得少数民族语文翻译系列高级专业职务任职资格，7人取得副高级任职资格，10人取得中级任职资格，4人取得初级任职资格。截至2015年年底，取得自治区少数民族语文翻译系列任职资格专业技术职务1,113人，其中高级257人、中级693人。

2015年，出版发行维吾尔、汉、哈萨克、蒙古、柯尔克孜等5种文版《语言与翻译》杂志4期。共发表论文359篇，共约283万余字，总印数近4万多册。

编写出版《新疆语言文字事业发展60年》。为庆祝新疆维吾尔自治区成立60周年，组织编写《新疆语言文字事业发展60年》，全面记述展示自治区成立60年来语言文字工作发展历程和取得的成果，昭示党的民族语文政策在新疆的伟大实践。全书共分9编，50万字，由新疆人民出版社出版。

（撰稿：齐建军、郝玲）

新疆生产建设兵团

新疆生产建设兵团语言文字工作委员会(简称兵团语委)成立于1994年,与兵团教育局合署办公。兵团教育局局长担任语委主任。全兵团共辖14个师,各师设立语言文字工作机构,均与教育局有关处室合署办公。

2000年,兵团成立普通话水平培训与测试指导中心,设在石河子大学。主要负责兵团本级普通话水平培训测试的实施以及对各师相关工作的监督指导。

一、推广普及国家通用语言文字

8月底至9月初,兵团教育局、兵团语委组织开展第18届推普周宣传活动。设计推普宣传册、展板、标语、标志,下发至兵团各级普通话测试点和推普办。10月初,举行"规范使用国家通用语言文字,弘扬中华优秀文化传统"的签名活动。

二、弘扬传播中华传统文化

3月,兵团教育局、兵团语委第八师在石河子市举办第三届《中国汉字听写大会》全国巡回赛兵团选拔赛,共计15,208名学生参加初赛,175人进入兵团复赛,16个学校代表队、80名选手进入决赛。经过四轮角逐,参加兵团冠军赛的5名选手最终获得参加中央电视台第三届《中国汉字听写大会》资格。

三、加强语言文字干部队伍建设

选派语委干部、中小学校长、幼儿园园长共20名参加教育部语言文字应用管理司组织的2015语言文字管理干部能力提升培训班、2015年语言文字工作幼儿园骨干园长和中小学骨干校长培训班。

举办第6期国家级普通话水平测试员培训班。经过语言文字法律法规、普通话语音知识、国际音标和测试等级标准、测试大纲、测试能力等考核,70余人获得国家级普通话水平测试员资格。

(撰稿:王轮、甘琦)

港澳地区

香港特别行政区

在香港特别行政区合作开展普通话水平测试始于1996年。1997年香港回归后，考虑到一国两制的特殊实践，国家语委普通话与文字应用培训测试中心（教育部语言文字应用研究所）采取了与在港高校合作的工作方式，以帮助提升香港特别行政区师生的普通话水平为基础，逐步在港开展普通话测试工作，满足香港特别行政区民众学习普通话、测量普通话的需求。

一、合作测试机构建设

截至2015年年底，国家语委普通话与文字应用培训测试中心与14家香港特别行政区高校（或学术机构）签订合作协议，合作开展普通话培训测试及科研工作。其中包括在港的全部高校，即香港大学（1996）、香港教育大学（1997）、香港树仁大学（1997）、香港中文大学（1998）、香港岭南大学（2000）、香港理工大学（2003）、香港城市大学（2005）、香港科技大学（2006）、香港浸会大学（2007）、香港公开大学（2007）、香港珠海学院（2010）、恒生管理学院（2013）以及香港职业训练局（2011）、香港考试及评核局（2012）等权威机构。所有高校均在校内设立了专门的普通话教学与测试机构，面向本校师生开展普通话教学和国家普通话水平测试（PSC），并对社会提供培训测试服务。

此外，香港特别行政区许多高校还开设了普通话教育文学硕士学位课程、普通话荣誉学士学位副修课程、教师普通话能力提升课程、普通话水平测试强化训练课程等各类课程数十种，已累计培训12万余人次。

自2008年起，在国家语委普通话与文字应用培训测试中心的协助、指导下，香港特别行政区各测试机构联合建立香港大专院校普通话中心联席会议制度，每年召开一次联席会议，交流普通话推广情况，引导、整合、发挥高校的影响力和带动辐射作用。

至2015年年底，联席会议已经成功举办9届。

2010年，国家语委普通话与文字应用培训测试中心整合内地优势资源，拓展服务方式，制定了《省级普通话培训测试机构协助国家语委普通话培训测试中心赴香港特别行政区执行普通话培训测试任务试行办法》。自2011年起，依照该办法，国家语委普通话与文字应用培训测试中心组织了内地6省市测试机构与香港特别行政区测试机构进行合作测试，年均测试20余批次，取得了良好效果。

2015年，国家语委普通话与文字应用培训测试中心组织召开了首次"香港特别行政区合作开展普通话水平测试工作交流会"。教育部港澳台办、语言文字应用管理司、国家测试中心、湖北省教育厅、华中师范大学有关领导和全国普通话培训测试专家指导委员会的专家，以及来自香港特别行政区12家合作测试机构和内地6家省级测试机构的32名代表出席会议。会议交流了与香港特别行政区合作测试经验及在港合作测试20周年纪念活动的筹备问题，并就国家通用语言文字在港使用情况及未来发展趋势等问题进行了研讨。

二、香港特别行政区普通话师资队伍建设

至2015年年底，国家语委普通话与文字应用培训测试中心为香港特别行政区各测试机构共培养了143名国家级普通话水平测试员。这些测试员全部为在港各高校的全职或兼职教师，60%以上具有硕士、博士学位。他们既参与主持国家普通话水平测试，又成为香港特别行政区普通话教学的"种子教师"，在全港普通话师资的培养培训中发挥重要作用。这些测试员在普通话教法研究、教材编研中发挥了领军作用，为提升香港特别行政区的普通话教学水平和教材质量作出了积极贡献。

历年来由国家级普通话水平测试员在港出版普通话学习教材已超过40种。这些测试员常年为在港高校学生、中小学教师以及公务员等人群开设普通话培训课程，为提高香港特别行政区社会的普通话水平发挥了重要作用。

与此同时，国家语委普通话与文字应用培训测试中心加强赴港测试员业务培训。自2011年起，专门组织两期"骨干测试员专题研修班"，五省市测试机构推选92名优秀的骨干测试员参加研修。研修班针对赴港测试进行业务、纪律、外事等方面的专题培训、研修和考核，为《试行办法》的顺利实施提供了充分的人才储备。2015年，国家语委普通话与文字应用培训测试中心举办第三期"骨干测试员专题研修班"，河北等六个省级测试机构领导及选派的38名骨干测试员参加了研修。

三、香港特别行政区同胞普通话水平状况

普通话水平测试在港受到民众的广泛认可，参加测试的人员涵盖各个社会阶层，有的年长者超过 70 岁。2015 年，国家测试中心与在港各测试机构合作，测试 6,879 人次；截至 2015 年年底，已累计在港测试十万余人次(详见图 3)。在 2015 年接受测试的人中，教师 20%，学生 30%，文职人员 14%，行政人员 5%，服务人员 7%专业技术人员 5%，家庭主妇和退休(无工作)人员 7%以及其他人员 12%。此外，国家测试中心还积极配合内地和香港特别行政区高校间的相关交流项目，为来北京参加相关培训的香港特别行政区学员累计测试 7,432 人次。

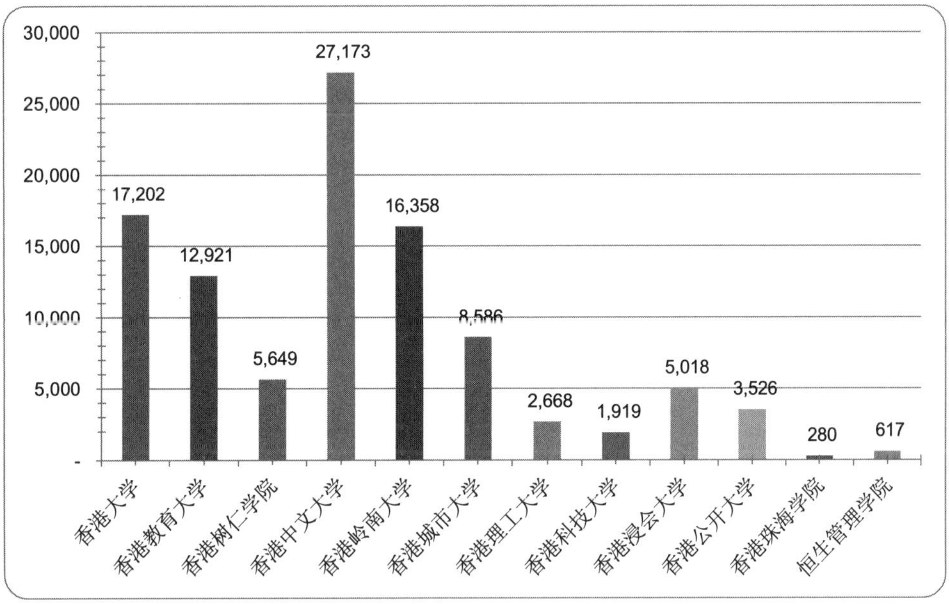

图 3　香港特别行政区 12 所高校测试人数统计(1996—2015 年)

国家普通话水平测试已成为香港特别行政区参加人数最多、声誉良好、社会影响广泛的普通话考试(注：香港特别行政区本地普通话考试超过 8 种)，成为香港特别行政区政府持续进修基金、教师语文能力(普通话科)评核等认可的权威测试。香港岭南大学、香港教育大学、恒生管理学院等高校已将国家普通话水平测试作为本校学生“中文离校试”的口试，并对不同专业的学生成绩有不同的等级要求，如香港教育大学要求中文专业毕业时要达到二级乙等以上成绩，英文专业要达到三级甲等以上成绩，其他专业要达到三级乙等以上成绩。

随着香港特别行政区与内地交流的日益密切以及普通话水平测试、教学培训工作的逐渐深入，香港特别行政区民众的普通话水平测试成绩也在逐年提高。2015 年，香港特别行政区应试者取得二级乙等（80 分—86.9 分）和三级甲等（70 分—79.9 分）的人数达到总体人数的 64.17%，取得一级乙等（92 分—96.9 分）的人数达到 7.03%，这在香港特别行政区历年普通话水平测试成绩史上是最高的。（详见图 4）

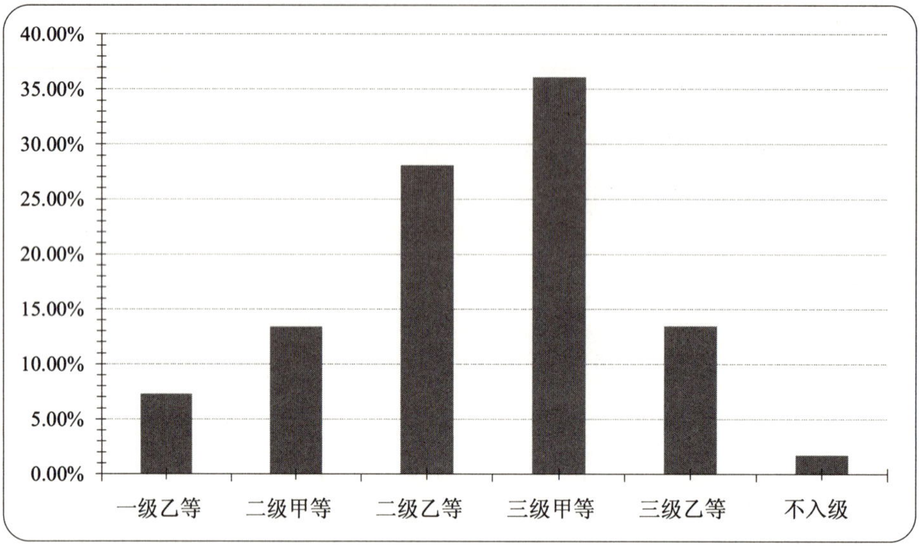

图 4　2015 年香港特别行政区应试者普通话水平测试成绩分布

四、语言文字政策调研

2015 年教育部语言文字应用管理司对香港特别行政区政府部门、高校、中小学及民间普通话社团等进行调研，了解香港特别行政区语言文字政策、法律法规及使用现状，深入分析存在的问题，针对提升香港特别行政区普通话普及程度、增强青少年的国家认同感等方面提出对策建议。参加香港特别行政区合作开展普通话水平测试工作研讨会，就香港特别行政区国家通用语言文字使用情况及未来发展趋势等问题进行研讨。

澳门特别行政区

澳门特别行政区是一个多语言多方言的城市，澳门人使用的语言有汉语、葡语、英语，使用的汉语方言有粤方言、闽方言、吴方言等。澳门特别行政区回归祖国后，越来越多的学生积极选修普通话，良好的普通话水平成为大学生寻求在澳门特别行政区、香港特别行政区和内地发展的一项重要技能。

为了满足澳门特别行政区人们学习、掌握、测量普通话的需求，国家语委普通话与文字应用培训测试中心（教育部语言文字应用研究所）在 1997 年与澳门理工学院签约，合作开展普通话水平测试，具体工作由学院的语言培训及测试中心负责。2001 年，国家测试中心与澳门大学合作建立了澳门大学普通话水平测试中心，开展普通话专业培训、测试和科研工作。

2015 年，国家测试中心在澳门特别行政区测试 122 人次。截至 2015 年年底，累计测试 1,736 人次，培养澳门特别行政区的测试员 13 名，为澳门特别行政区高校及教青局、高教办等组织的来京参加普通话培训课程及语言活动的学生提供测试，累计测试近 200 人次。（详见图 5）

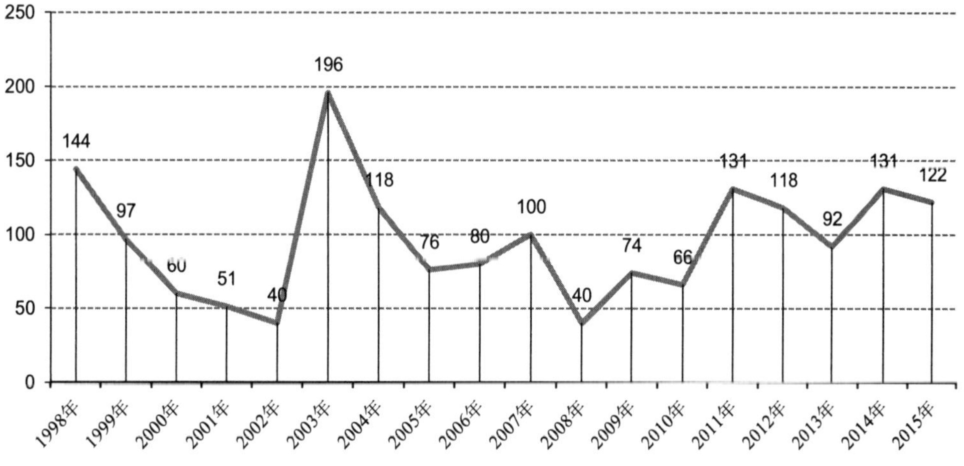

图 5　历年澳门特别行政区民众参与普通话水平测试的人次分布图

学术研究与出版

>>>

国家语委科研工作

2015 年度国家语委科研立项工作于 1 月启动。经过多途径选题征集工作，5 月下发《关于开展 2015 年度国家语委科研项目申报工作的通知》。经公开申报、评审、公示等环节，共设立科研项目 99 项，其中重大项目 4 项、重点项目 27 项、委托项目 14 项、一般项目 54 项。课题重点围绕“语言战略、语言规划与语言政策”“语言文字规范标准建设”“语言生活与语言管理”“语言教育与语言能力”“语言资源建设与中文信息处理”等语言文字事业发展重要领域设立(各类研究方向立项情况参见图 6)。

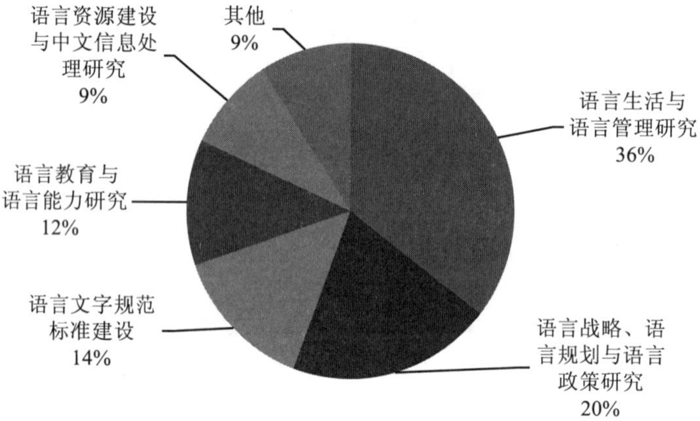

图 6　2015 年度国家语委科研项目立项情况

9 月 21 日，印发《教育部 国家语委关于印发〈国家语委科研项目管理办法(2015 年修订)〉的通知》。开展对以往项目的中期检查，同时对长期未结项的科研项目进行清理。

国家语委科研机构科研成果

2015年,国家语委科研机构以服务政府决策、服务社会应用、服务学科发展为宗旨,深入开展语言文字科研工作,取得了丰硕成果。

发表论文269篇。其中,期刊论文142篇,辑刊论文21篇,论文集论文80篇,《中国语言生活状况报告(2015)》载论文7篇,序文2篇,报纸时文17篇。用英文发表的77篇。

提交咨政报告24篇。赵世举的《全球竞争中我国面临的重大语言问题及应对建议》、李宇明的《"一带一路"需要语言铺路》、赫琳的《努力建构合适的"一带一路"话语体系》等咨政报告受到中央领导和部委领导的肯定和重视。

出版著作64册。其中,国家语委皮书系列4册,包括绿皮书、黄皮书和准蓝皮书;外文版著作3册,包括 *Language Planning in China*(李宇明)、《中国语言生活状况(英文版)》和《中国语言生活状况(韩文版)》。

出版辑刊6期。其中,《中国语言战略》2期、《语言政策与规划研究》2期、《语言政策与语言教育》(年内创刊)1期、《语言规划学研究》(年内创刊)1期。

编发内刊74期。其中,多中心合办的《语情信息》24期、《语言战略动态》24期、《世界语言战略资讯》12期、《中国语情》4期、《语言文字政策研究》4期、《语保》3期、《中国语情特稿》2期,有关中心动态1期。

新获批科研项目86个。其中,国家哲学社会科学基金项目5个(含重大项目2个)、国家自然科学基金项目5个、教育部哲学社会科学规划课题8个(含重大项目1个)、国家语委科研规划课题24个,其他各类性质课题44个。

完成科研项目22个。其中,国家自然科学基金项目3个、教育部哲学社会科学规划课题2个、国家语委科研规划课题12个,其他各类性质课题5个。

2015年之前立项、目前在研的科研项目119个。其中,国家哲学社会科学基金项目20个(含重大项目2个)、国家自然科学基金项目7个,教育部哲学社会科学规划课题9个(含重大项目4个)、国家语委科研规划课题34个(含重大项目5个),其他各类性质课题49个。

举办学术会议125个。其中，30人以上的大规模会议、论坛等59个，30人以下的小型学术研讨会66个。如，第二届中国语言生活学术研讨会暨《中国语言生活状况报告》十周年论坛、语言政策及语言规划研讨会暨“语言政策与规划研究会”成立大会、第五届国际语言教育政策学术研讨会、第三届国家语言战略高峰论坛、服务“一带一路”战略的语言资源建设与开发利用学术研讨会、语言文字智库建设学术研讨会等。

国际学术交流活动53次。其中，外籍专家来华交流活动16次，来华专家73人次；赴境外访学或参加学术会议37次、51人次。此外，有关中心还开展了语言文化国际交流活动6次，接待外宾访问180人次。

语言生活皮书系列

一、绿皮书:《中国语言生活状况报告(2015)》

10月15日,教育部、国家语委在北京发布《中国语言生活状况报告(2015)》。这是教育部、国家语委连续10次向社会发布年度语言生活状况报告。

《中国语言生活状况报告(2015)》包括特稿篇、专题篇、工作篇、领域篇、热点篇、字词语篇、港澳台篇和参考篇。专题篇记录了世界语言大会相关情况,工作篇介绍了国家语言文字工作、少数民族语言文字工作,领域篇涉及城市新移民、服务行业、少数民族、海外汉语教育等领域的语言使用现状,热点篇记录社会语言热点,字词语篇记录了2014年的新词新语、媒体流行语和网络流行语,港澳台篇、参考篇收录了港澳台和其他国家的语言文字在2014年呈现的新变化和新面貌。

《中国语言生活状况报告》自2006年开始发布,教育部陆续设立国家语言资源监测与研究平面媒体、网络媒体、有声媒体、教育教材、少数民族语言等中心,每年采集逾10亿字数据,为社会语言生活监测与研究提供基础。该报告已推出英文版,2015年首推韩文版。

二、蓝皮书:《中国语言文字政策研究发展报告(2015)》

《中国语言文字政策研究发展报告》是关于语言政策和语言规划研究的文献介绍与摘编,旨在为语言文字工作部门提供决策参考,以利政策制定和实施者了解年度理论研究动态,把握重点、热点问题,为学科建设积累资料、发现人才,以利相关研究工作深入开展、持续推进。

《中国语言文字政策研究发展报告(2015)》是对2014年发表的关于语言政策和语言规划研究的文献摘编,也是第一份年度报告。共收集、摘编文献446篇,力求全面、完整地盘点、梳理并向读者展现语言文字政策研究的年度发展情况。

本书共分九章。第一章“理论框架”，是关于语言政策、语言规划的学科理论研究；第二章“关注现实”，是关于语言生活的研究；第三章“战略需求”，是关于国家宏观语言文字政策的研究；第四章“推广普及”，是关于国家通用语言文字政策的研究；第五章“科学保护”，是关于少数民族语言文字和汉语方言政策的研究；第六章“开放交流”，是关于外国语言文字政策的研究；第七章“提高能力”，是关于语言教育政策的研究；第八章“热门话题”，是关于语言经济和语言服务的研究；第九章“借鉴参考”，是关于语言文字政策的国别研究和历史研究。

《中国语言文字政策研究发展报告（2015）》将于 2016 年 1 月 1 日由商务印书馆出版。

学术研讨会

中国民族语言学会第 11 届全国学术研讨会

3 月 13 日至 16 日中国民族语言学会第 11 届全国学术研讨会暨第 10 届理事会换届会议于在广州暨南大学召开。来自全国 40 多个高校、研究机构及民族语言文字工作单位的 120 多位专家学者参加会议。会议收到 166 篇学术论文及提要，内容涵盖民族语言的描写研究(包括语音、语法、语义、词汇)、比较研究(包括语言关系、语言演变、语言构拟等)、应用研究(包括语言文字信息处理、实验语音学、计算语言学、语言规范、语言翻译、语言教学等)、社会(文化)语言学研究(包括双语及多语、语言变异、语言与文化、语言政策和语言规划等)、古文字古文献研究、语言理论等。

形式与功能:2015 语言学国际学术研讨会

3 月 27 日，“形式与功能:2015 语言学国际学术研讨会”在苏州大学召开。与会代表包括国内高校和研究机构的专家学者、师生以及来自 18 个国家和地区的代表共计 130 余人。研讨会共设 18 个分会场和一个“东亚语言习得工作坊”，围绕普通语言学、句法学、音系学、语义学、对比语言学、系统功能语法、认知语言学、儿童语言习得、儿童语言障碍以及外语教学等分议题进行研讨。

第 5 届国际语言教育政策学术研讨会

4 月 3 日至 5 日，由东南大学外国语学院，上海外国语大学中国外语战略研究中心、美国威斯康辛大学麦迪逊分校国际语言教育政策研究会联合主办，东南大学外国语学院承办的第 5 届国际语言教育政策学术研讨会召开。来自美国应用语言学中心、美国威斯康辛大学国际语言教育政策研究会、澳大利亚南昆士兰大学、哈萨克斯坦纳扎贝耶夫大学，上海外国语大学中国外语战略研究中心、复旦大学、南京大学、南京航空航天大学和南京农业大学的著名专家学者，以及全国近30所大学的语言规划与政策研究者、外语教师、对外汉语教师、博士生等近100人参加会议，并围绕主题展开研讨，共同为我国语言教育的发展出谋划策。

第8届全国社会语言学学术研讨会

5月4日至5日，第8届全国社会语言学学术研讨会在北京华文学院召开。会议由教育部语言文字应用研究所与北京华文学院主办，商务印书馆、语文出版社、武汉大学中国语情与社会发展研究中心、北京语言大学中国语言文字规范标准研究中心协办，会议主题是“语言能力与语言政策研究”。会议期间，来自全国各省（区、市）及香港特别行政区、澳门特别行政区的114位学者从语言政策研究，语言能力研究，语言规划研究，广播电视网络等媒体语言研究，普通话与方言研究，领域语言研究，语言调查研究，词汇变异研究，汉字、拼音与语言教学研究，少数民族语言研究，汉语词汇变异研究，外语生活与研究等方面宣讲论文，并展开讨论。

第5届海外中国语言学者论坛

由江苏师范大学语言科学学院、《语言科学》编辑部、语言能力协同创新中心主办，四川师范大学文学院协办的第5届海外中国语言学者论坛于6月3日至10日在徐州、成都两地举行。来自海内外著名高校和研究机构的近40名语言学家和国内外20多所高校的400多名教师和学生参加会议。

第7届演化语言学国际研讨会

6月12日至14日，第7届演化语言学国际研讨会在南开大学召开。研讨会由南开大学文学院、语言研究所共同主办。包括海内外知名学者在内的近百名专家学者共同研讨演化语言学最新进展。《中国语言学报》主编王士元，台湾地区联合大学系统校长曾志朗，法国国家科学院教授、著名汉学家贝罗贝等参加会议并作主题报告。

国家语言文字智库建设研讨会

6月14日至15日，中国语情与社会发展研究中心和国家文化软实力建设协同创新中心在武汉大学召开国家语言文字智库建设研讨会暨中国语情与社会发展研究中心学术委员会会议，结合国家语言文字智库建设试点工作，专题研讨国家语言文字智库建设理论和实践问题。教育部语言文字信息管理司副司长兼中国语情与社会发展研究中心学术委员会主任田立新、北京语言大学党委书记李宇明等语情研究中心全体学术委员、武汉大学党委副书记兼语情研究中心学术委员会主任骆郁廷、武汉大学人文社科院院长沈壮海等校内外专家学者共30余人出席会议。

第15届少数民族语言文字信息处理学术研讨会

8月13日，由中国中文信息学会、中国中文信息学会民族语言文字信息专业委员会主办，中国朝鲜语信息学会、中央民族大学、北亚信息技术研究所承办的第15届少数民族语言文字信息处理学术研讨会在延吉召开。与会代表围绕"发展自主可控的智能终端操作系统"等主题，进行国内外少数民族语言文字信息处理主题相关学术交流和成果展示；为评选出的优秀论文、优秀青年论文、优秀组织奖获奖人员进行颁奖。

中国文字学会第8届学术年会

由中国文字学会主办、中国人民大学文学院承办的中国文字学会第8届学术年会于8月21日至8月23日在中国人民大学举行。会议设四个分会场，分别为甲骨金文组、简帛文字组、近现代汉字与民族文字组、文字理论组，围绕报告论文展开讨论。

第2届中国语言资源国际学术研讨会

8月21日至22日，第2届中国语言资源国际学术研讨会在三都召开。研讨会由北京语言大学与黔南民族师范学院联合主办，北京语言大学中国语言资源保护研究中心，黔南民族师范学院科研处、中文系，三都水族自治县人民政府承办。来自全国各高校、各研究机构的60余名专家学者共聚一堂，交流思想。

第9届海峡两岸现代汉语问题学术研讨会

10月10日至11日，第9届海峡两岸现代汉语问题学术研讨会在鲁东大学召开。会议由中国社科院语言研究所、南开大学、鲁东大学主办，鲁东大学文学院承办，商务印书馆协办，会议主题为“探讨语言协调机制，构建和谐语言生活”。来自两岸四地30多所高校及科研、出版机构的70余名代表参加会议。与会专家就两岸四地汉语共同语的差异与融合，汉语辞书的编纂状况及两岸对比，语文政策的现状、沿革与走向，汉语研究与汉语教学，现代汉语中文信息处理的相关问题等进行交流与探讨。

第2届中国语言生活学术研讨会

10月15日至16日，由国家语言文字工作委员会学术指导、商务印书馆和北京语言大学共同主办的“第2届中国语言生活学术研讨会暨《中国语言生活状况报告》10周年论坛”在北京语言大学举办。论坛采用邀请著名学者作为嘉宾，以大会访谈的形式，围绕语言生活派、语言监测、语言皮书、华语研究、汉语盘点、语言战略、“一带一路”等7个议题展开讨论，回顾和总结了语言生活派十年来的学术成果，呼吁从国家战略高度研究语言问题，为语言时政研判及政府工作决策提供借鉴。

第9届全国语言文字应用学术研讨会

10月16日至18日，第9届全国语言文字应用学术研讨会召开。研讨会由教育部语言文字应用研究所、中国应用语言学会（筹）主办，湖北师范学院承办。会议共设四个分会场，来自全国的170余名专家学者和高校研究生围绕纪念“现代汉语规范问题学术会议”召开60周年的主题，结合新媒体时代的语言规范研究，新时期语言文字规范标准建设，普通话水平测试与普通话语音规范研究，词汇规范与应用，语言文字工作的机制与体制建设，语言能力与语言规范研究的理论与实践，语言教学与教材研究，语料库及语言资源库应用的技术和实践，模糊语言学相关问题研究等领域展开讨论。

第2届“跨境语言研究论坛”暨第5届“中国云南濒危语言遗产保护”学术研讨会

10月23日至25日，由教育部语言文字应用研究所、中国民族研究团体联合会、中国民族语言学会、广西百色学院和玉溪师范学院联合主办，玉溪师范学院承办的第2届“跨境语言研究论坛”暨第5届“中国云南濒危语言遗产保护”学术研讨会召开。来自教育部语言文字应用研究所、中国社会科学院、中央民族大学、澳门理工学院、台湾地区中正大学、东京外国语大学、马来亚大学等海内外科研院所、高校的60余名专家学者出席研讨会。

第16次全国民族语文翻译学术研讨会

10月28日至29日，第16次全国民族语文翻译学术研讨会在乌鲁木齐召开。新疆维吾尔自治区副主席吉尔拉・衣沙木丁，国家民委教育科技司副司长周晓梅，中国民族语文翻译局局长、中国翻译协会民族语文翻译委员会主任阿力木・沙比提，中国翻译协会常务副会长张世斌出席会议并讲话。新疆民语委(翻译局)主任(局长)迪木拉提・木沙，西藏自治区藏语委办(编译局)副局长、译协秘书长次仁玉珍，新疆民语委(翻译局)专职副局长铁来克・依布拉音参加会议。会议开幕式由新疆民语委(翻译局)党组书记逯新华主持。来自北京、内蒙古、新疆等14个省、市、自治区及吉林延边自治州的19个语种、20多个民族的代表参加会议。

第6届中国语言经济学论坛

10月30日至31日，第6届中国语言经济学论坛在浙江财经大学举办。来自全国30多所高校及科研机构的60多名专家学者参加论坛。与会专家分别围绕语言经济学视野下的汉语国际教育、中国书法产业研究与实践、经济学视野下的语言、语言的外部化、语言经济与语言经济学等作主题报告，为提升国内语言经济与语言服务研究水平，推动语言经济学学科发展进行有益的探讨。

语言文字智库建设学术研讨会

11月17日，国家语言文字政策研究中心与上海市语言文字工作者协会、上海市教育科学研究院高等教育研究所在沪联合召开“语言文字智库建设学术研讨会”。来自上海社科院、上海教科院、武汉大学和上海外国语大学的智库研究专家、语言政策和语言战略研究专家以及国家语言文字智库建设试点单位负责人，围绕智库建设基本理论及国内外智库发展模式，中国特色新型智库建设现状，语言文字智库的核心特征、目标任务、运作模式和建设方略等进行研讨。

中国辞书学会第11届年会暨学术研讨会

11月21日至22日，中国辞书学会第11届年会暨学术研讨会在广东外语外贸大学举行。会议由中国辞书学会主办，广东外语外贸大学词典学研究中心承办。来自全国高校、科研机构和出版社的140余位专家学者参加会议。与会代表围绕语言学理论在词典学中的应用研究，辞书编纂实践，现代信息技术在辞书编纂、编辑和出版中的应用，学习词典与语言教学等热点议题展开学术交流、分享最新研究成果。会议特别安排了我国著名品牌辞书《辞源》第三版的学术访谈交流，就《辞源》出版百年及第三版的修订工作，邀请《辞源》第三版主编、北京师范大学王宁教授，《辞源》第三版主编、中国社科院语言所董琨研究员，以及汉语大词典出版社原总编辑王涛、商务印书馆总编辑周洪波做访谈交流。

语言文字报刊一览表

类别	名称	主管单位	主办单位	公开/内刊
周刊	语言文字报	中华人民共和国教育部	国家语言文字工作委员会 语言文字报刊社	公开
旬刊	语文建设	中华人民共和国教育部	语言文字报刊社	公开
半月刊	汉字文化	北京市社会科学界联合会	北京国际汉字研究会	公开
半月刊	语文学刊	内蒙古师范大学	内蒙古师范大学	公开
半月刊	语情信息	国家语委	教育部语言文字信息管理司 国家语言资源监测与研究中心	内刊
月刊	咬文嚼字	上海市新闻出版局	上海文化出版社	公开
双月刊	中国语文	中国社会科学院	中国社会科学院语言研究所	公开
双月刊	语言教学与研究	中华人民共和国教育部	北京语言大学	公开
双月刊	语言战略研究	中国出版传媒股份有限公司	商务印书馆	公开
双月刊	当代修辞学	中华人民共和国教育部	复旦大学	公开
双月刊	辞书研究	上海世纪出版股份有限公司	上海世纪出版股份有限公司、上海辞书出版社	公开
双月刊	汉语学习	吉林省教育厅	延边大学	公开
双月刊	语言科学	江苏省教育厅	江苏师范大学语言所	公开
双月刊	民族语文	中国社会科学院	中国社会科学院民族学与人类学研究所	公开
季刊	语文研究	山西省社会科学院	山西省社会科学院	公开
季刊	方言	中国社会科学院	中国社会科学院语言研究所	公开
季刊	语言文字应用	中华人民共和国教育部	教育部语言文字应用研究所	公开
季刊	长江学术	武汉大学	武汉大学	公开
季刊	古汉语研究	湖南省教育厅	湖南师范大学	公开
季刊	世界汉语教学	中华人民共和国教育部	北京语言大学	公开
季刊	当代语言学	中国社会科学院	中国社会科学院语言研究所	公开

续表

类别	名称	主管单位	主办单位	公开/内刊
季刊	语言与翻译	新疆维吾尔自治区民族语言文字工作委员	语言文字工作委员会	公开
季刊	术语标准化与信息技术	国家质量监督检验检疫总局	中国标准化研究院	公开
季刊	汉语学报	中华人民共和国教育部	华中师范大学	公开
季刊	语言研究	中华人民共和国教育部	华中科技大学	公开
半年刊	满语研究	黑龙江大学	黑龙江大学满语研究所	公开
半年刊	南开语言学刊	南开大学文学院 汉语言文化学院	南开大学文学院 汉语言文化学院	公开

大事记

>>>

1月

1月8日，国家语委咨询委员会第14次会议召开。委员们听取了国家语委近两年的工作和2015年工作要点汇报，并就如何贯彻落实中共十八届四中全会精神，深入推进《国家中长期语言文字事业改革和发展规划纲要（2012－2020年）》的全面实施，推进语言文字工作的依法管理、依法行政提出意见建议。

1月15日，2015年国家语委全体委员会议召开。国家民委、民政部、国家公务员局、全国妇联等17个单位的国家语委委员、联络员出席会议，教育部相关司局和事业单位负责人与会。会议通报了教育部语言文字应用管理司、语言文字信息管理司2014年工作总结和2015年工作计划，听取了语委成员单位对语委工作的意见建议。

1月20日，普通话审音委员会在京召开2015年度工作会议。普通话审音委员会顾问、委员、秘书处成员以及相关课题组成员等约30人参加会议。委员会就课题组提交的《普通话异读词审音表》修订稿进行研讨，对修订工作提出意见和建议。

1月27日，国家语委在北京召开2015年全国语言文字工作会议。各省（区、市）教育厅（教委）相关负责同志、语委办主任，相关省区民（语）委负责同志和民（语）委办主任，教育部相关司局、事业单位负责同志共100余人参加会议。教育部副部长、国家语委主任李卫红出席会议并讲话。会议总结了2014年的工作，对2015年工作进行部署。

2月

2月1日，《中国语言生活绿皮书》A卷《汉语拼音词汇（专名部分）》由上海辞书出版社出版。该书与《汉语拼音正词法基本规则》实施相配套，收录现代汉语中常见的专有名词约3万条，给出其规范的汉语拼音拼写形式，是社会各界规范使用汉语拼音的重要参考依据。

3月

3月3日，国家语委印发《国家语言文字智库建设规划》（国语〔2015〕1号）。该规划提出要以服务党和政府决策为宗旨，以政策研究咨询为主攻方向，以完善组织形式和管理方式为重点，以改革创新为动力，加强规划引导，强化政策扶持，做好人才培养和成果转化，着力提升咨政能力，加快培育和发展国家语言文字智库，更好地服务党和国家工作大局。

3月9日至13日，第3期骨干测试员专题研修班在北京举办，研修专题为港澳地区普通话水平测试工作。

3月10日，教育部、国家语委印发《国家语言文字工作委员会语言文字规范标准管理办法(2015年修订)》(教语信〔2015〕1号)。《管理办法》对规范标准的计划、研制、审定、审批和发布、复审以及实施作出了规定。

3月27日，“中国语言资源保护工程”第一次工作会议在京召开。相关专家和福建、浙江、山西、重庆等首批开展工程建设的省市语委办负责人参会。

3月30日上午，信息技术类字母词译名讨论会在京召开。讨论会由外语中文译写规范部际联席会议专家委员会秘书处召集，中国科学院计算技术研究所、中国社会科学院语言研究所、工信部电信研究院通信信息研究所、国家工商行政管理总局商标局、中国传媒大学国家语言资源监测研究中心的10余名专家出席讨论会。

3月30日至4月6日，“中德语言文化研习之旅”活动顺利实施。活动由教育部、国家语委主办，北京外国语大学、河南省教育厅等单位承办，8位德国语言文字研究领域的著名专家以及多位中国专家，先后在北京、河南、云南、江苏等4省份开展近30场形式多样的交流考察活动。

4月

4月12日至17日，在教育部语言文字应用管理司指导下，第一、二期听障从教人员普通话集训班在南京举行，112名听障教师参加集训，听障人员普通话水平培训测试试点工作启动。

4月15日，“中华思想文化术语传播工程”第一次传播推广工作会议在外语教学与研究出版社召开。外交部、国务院新闻办公室、中国外文出版发行事业局、中国国际广播电台、国家汉语国际推广领导小组办公室、中国新闻出版研究院的相关负责同志，北京外国语大学校领导与会。

4月28日至30日，由国家语委普通话与文字应用培训测试中心主办、湖南省普通话培训测试中心承办的“汉字应用水平测试工作研讨会”在长沙市召开。研讨会总结了测试工作经验，研讨了规范化管理，部署了今后工作。

5月

5月5日，“中华经典资源库”二期项目(地方篇目)第二次工作研讨会召开。北京、上海、安徽、江西、河南、云南、青海等7个省(区、市)语委办负责同志及地方篇目制作单位，资源库项目组专家，教育部语言文字应用管理司及人民教育出版社相关负责同志共 20 余人参加会议。会议总结了一期项目建设的成果和经验，交流了二期项目进展情况，并对后续工作进行部署。

5 月 5 日，通用汉字全息数据库建设启动会暨签约仪式在北京举行。来自北京师范大学、北京大学、北京语言大学、首都师范大学、中国社会科学院等单位的专家学者与会。

5 月 13 日，全国推普周领导小组办公室主任会议召开。会议确定了第 18 届推普周的宣传主题、活动安排及协作方式。

5 月 14 日，教育部、国家语委印发《关于启动中国语言资源保护工程的通知》(教语信〔2015〕2 号)，决定自 2015 年起启动中国语言资源保护工程，在全国范围开展以语言资源调查、保存、展示和开发利用等为核心的各项工作，并随通知下发《中国语言资源保护工程管理办法(试行)》。

5 月 21 日至 22 日，2015 年度国家语委科研机构工作研讨会在云南民族大学召开。教育部语言文字信息管理司副司长田立新、云南民族大学党委书记陈鲁雁、云南省民委副主任杨谊群、国家语委科研机构专家等参加研讨会。

5 月 26 日，国家语言资源监测与研究平面媒体中心共建协议续签仪式在京举行。教育部语言文字信息管理司司长张浩明、北京语言大学党委书记李宇明代表双方签署共建协议，并为新一届学术委员会委员颁发聘书。

5 月 27 日至 29 日，香港地区合作开展普通话水平测试工作交流会在湖北武汉召开。会议对香港合作测试的经验、国家测试中心及相关省级测试中心与香港测试机构的工作配合等问题进行交流，就国家通用语言文字在香港使用情况及未来发展趋势等问题展开研讨。

5 月 28 日，外语中文译写规范部际联席会议专家委员会第四次会议在京召开。联席会议办公室主任、专家委员会召集人、教育部语言文字应用管理司司长姚喜双，联席会议专家委员会顾问、首席专家、专家及专家委员会秘书处工作人员等 26 人出席会议。会议审议了第四批拟推荐使用的外语词中文译名建议稿。

5 月 31 日至 6 月 7 日，经过 4 个月的省级参赛队伍选拔工作，第三届《中国汉字听写大会》全国总决赛在河南安阳举行。36 支省级代表队、港澳台学生代表队以及外籍学生代表队共 180 名选手参赛。

6 月

6 月 1 日，《中国语言生活绿皮书》A 卷：《藏文拉丁字母转写方案(草案)》《信息处理用现代藏语分词规范(草案)》《信息处理用现代藏语词类标记集规范(草案)》由商务印书馆出版。

6月4日，京津冀语言文字工作协同发展座谈会在河北省张家口市召开。北京、天津、河北三省市语委办的相关负责同志在会上签订《京津冀语言文字事业协同发展战略协议书》。

6月7日至10日，教育部副部长、国家语委主任杜占元赴河南省安阳市调研语言文字工作。杜占元听取了河南省教育厅关于全省语言文字工作的情况汇报以及安阳市关于第18届推普周重点活动组织筹备情况的报告。

6月11日，“中华思想文化术语传播工程”首批100条术语《中华思想文化术语（第一辑）》出版并在第四届全国对外传播理论研讨会上正式发布。国务院新闻办、中国外文局等单位相关负责同志，以及来自新闻宣传、涉外工作部门、高校研究机构等的媒体人士和专家学者100余人出席新书发布仪式。

6月13日，第29期中央普通话进修班结业式在北京举行。来自13个省、自治区民族地区的学员参加进修，教育部副部长杜占元出席结业式并讲话。

6月14日，由教育部语言文字应用管理司、河北省语委指导，河北省人民广播电台、秦皇岛市委宣传部、东北大学秦皇岛分校主办的《秦皇诗韵》诵读品鉴大会圆满落幕。

6月16日，2015年全国中小学教师书法和规范汉字书写研修班及广东省中小学教师规范汉字书写研修班在东莞市教师进修学校举办。

6月23日，教育部语言文字应用管理司指导的“书写大学校训、弘扬社会主义核心价值观”书法活动在北京华文学院开幕。

6月23日，推进“一带一路”建设语言规划研究座谈会在京召开。与会专家围绕“一带一路”建设背景下语言调查、语言保护、语种规划等内容进行研讨。

7月

7月1日，《中国语言生活绿皮书》A卷《中国语言资源调查手册·汉语方言》由商务印书馆出版。该书为“中国语言资源保护工程”汉语方言调查工作用书，包含工作规范和调查表两部分。

7月4日至9日，教育部语言文字应用管理司联合东南大学、中国书法家协会教育委员会共同主办2015年全国中小学书法教师研修班，教育部语言文字应用管理司副司长彭兴颀，江苏省教育厅党组副书记、副厅长丁晓昌，东南大学党委副书记刘鸿健等出席，来自全国28个省份的80余名中小学书法教师骨干参加培训。

7月8日，教育部办公厅发文调整国家语委组成单位和人员，增设11个部门作为委员单位。至此，国家语委委员单位增至29个，分别是：中宣部、中央网信办、外交部、教育部、科技部、工信部、国家民委、公安部、民政部、交通运输部、商务部、文化部、国家卫生计生委、海关总署、工商总局、质检总局、新闻出版广电总局、体育总局、国家旅游局、国务院侨办、中科院、社科院、国家公务员局、解放军总政治部、全国总工会、共青团中央、全国妇联、中国残联、国家汉办。

7月9日，教育部副部长、国家语委主任杜占元在河南省安阳市调研语言文字工作，听取河南省教育厅关于全省语言文字工作的情况汇报、安阳市关于第18届推普周开幕式组织筹备情况汇报。

7月13日至19日，语言文字管理干部能力提升培训班在国家语言文字应用培训基地东北大学秦皇岛分校举办。全国省级、地市级语委办192名干部参加培训。

7月20日至24日，第二期语言文字应用研究优秀中青年学者研修班在北京华文学院举办。来自全国各地的62名优秀中青年学者参加了为期五天的研修活动。

7月24日，国家语委科研工作座谈会在北京华文学院召开。教育部副部长、国家语委主任杜占元与有关专家及第二期语言文字应用研究优秀中青年学者研修班40多位学员座谈并发表讲话。

8月

8月1日，《中国语言生活绿皮书》A卷《中国方言文化典藏调查手册》由商务印书馆出版。该书为“中国方言文化典藏”项目调查工作用书，包含工作规范和调查表两部分。

8月3日，由教育部、国家民委联合举办的第一期全国民族语文应用研究中青年学者高级研修班在北京华文学院举办。来自全国相关省区以及中央民族大学、中国民族语文翻译局等单位共计12个民族的63名中青年学者参加。

8月3日至7日，两岸合编中华语文工具书大陆编委会、台湾地区中华文化总会联合，在台湾地区艺术大学举办“2015年两岸大学生汉字书法艺术交流夏令营”。来自大陆、台湾地区12所高校的100名大学生参加了书法讲座、参观展览、书法创作、笔会交流等活动。

8月6日，中华军事文化经典诵读资源库建设成果评审会在八一电影制片厂召开，指导组、专家组、创作组共20余人参加评审会。教育部语言文字应用管理司司长姚喜双、总政宣传部部队教育局局长张玉堂等出席会议。

8月10日起，“中华经典资源库”一期部分篇目在中央电视台科教频道播出。

8月13日，国务院教育督导委员会办公室发布《语言文字工作督导评估暂行办法》，明确了开展语言文字工作的目的、原则、范围、内容、实施部门、时间、程序、方式以及奖励与问责机制，语言文字工作督导评估制度正式建立。

8 月 14 日至 20 日，国培计划(2015)语言文字规范标准培训班在北京科技大学举行，来自部分国家级贫困县的 200 余名中小学语文学科骨干教师参加培训。

8 月 21 日至 23 日，“一带一路”倡议与语言生活、语言规划、语言创新学术研讨会暨语言文字应用研究中青年学者协同创新联盟成立大会在辽宁师范大学召开。

8 月 31 日，语言文字“十三五”规划专题研讨会在教育部召开。教育部副部长、国家语委主任杜占元出席会议并讲话，强调要围绕经济社会发展大局和国家重大战略，规划语言文字事业发展，建设与经济社会发展相适应的语言大国、语言强国。

9 月

9 月 7 日，“中国语言资源有声数据库技术规范与平台研发项目”工作会议在京召开。会议研究了本项目与“中国语言资源保护工程”的对接方式和工作模式，部署了进一步推进项目研发相关工作。

9 月 9 日，普通话审音委员会在京召开工作会议，审阅研讨《普通话异读词审音表》修订稿。审音委员会对修订稿给予了充分肯定，建议在重点行业领域广泛听取意见。

9 月 10 日，由两岸合编中华语文工具书大陆编委会、台湾地区中华文化总会联合指导，中国语文现代化学会主办、江苏省语言文字应用学会和南京艺术学院承办的两岸大学生汉字文化创意大会启动。大会以传承与创造为主题，征集到包括台湾地区在内的全国 450 余所高校 1.1 万余件学生作品，作品类型涵盖字体设计、海报设计、产品设计和书法篆刻等。

9 月 14 日至 20 日，以“依法推广普通话，提升国家软实力”为主题的第 18 届全国推广普通话宣传周在全国范围内开展。9 月 14 日，推普周开幕式在河南安阳举办，教育部副部长、国家语委主任杜占元出席开幕式并讲话。推普周重点活动在浙江省诸暨市店口镇、甘肃省白银市会宁县开展。

9 月 15 日，教育部语言文字应用管理司司长姚喜双在《人民日报》发表署名文章：《语言是打开未来之门的钥匙》。

9 月 18 日，ISO7098《中文罗马字母拼写法》全票通过 ISO/TC46 国际标准化组织信息与文献技术委员会内部投票，《中文罗马字母拼写法》的修订工作顺利完成，进入出版阶段。

9 月 21 日，教育部、国家语委印发《国家语委科研项目管理办法(2015 年修订)》(教语信〔2015〕3 号)。

9月24日，中国语言资源保护工程8省市工作部署会议在京召开。天津、湖南等8个省份语委办负责人和有关专家参会。

9月29日，公共服务领域俄、日、朝—韩文译写规范研制第二次工作会议在延边大学召开。

10月

10月9日，国培计划(2015)——优秀传统文化教育骨干教师培训项目江苏师范大学中小学经典诵读教育班开班典礼在江苏师范大学举行。全国150名教师参加培训。

10月15日，《中国语言生活状况报告(2015)》在北京发布，这是教育部、国家语委第十次向社会发布年度语言生活状况报告；同时，《中国语言生活状况报告(2015)》韩文版发布，这是继2013年发布英文版之后推出的第二个外文版本。

10月15日至16日，由国家语言文字工作委员会学术指导、北京语言大学和商务印书馆共同主办的“第二届中国语言生活学术研讨会暨《中国语言生活状况报告》十周年论坛”在北京语言大学隆重举行。来自我国内地、香港、澳门，以及新加坡和韩国的近200位专家、学者参加了论坛。

10月16日，教育部语言文字信息管理司与商务印书馆共建“中国语言资源开发应用中心”签约仪式举行。该中心将采取“产学研协同创新模式”，充分发挥政府、企业、学界各自的优势，致力于把语言和语言知识转化为生产力和文化产品，力争成为中国语言产业的研发、示范基地。

10月17日至19日，2015全国语言文字工作幼儿园骨干园长培训班举办，100名幼儿园园长参加培训。

10月21日至25日，由教育部语言文字应用管理司和中国美术学院共同举办的2015年全国高校书法教师研修班在杭州举办。来自部分高校的55名教师参加培训。

10月24日，“东方智慧:中华思想文化术语书法作品展”在牛津布鲁克斯大学孔子学院揭牌仪式上正式开幕，展览由“中华思想文化术语传播工程”秘书处、北京师范大学与牛津布鲁克斯大学共同策划。

10月27日，2015年语言文字工作骨干校长培训班举办，来自全国各地的100位中小学骨干校长参加培训。

11月

11月2日，由教育部语言文字应用管理司指导、江苏师范大学语言能力协同创新中心牵头编著的中国首部"一带一路"语言服务工具书——《"一带一路"沿线国家语言国情手册》在江苏徐州正式发布。

11 月 3 日，国家督导委员会办公室和国家语委办公室联合在江苏徐州召开全国语言文字督查工作会。教育部副部长、国家语委主任杜占元出席会议并讲话。来自全国各省级教育行政部门、督导部门和语言文字工作部门相关负责人出席会议。会议对语言文字督导评估工作进行部署，就语言文字"十三五"规划征求各省级教育行政部门负责人意见。

11 月 3 日至 4 日，国家督导委员会办公室和国家语委办公室联合举办首期语言文字督查培训班。各省级教育督导办、语委办负责同志以及各省(区、市)语言文字工作骨干和相关专家参加培训。

11 月 5 日至 6 日，普通话审音委员会在京连续召开座谈会，就"普通话审音原则制定和《普通话异读词审音表》修订"课题初步成果，分别向语音研究和辞书编纂领域、公共服务和广播影视领域、基础教育和普通话测试领域征求意见。有关专家和行业主管部门代表近 40 人参加会议，审音委员会部分委员、课题组成员、审音委员会秘书处成员以及教育部语言文字信息管理司有关人员到会听取意见。

11 月 13 日，由教育部语言文字应用管理司和中国传媒大学联合主办，中国传媒大学播音主持艺术学院承办，以"雅言诵经典、真情咏中华"为主题的第 17 届齐越朗诵艺术节暨全国大学生朗诵大会总决赛在中国传媒大学举行。来自全国 143 所高校的 758 部优秀作品参赛，最终有 24 部作品进入总决赛舞台。

11 月 20 日，第二届《中国成语大会》在中央电视台首播。

11 月 26 日，国家语委专题咨询会议暨国家语委审委会换届会议在京召开。会议就《国家语言文字事业"十三五"发展规划》和《公共服务领域英文译写规范》听取咨询委员意见，《国家语委审委会章程(2015 年修订)》和《公共服务领域英文译写规范》(第 2—10 部分)由审委会表决通过。会上宣布国家语委新一届语言文字规范标准审定委员会成立。

11 月 28 日，公共服务领域俄、日、朝—韩文译写规范研制第三次工作会议在上海召开。会议就俄、日、朝—韩文译写规范前期研制工作进行总结，审议了各课题组的中期成果，研讨了标准研制的相关学术问题，并研究部署了下一阶段工作。

12 月

12 月，两岸合编中华语文工具书阶段性成果——大陆版《两岸通用词典》《两岸科技常用词典》相继出版。由高等教育出版社出版的《两岸通用词典》收录了 8 万条字词条目，7 万条词语。由商务印书馆出版的《两岸科技常用词典》收录 1.95 万词条，涉及科技领域 30 个学科，全书 250 万字。

12 月 3 日，"'一带一路'上的语言"系列丛书第一卷《"一带一路"国家语言状况与语言政策》在京发布，外交部、教育部、文化部等有关部委，相关高校和科研院所的代表以及相关国家驻华使节出席发布会。

12 月 10 日，第三届国家语言战略高峰论坛在南京大学召开。论坛旨在倡导国家发展中的语言战略理念，提升语言政策和语言规划研究的理论水平，开辟向国家有关部门和社会公众提出语言政策建议的渠道。

12 月 15 日至 16 日，《普通话异读词审音表》修订征求意见座谈会先后在广州、上海召开，课题组和审音委秘书处代表出席会议。与会代表结合在基础教育、广播影视、普通话水平测试等领域的应用对《普通话异读词审音表》修订稿提出建设性意见和建议。

12 月 17 日，中国语言资源保护工程 11 省区工作部署会议在京召开。黑龙江、吉林等 11 个省区语委办负责人和有关专家参会。会议通报了语保工程进展情况和工作规划，部署了 11 个省区的工程建设工作。

12 月 17 日至 20 日，在教育部语言文字应用管理司指导下，首届全国中华古诗文朗诵艺术交流研讨会在江苏师范大学举行。会议围绕贯彻落实中共十八届三中、四中、五中全会精神和习近平总书记"传承和弘扬优秀传统文化"系列讲话精神，深入研讨古诗文朗诵艺术，中小学古典诗文诵读教学的规范、方法和标准，大学生古诗文诵读活动的开展。

12 月 21 日，由国家语言资源监测与研究中心、商务印书馆、人民网、央视新闻主办的"汉语盘点 2015"揭晓仪式在京举行，"廉""互联网＋""恐""反恐"分别当选年度国内字、国内词、国际字、国际词。

12 月 21 日至 25 日，国家教育督导委员会办公室和国家语委办公室联合，在广西师范大学举办第二期语言文字督查工作培训班，来自全国地市级教育督导部门、语言文字工作部门的负责同志共 100 人参加培训。

12 月 24 日，《辞源》第三版在京首发，《辞源》出版百年暨《辞源》第三版出版座谈会同时举行，教育部副部长、国家语委主任杜占元出席座谈会并讲话。

12 月 29 日，中国残联、教育部、国家语委、新闻出版广电总局在京举行《国家手语和盲文规范化行动计划(2015－2020 年)》发布启动会。根据该计划，我国将在未来 5 年内分阶段、有序推进手语和盲文规范化工作，为听力残疾人和视力残疾人提供更加公平、平等和便利的参与社会生活的条件。教育部副部长、国家语委主任杜占元出席启动会并讲话。

机构团体

>>>

国家语言文字工作机构

一、国家语言文字工作委员会

国家语言文字工作委员会是由29个党政部门、社会团体等组成的规划并统筹推进国家语言文字事业的职能部门。其前身是成立于1954年的中国文字改革委员会，1985年12月16日改名为国家语言文字工作委员会（简称国家语委），1998年并入教育部。教育部内设语言文字应用管理司和语言文字信息管理司专门负责语言文字工作。教育部分管语言文字工作的副部长兼任国家语委主任。2015年，根据语言文字工作面临的新形势、新任务、新要求，加强国家语委协调管理力度，国家语委调整充实委员单位，由18个增至29个。

国家语委的职责是：拟定国家语言文字工作的方针、政策；编制语言文字工作中长期规划；制定汉语和少数民族语言文字的规范和标准并组织协调监督检查；指导推广普通话工作。

依照“语委统筹、部门协同、专家支持、社会参与”的工作机制，国家语委每年召开一次全体委员会议，总结部署年度语言文字工作；遇有临时性重大事项，由国家语委主任召集全体委员会议，就相关事项进行专题研究部署。

国家语委委员单位具体见表5。

表5　国家语委委员单位

序号	国家语委委员单位	简称
1	中共中央宣传部	中宣部
2	中共中央网络安全和信息化领导小组办公室	中央网信办
3	中华人民共和国外交部	外交部
4	中华人民共和国教育部	教育部
5	中华人民共和国科学技术部	科技部

续表

序号	国家语委委员单位	简称
6	中华人民共和国国家民族事务委员会	国家民委
7	中华人民共和国公安部	公安部
8	中华人民共和国国家卫生和计划生育委员会	国家卫生计生委
9	中华人民共和国工业和信息化部	工信部
10	中华人民共和国民政部	民政部
11	中华人民共和国商务部	商务部
12	中华人民共和国交通运输部	交通运输部
13	中华人民共和国文化部	文化部
14	国务院侨务办公室	国务院侨办
15	中华人民共和国国家体育总局	国家体育总局
16	中华人民共和国国家旅游局	国家旅游局
17	中华人民共和国国家新闻出版广电总局	国家新闻出版广电总局
18	中华人民共和国海关总署	海关总署
19	中华人民共和国国家质量监督检验检疫总局	国家质检总局
20	中华人民共和国国家工商行政管理总局	国家工商总局
21	中华人民共和国国家公务员局	国家公务员局
22	中国人民解放军总政治部	解放军总政治部
23	中国社会科学院	中国社科院
24	中国科学院	中科院
25	中华全国总工会	全国总工会
26	中国共产主义青年团中央委员会	共青团中央
27	中华全国妇女联合会	全国妇联
28	中国残疾人联合会	中国残联
29	中国国家汉语国际推广领导小组	国家汉办

二、教育部语言文字应用管理司

教育部语言文字应用管理司(简称语用司)是教育部专司语言文字应用管理的职能司局。主要负责:拟订语言文字工作的方针、政策和中长期规划;组织实施语言文字规范化工作;监督检查语言文字的应用情况;组织推行《汉语拼音方案》,指导推广普通话工作以及普通话师资培训工作;承办国家语委的具体工作。语用司内设政策法规与督查处(国家语委办公室秘书处)、宣传推广与教育处。

三、教育部语言文字信息管理司

教育部语言文字信息管理司(简称语信司)是教育部专司语言文字规范化标准化信息化建设与管理的职能司局。主要负责:研究并审定语言文字标准和规范,制定语言文字信息处理标准;指导地方文字规范化建设;负责少数民族语言文字规范化工作,指导少数民族语言文字信息处理的研究与应用。语信司内设规划协调处(国家语委科研规划领导小组办公室)和标准处(国家语委语言文字规范标准审定委员会办公室)。

四、教育部语言文字应用研究所

教育部语言文字应用研究所(简称语用所)是教育部直属的科研单位,经国务院批准于 1984 年 9 月成立。主要职责是:面向教育部和国家语委的中心工作,面向现代语言文字生活的需要,面向应用语言学的学科建设,研究语言文字应用的实际问题和理论问题,研究语言文字的规范化和标准化,研究语言政策和语言规划;开展国家通用语言文字培训、测试及有关的组织规划、教学与科研工作,指导各地的培训与测试工作;为社会各界提供有关语言文字的评测与咨询服务;编辑出版《语言文字应用》,开展有关语言文字的网络建设和现代化的信息服务;培养研究生和其他相关人才。

五、国家语委咨询协调机构

(一)国家语委咨询委员会

国家语委咨询委员会是由语言学界、信息技术界和相关学界的著名专家学者以及部分原国家语委领导同志组成的咨询机构,其职责是在语言文字方针政策、工作措施和理论学术等方面为国家语委提供咨询服务,具体任务是对国家语言文字工作的方针政策、语言规划和重大问题、热点问题以及急需解决的问题提供意见和建议,听取国家语委的年度工作通报并对下一年度工作提出意见和建议。

(二)全国推广普通话宣传周领导小组

全国推广普通话宣传周领导小组是为切实搞好每年一度的全国推广普通话宣传周活动,充分发挥宣传的集聚效应,同时进一步加强有关部委间的协调,于 1999 年 6

月经国务院批准成立的协调机构。领导小组由教育部牵头，中宣部、国家广播电影电视总局、共青团中央等共同参与，每年召开专题会议统筹部署推普周工作。领导小组办公室设在教育部语言文字应用管理司。

(三)国家语委语言文字规范标准审定委员会

国家语委语言文字规范标准审定委员会是根据《国家语言文字工作委员会语言文字规范标准管理办法》组建的语言文字规范标准审定机构，负责语言文字规范(标准)送审稿的审定工作，以及已发布的语言文字规范(标准)的维护性复审工作。委员会的日常办事机构设在教育部语言文字信息管理司。

(四)国家语委科研规划领导小组

国家语委科研规划领导小组是国家语委语言文字科研工作领导机构，负责领导、规划、部署国家语委的科学研究工作，拟定国家语言文字工作科研方向，编制科研项目指南和科研规划，制定年度科研计划；决定国家语委重大科研项目的立项；对国家语委立项的科研项目进行阶段性检查、评估；制定科研基金管理办法和科研成果奖励办法。领导小组办公室设在教育部语言文字信息管理司。

(五)外语中文译写规范和中华思想文化术语传播部际联席会议

外语中文译写规范和中华思想文化术语传播部际联席会议是为加强外语中文译写规范工作和中华思想文化术语传播工作，经国务院批准建立的跨部委议事机制，由国家语委、中央编译局、外交部、教育部、民政部、国家新闻出版广电总局、国务院新闻办、新华社、中科院等单位共同组成，由国家语委主任担任召集人。其主要职能是：统筹协调外国人名、地名和事物名称等专有名词的翻译工作；组织制定译写规则，规范已有外语词中文译名及其简称，审定新出现的外语词中文译名及其简称；统筹推进中华思想文化术语的外译研究和对外传播工作。

地方语言文字工作机构

一、省级语言文字工作机构

2015年,全国31个省(区、市)均设立了省级语言文字工作机构。其中,有28个设在省级教育行政部门,2个(安徽、山东)为参公事业单位,1个(新疆)设在民语委。日常工作机构设在省级教育行政部门的包括两种情况:18个为独立的语言文字工作职能处室,10个与相关职能处室合署办公。各省级语言文字工作机构现有工作人员共97人,其中专职工作人员70人、兼职工作人员27人。具体见表6。

表6 2015年省级语言文字工作机构情况

序号	省(区、市)	独立/合署	专职人员	兼职人员
1	北京	行政独立	5	0
2	天津	行政合署	0	3
3	河北	行政独立	2	1
4	山西	行政独立	2	2
5	内蒙古	行政独立	2	2
6	辽宁	行政合署	1	0
7	吉林	行政合署	1	1
8	黑龙江	行政独立	3	0
9	上海	行政独立	3	0
10	江苏	行政独立	3	0
11	浙江	行政独立	3	1
12	安徽	参公事业单位	3	0
13	福建	行政合署	1	1
14	江西	行政独立	3	0
15	山东	参公事业单位	5	0
16	河南	行政独立	5	3

续表

序号	省(区、市)	独立/合署	专职人员	兼职人员
17	湖北	行政独立	3	0
18	湖南	行政合署	0	3
19	广东	行政合署	2	0
20	广西	行政独立	3	0
21	海南	行政合署	0	1
22	重庆	行政独立	3	0
23	四川	行政独立	2	0
24	贵州	行政独立	1	0
25	云南	行政独立	3	0
26	西藏	行政合署	1	2
27	陕西	行政合署	0	2
28	甘肃	行政独立	3	1
29	青海	行政独立	2	0
30	宁夏	行政合署	0	4
31	新疆	行政合署	5	0
	合计		70	27

二、市级语言文字工作机构

2015 年,全国市级(包括省会市、计划单列市、地级市)语言文字工作常设机构 432 个,其中,行政独立设置的 88 个,行政合署办公的 273 个,事业独立的 29 个,事业兼管的 42 个。共有专职人员 398 人,兼职人员 504 人。具体见表 7。

表 7　2015 年地方市级语言文字工作常设机构情况

省份	城市类别	机构情况(个)					人员情况(人)		机构数量(个)	人员数量(人)	
		行政独立	行政合署	事业独立	事业兼管	无机构有人管	专职	兼职		专职	兼职
北京	区县	4	11	1	0	0	13	13	16	13	13
天津	区县	16	0	0	0	0	16	0	16	16	0
河北	省会	1	0	0	0	0	2	1	11	24	15
	一般地级市	6	4	0	0	0	22	14			

续表

省份	城市类别	机构情况(个)					人员情况(人)		机构数量(个)	人员数量(人)	
		行政独立	行政合署	事业独立	事业兼管	无机构有人管	专职	兼职		专职	兼职
山西	省会	0	0	1	0	0	6	0	11	28	6
	一般地级市	2	4	4	0	0	22	6			
内蒙古	省会	0	1	0	0	0	0	2	14	7	22
	一般地级市	3	10	0	0	0	7	20			
辽宁	省会	0	1	0	0	0	1	0	16	14	26
	计划单列市	1	0	0	0	0	5	0			
	一般地级市	0	6	2	6	0	8	26			
吉林	省会	0	1	0	0	0	0	2	9	2	16
	一般地级市	0	7	0	1	0	2	14			
黑龙江	省会	0	1	0	0	0	1	2	13	19	17
	一般地级市	2	10	0	0	0	18	15			
上海	区县	0	17	0	0	0	21	18	17	21	18
江苏	省会	1	0	0	0	0	2	0	13	6	10
	一般地级市	2	10	0	0	0	4	10			
浙江	省会	0	1	0	0	0	2	1	11	22	11
	计划单列市	0	1	0	0	0	2	1			
	一般地级市	0	9	0	0	0	18	9			
安徽	省会	1	0	0	0	0	3	0	16	14	34
	一般地级市	0	6	0	9	0	11	34			
福建	省会	1	0	0	0	0	2	0	10	10	13
	计划单列市	1	0	0	0	0	3	0			
	一般地级市	2	6	0	0	0	5	13			
江西	省会	0	1	0	0	0	2	1	11	12	12
	一般地级市	5	1	0	4	0	10	11			
山东	省会	0	0	1	0	0	3	0	16	28	25
	计划单列市	0	1	0	0	0	2	0			
	一般地级市	3	6	1	4	1	23	25			
河南	省会	1	0	0	0	0	1	1	18	29	27
	一般地级市	7	3	2	5	0	28	26			

续表

省份	城市类别	机构情况(个)					人员情况(人)		机构数量(个)	人员数量(人)	
		行政独立	行政合署	事业独立	事业兼管	无机构有人管	专职	兼职		专职	兼职
湖北	省会	1	0	0	0	0	2	1	17	6	19
	一般地级市	4	12	0	0	0	4	18			
湖南	省会	0	1	0	0	0	0	3	15	15	17
	一般地级市	1	10	3	0	0	15	14			
广东	省会	0	1	0	0	0	0	1	21	9	20
	计划单列市	1	0	0	0	0	5	4			
	一般地级市	1	16	2	0	0	4	15			
广西	省会	0	1	0	0	0	2	2	15	19	16
	一般地级市	5	8	1	0	0	17	14			
海南	省会	0	1	0	0	0	0	1	5	0	5
	一般地级市	0	4	0	0	0	0	4			
重庆	区县	2	38	0	0	0	2	76	40	2	76
四川	省会	0	0	1	0	0	1	4	21	7	18
	一般地级市	2	14	0	4	0	6	14			
贵州	省会	0	1	0	0	0	1	2	10	1	11
	一般地级市	0	9	0	0	0	0	9			
云南	省会	1	0	0	0	0	2	0	16	4	13
	一般地级市	1	9	1	4	0	2	13			
西藏	省会	0	1	0	0	0	1	1	7	6	8
	一般地级市	0	0	2	4	0	5	7			
陕西	省会	0	0	1	0	0	0	1	11	0	11
	一般地级市	0	10	0	0	0	0	10			
甘肃	省会	0	0	0	1	0	1	0	13	25	7
	一般地级市	8	0	4	0	1	24	7			
青海	省会	1	0	0	0	0	2	0	2	3	7
	一般地级市	0	0	1	0	0	1	7			
宁夏	省会	0	0	1	0	0	0	2	6	0	7
	一般地级市	0	5	0	0	0	0	5			
新疆	省会	0	1	0	0	0	4	0	14	36	0
	一般地级市	1	12	0	0	0	32	0			

续表

省份	城市类别	机构情况(个)					人员情况(人)		机构数量(个)	人员数量(人)	
		行政独立	行政合署	事业独立	事业兼管	无机构有人管	专职	兼职		专职	兼职
兵团	省会	0	1	0	0	0	0	4	1	0	4
	一般地级市	0	0	0	0	0	0	0			
合计		88	273	29	42	2	398	504	432	398	504

国家语委语言文字应用培训基地

国家语委语言文字应用培训基地是教育部语用司代表国家语委与全国有关高校、教育文化机构等共建，依托共建单位优势学科、特色专业和专业团队深入开展人才培养、宣传推广的语言文字培训机构。截至 2016 年，全国共设有 8 个培训基地，布局覆盖东南北中。具体见表 8。

表 8　国家语委语言文字应用培训和推广基地

序号	基地名称	成立时间	所在城市	挂靠(共建)单位
1	中国传媒大学培训基地	2012	北京	中国传媒大学
2	北京华文学院培训基地	2011	北京	北京华文学院
3	北华大学培训基地	2011	吉林	北华大学
4	东北大学秦皇岛分校培训基地	2012	秦皇岛	东北大学秦皇岛分校
5	中国文字博物馆培训基地	2011	安阳	中国文字博物馆
6	江苏师范大学培训基地	2011	徐州	江苏师范大学
7	苏州教育局培训基地	2011	苏州	苏州教育局
8	广西师范大学培训基地	2011	桂林	广西师范大学

国家语言文字科研机构

一、国家语委科研机构

国家语委科研机构是教育部语言文字信息管理司代表国家语委与有关高校、科研院所等共建，依托共建单位组织保障，整合共建单位学科优势、人才资源，在与国家语言文字事业发展密切相关的各方向上开展决策咨询研究的语言文字研究机构。2015年，教育部语言文字信息管理司与有关单位共建了18个国家语委科研机构，其中，科研中心16个，科研基地2个①。具体见表9。

表9 国家语委科研机构一览(截至2016年)

序号	机构名称	简称	成立时间	依托单位
1	国家语言资源监测与研究平面媒体中心	平面媒体中心	2004	北京语言大学
2	国家语言资源监测与研究有声媒体中心	有声媒体中心	2005	中国传媒大学
3	国家语言资源监测与研究网络媒体中心	网络媒体中心	2005	华中师范大学
4	国家语言资源监测与研究教育教材中心	教育教材中心	2005	厦门大学
5	海外华语研究中心	海外华语中心	2005	暨南大学
6	中国文字整理与规范研究中心	文字整理中心	2005	北京师范大学
7	中国文字字体设计与研究中心	字体设计中心	2005	北京大学
8	汉语辞书研究中心	辞书研究中心	2007	鲁东大学
9	中国语言战略研究中心	语言战略中心	2007	南京大学
10	国家语言资源监测与研究少数民族语言中心	民族语言中心	2008	中央民族大学
11	中国外语战略研究中心(科研基地)	外语战略中心	2011	上海外国语大学
12	中国语言能力测试研究发展中心	测试研究中心	2012	天津市语言文字培训测试中心

① 与科研中心相比，科研基地的基础保障条件更加完善，实体化运作机制更加完备，科学研究、学科建设、人才培养、国际交流等职责任务更加全面。

续表

序号	机构名称	简称	成立时间	依托单位
13	中国语言文字规范标准研究中心(科研基地)	规范标准中心	2012	北京语言大学
14	国家语言文字政策研究中心	政策研究中心	2013	上海市教育科学研究院
15	中国语情与社会发展研究中心	语情研究中心	2014	武汉大学
16	国家语言能力发展研究中心	语言能力中心	2014	北京外国语大学
17	中国语言资源保护研究中心	语言保护中心	2015	北京语言大学
18	中国语言资源开发应用中心	资源开发中心	2015	商务印书馆
19	中国语言智能研究中心(科研基地)	语言智能中心	2016	首都师范大学

二、盲文手语研究推广机构

盲文手语研究推广机构是教育部、国家语委为充分发挥高等学校在科学研究和人才培养方面的优势,加强手语和盲文工作的协调管理,促进手语和盲文的规范与推广,推动残疾人事业和特殊教育事业的发展,而建立的研究中心和推广机构。截至 2015 年年底,共有 2 个。2011 年,中国残疾人联合会、教育部、国家语委依托北京师范大学建立国家手语和盲文研究中心。2013 年,国家语委在南京特殊教育职业技术学院建立中国盲文手语推广服务中心。

语言文字学术团体

截至 2015 年年底，在民政部注册登记的全国性语言文字学术团体(一级学会)共 22 家。具体见表 10。此外，中国应用语言学学会正在筹建之中。

表 10　全国性语言文字学术团体(截至 2015 年年底)

序号	学会名称	主管单位
1	中国语文现代化学会	教育部
2	中国语文报刊协会	教育部
3	中外语言文化比较学会	教育部
4	中国英汉语比较研究会	教育部
5	全国大学语文研究会	教育部
6	世界汉语教学学会	教育部
7	中国辞书学会	教育部
8	中国古文字研究会	教育部
9	中国文字学会	教育部
10	中国音韵学研究会	教育部
11	中国训诂学研究会	教育部
12	中国韵文学会	教育部
13	中国蒙古语文学会	国家民族事务委员会
14	中国朝鲜语学会	国家民族事务委员会
15	中国少数民族双语教学研究会	国家民族事务委员会
16	中国语言学会	中国社会科学院
17	中国民族语言学会	中国社会科学院
18	全国汉语方言学会	中国社会科学院
19	中国民族古文字研究会	中国社会科学院
20	中国突厥语研究会	中国社会科学院
21	中华全国世界语协会	中国外文出版发行事业局
22	中国中文信息学会	中国科学技术协会

法律与文件

>>>

中华人民共和国国家通用语言文字法

2000年10月31日第九届全国人民代表大会常务委员会第十八次会议通过，2000年10月31日中华人民共和国主席令第37号公布，自2001年1月1日起施行。

第一章　总则

第一条　为推动国家通用语言文字的规范化、标准化及其健康发展，使国家通用语言文字在社会生活中更好地发挥作用，促进各民族、各地区经济文化交流，根据宪法，制定本法。

第二条　本法所称的国家通用语言文字是普通话和规范汉字。

第三条　国家推广普通话，推行规范汉字。

第四条　公民有学习和使用国家通用语言文字的权利。

国家为公民学习和使用国家通用语言文字提供条件。

地方各级人民政府及其有关部门应当采取措施，推广普通话和推行规范汉字。

第五条　国家通用语言文字的使用应当有利于维护国家主权和民族尊严，有利于国家统一和民族团结，有利于社会主义物质文明建设和精神文明建设。

第六条　国家颁布国家通用语言文字的规范和标准，管理国家通用语言文字的社会应用，支持国家通用语言文字的教学和科学研究，促进国家通用语言文字的规范、丰富和发展。

第七条　国家奖励为国家通用语言文字事业作出突出贡献的组织和个人。

第八条　各民族都有使用和发展自己的语言文字的自由。

少数民族语言文字的使用依据宪法、民族区域自治法及其他法律的有关规定。

第二章 国家通用语言文字的使用

第九条 国家机关以普通话和规范汉字为公务用语用字。法律另有规定的除外。

第十条 学校及其他教育机构以普通话和规范汉字为基本的教育教学用语用字。法律另有规定的除外。

学校及其他教育机构通过汉语文课程教授普通话和规范汉字。使用的汉语文教材,应当符合国家通用语言文字的规范和标准。

第十一条 汉语文出版物应当符合国家通用语言文字的规范和标准。

汉语文出版物中需要使用外国语言文字的,应当用国家通用语言文字作必要的注释。

第十二条 广播电台、电视台以普通话为基本的播音用语。

需要使用外国语言为播音用语的,须经国务院广播电视部门批准。

第十三条 公共服务行业以规范汉字为基本的服务用字。因公共服务需要,招牌、广告、告示、标志牌等使用外国文字并同时使用中文的,应当使用规范汉字。

提倡公共服务行业以普通话为服务用语。

第十四条 下列情形,应当以国家通用语言文字为基本的用语用字:

(一)广播、电影、电视用语用字;

(二)公共场所的设施用字;

(三)招牌、广告用字;

(四)企业事业组织名称;

(五)在境内销售的商品的包装、说明。

第十五条 信息处理和信息技术产品中使用的国家通用语言文字应当符合国家的规范和标准。

第十六条 本章有关规定中,有下列情形的,可以使用方言:

(一)国家机关的工作人员执行公务时确需使用的;

(二)经国务院广播电视部门或省级广播电视部门批准的播音用语;

(三)戏曲、影视等艺术形式中需要使用的;

(四)出版、教学、研究中确需使用的。

第十七条 本章有关规定中,有下列情形的,可以保留或使用繁体字、异体字:

(一)文物古迹;

(二)姓氏中的异体字;

（三）书法、篆刻等艺术作品；

（四）题词和招牌的手书字；

（五）出版、教学、研究中需要使用的；

（六）经国务院有关部门批准的特殊情况。

第十八条 国家通用语言文字以《汉语拼音方案》作为拼写和注音工具。

《汉语拼音方案》是中国人名、地名和中文文献罗马字母拼写法的统一规范，并用于汉字不便或不能使用的领域。

初等教育应当进行汉语拼音教学。

第十九条 凡以普通话作为工作语言的岗位，其工作人员应当具备说普通话的能力。

以普通话作为工作语言的播音员、节目主持人和影视话剧演员、教师、国家机关工作人员的普通话水平，应当分别达到国家规定的等级标准；对尚未达到国家规定的普通话等级标准的，分别情况进行培训。

第二十条 对外汉语教学应当教授普通话和规范汉字。

第三章 管理和监督

第二十一条 国家通用语言文字工作由国务院语言文字工作部门负责规划指导、管理监督。

国务院有关部门管理本系统的国家通用语言文字的使用。

第二十二条 地方语言文字工作部门和其他有关部门，管理和监督本行政区域内的国家通用语言文字的使用。

第二十三条 县级以上各级人民政府工商行政管理部门依法对企业名称、商品名称以及广告的用语用字进行管理和监督。

第二十四条 国务院语言文字工作部门颁布普通话水平测试等级标准。

第二十五条 外国人名、地名等专有名词和科学技术术语译成国家通用语言文字，由国务院语言文字工作部门或者其他有关部门组织审定。

第二十六条 违反本法第二章有关规定，不按照国家通用语言文字的规范和标准使用语言文字的，公民可以提出批评和建议。

本法第十九条第二款规定的人员用语违反本法第二章有关规定的，有关单位应当对直接责任人员进行批评教育；拒不改正的，由有关单位作出处理。

城市公共场所的设施和招牌、广告用字违反本法第二章有关规定的，由有关行政管理部门责令改正;拒不改正的,予以警告,并督促其限期改正。

第二十七条 违反本法规定,干涉他人学习和使用国家通用语言文字的,由有关行政管理部门责令限期改正,并予以警告。

第四章 附则

第二十八条 本法自 2001 年 1 月 1 日起施行。

国务院关于公布《通用规范汉字表》的通知

国发〔2013〕23号

（2013年6月5日）

各省、自治区、直辖市人民政府，国务院各部委、各直属机构：

国务院同意教育部、国家语言文字工作委员会组织制定的《通用规范汉字表》，现予公布。

《通用规范汉字表》是贯彻《中华人民共和国国家通用语言文字法》，适应新形势下社会各领域汉字应用需要的重要汉字规范。制定和实施《通用规范汉字表》，对提升国家通用语言文字的规范化、标准化、信息化水平，促进国家经济社会和文化教育事业发展具有重要意义。《通用规范汉字表》公布后，社会一般应用领域的汉字使用应以《通用规范汉字表》为准，原有相关字表停止使用。

附件：《通用规范汉字表》（略）

教育部 国家语委关于印发《国家中长期语言文字事业改革和发展规划纲要(2012－2020年)》的通知

教语用〔2012〕1号

（2012年12月4日）

各省、自治区、直辖市教育厅(教委)、语委，相关省、自治区民委(民语委)，新疆生产建设兵团教育局、语委，国家语委委员单位：

现将《国家中长期语言文字事业改革和发展规划纲要(2012－2020年)》(以下简称《语言文字规划纲要》)印发给你们，请结合实际认真贯彻执行。

党的十八大指出，建设优秀传统文化传承体系，弘扬中华优秀传统文化。推广和规范使用国家通用语言文字。这是党中央以全党代表大会报告的形式对新时期语言文字工作提出的新要求，凸显了党对语言文字工作的高度重视，凸显了语言文字工作在我国“五位一体”社会主义事业总体布局中的重要地位，凸显了语言文字工作在实现教育现代化、推进社会主义文化强国建设中的重要作用。

《语言文字规划纲要》是21世纪我国第一个中长期语言文字事业改革和发展规划，是今后一个时期指导全国语言文字工作改革和发展的纲领性文件。语言文字事业具有基础性、全局性、社会性和全民性特点，是国家文化建设和社会发展的重要组成部分，事关历史文化传承和经济社会发展，事关国家统一和民族团结，事关国民素质提高和人的全面发展，在国家发展战略中具有重要地位和作用。制定并实施《语言文字规划纲要》，是贯彻落实党的十八大精神的重要举措，是实现教育现代化的必备条件，是推动社会主义文化大发展大繁荣、推进社会主义文化强国建设的重要手段，是全面建成小康社会的重要内容。地方各级教育行政部门和语言文字工作部门要深刻学习把握《语言文字规划纲要》提出的目标任务和重点工作，认真贯彻落实《语言文字规划纲要》。要建立和完善语言文字工作“政府主导、语委统筹、部门支持、社会参与”的管理体制，进一步推动本地区各级政府切实担负对语言文字工作的主导责任，加强对语言文字工作的领导和支持。要切实履行统筹职能，充分发挥语委成员单位的作用，积极争取相关部门和社会组织的支持，建立和完善分工协作、齐抓共管、协调有效的工作机制。

要建立和完善语言文字工作的长效机制。将语言文字工作要求纳入各级政府及教育行政部门年度工作总结、相关干部考核和教育督导范围，将语言文字工作与学校教育教学工作有机结合。要努力推动将语言文字规范要求纳入精神文明建设、普法宣传教育、机关行文规范、新闻出版编校质量、广播影视制作播出质量、工商行政监管和城市市容管理等范围。

地方各级教育行政部门和语言文字工作部门要把推动语言文字事业科学发展作为重要职责，把落实《语言文字规划纲要》作为当前和今后一个时期工作的一项重要任务，结合本地区本部门实际，制定贯彻落实《语言文字规划纲要》的实施方案和配套措施，加强领导，精心组织，明确责任和分工，确保《语言文字规划纲要》提出的各项任务落到实处。

附件：《国家中长期语言文字事业改革和发展规划纲要（2012—2020年）》

附件

国家中长期语言文字事业改革和发展规划纲要（2012—2020年）

序　言

语言文字是人类最重要的交际工具和信息载体，是文化的基础要素和鲜明标志，是促进历史发展和社会进步的重要力量。语言文字事业具有基础性、全局性、社会性和全民性特点，是国家文化建设和社会发展的重要组成部分，事关历史文化传承和经济社会发展，事关国家统一和民族团结，事关国民素质提高和人的全面发展，在国家发展战略中具有重要地位和作用。全面建成小康社会，构建中华民族共有精神家园，提高国家文化软实力，加快推进教育现代化，都对语言文字事业提出了新的要求。必须树立和增强高度的文化自觉和文化自信，努力推进语言文字事业全面发展，为全面建成小康社会、实现中华民族伟大复兴贡献力量。

第一章　指导思想

高举中国特色社会主义伟大旗帜，以邓小平理论、“三个代表”重要思想、科学发展观为指导，全面贯彻《国家通用语言文字法》，尊重语言文字发展规律，主动适应国家经济社会发展新要求，围绕中心、服务大局，拓宽视野、改革创新，大力推广和规范使用国家通用语言文字，科学保护各民族语言文字，加强语言文字基础建设和管理服务，增强国家语言实力，提高国民语言能力，构建和谐语言生活，服务教育现代化，服务社会主义文化强国建设，推进语言文字事业全面发展。

大力推广国家通用语言文字。推广和普及国家通用语言文字是贯彻落实国家法律法规的基本要求，是维护国家主权统一、促进经济社会发展、增强中华民族凝聚力和文化软实力的重要内容。要健全完善语言文字法律制度规范，加强宏观政策指导。要增加法治意识，提高依法行政能力，加大培训测试及评估力度，采取切实有效措施，推进国家通用语言文字在全国范围内基本普及。

规范使用国家通用语言文字。要加强语言文字规范标准建设，强化国家通用语言文字规范意识，提升国民语言文字应用能力，提高全社会语言文字规范化水平，增强国家文化软实力。

科学保护各民族语言文字。尊重各民族使用和发展自己的语言文字的自由。树立各民族语言文字都是国家宝贵文化资源的观念，有针对性地采取符合实际的保护措施，充分发挥语言文字在传承和弘扬中华优秀文化中的重要作用，构建中华民族共有精神家园。

构建和谐语言生活。语言文字工作要创新理念和体制机制，要自觉融入国家改革发展大局，服务经济社会发展和人民群众需要，主动结合教育、文化、传媒、信息、商务等领域的建设和发展，坚持监督检查和服务社会并举。科学规划各种语言文字的定位和功能，妥善处理语言生活中的新情况新问题，推进语言文字事业全面、协调、可持续发展，促进和谐社会建设。

第二章　目标和任务

一、总体目标

到 2020 年，普通话在全国范围内基本普及，汉字社会应用的规范化程度进一步提高，汉语拼音更好地发挥作用。语言文字规范标准基本满足社会需求，信息化水平进一步提高。语言文字社会管理服务能力全面提升，社会管理服务体系基本建成。各民族语言文字的科学保护得到加强。语言文字传承和弘扬中华优秀文化的作用进一步发挥。国家语言实力显著增强，国民语言能力明显提高，社会语言生活和谐发展。

二、主要任务

(一)大力推广和普及国家通用语言文字

加大《国家通用语言文字法》的宣传教育力度。将《国家通用语言文字法》列入普法教育内容,增强教师、机关工作人员和新闻出版、广播影视、公共服务行业从业人员的国家通用语言文字规范意识和法制意识,树立全体国民的国家通用语言文字意识。

提高国家通用语言文字普及程度。到2015年,普通话在城市基本普及,在农村以教师、学生和青壮年劳动力为重点基本普及,汉字社会应用基本规范;到2020年,国家通用语言文字在全社会基本普及,全国范围内语言交际障碍基本消除。

加快民族地区国家通用语言文字的推广和普及。加大宣传培训力度,积极稳妥推进双语教育。到2020年,少数民族双语教师达到国家通用语言文字教学要求,完成义务教育的少数民族学生能够熟练掌握国家通用语言文字。

加大《汉语拼音方案》的推行力度。加强学校汉语拼音教学。充分利用汉语拼音作为拼写和注音的工具,进一步发挥其在汉字不便或不能使用领域,以及信息处理、国际交往、国际汉语教育和海外华文教育中的作用。

(二)推进语言文字规范化标准化信息化建设

加强语言文字规范化工作。树立科学的语言文字规范观,进一步完善语言文字规范标准体系。妥善处理语言文字规范与发展的关系,深入研究语言文字规范标准制定和施行的规律,积极做好语言文字规范标准的宣传、普及和应用的社会服务工作。

推进语言文字标准化建设。加强国家语言文字标准的统筹管理,健全语言文字标准的层级和体系。加快制订、完善国家通用语言文字和少数民族语言文字基础标准、应用能力标准、评测认证标准、通用手语和通用盲文标准、外国语言文字使用规范,重点建设教育、信息处理、广播影视、新闻出版、辞书编纂和公共服务等领域的标准。及时开展标准的复审、修订等工作。

提升语言文字信息化水平。加强面向中文信息处理的语言文字基础工程建设,开展以语言文字处理为核心的关键技术联合攻关,形成一批具有自主知识产权的核心技术,提高中文信息处理水平。建设语言文字数据库、资源库和学习平台。

（三）加强语言文字社会应用监督检查和服务

强化语言文字社会应用的监督检查。加强对学校、机关、新闻出版、广播影视、公共服务行业和公共场所语言文字使用情况的监督检查。加强对教材、图书（特别是辞书）、影视剧等文化产品和信息技术产品语言文字使用的监督检查。加强外国语言文字使用管理，推进外语中文译写规范工作。

加强社会语言生活监测和引导。引导网络、手机等新媒体规范使用语言文字。打造社会语言生活监测平台，跟踪研究语言生活中出现的新现象和新问题，纠正语言文字使用不规范的现象，引导社会语言生活健康发展，形成规范使用语言文字的社会氛围。

做好语言文字社会咨询服务工作。建设语言文字应用咨询服务平台，利用现代信息技术等多种手段，为社会提供语言文字政策法规、规范标准和语言文字使用等的咨询服务。

（四）提高国民语言文字应用能力

提高国民语言文字应用能力。建立和完善国家通用语言文字应用能力测评体系，提高全社会对语言文字学习的重视程度，促进国民语言文字应用能力的提升。

受过初等教育的国民普遍具备普通话、规范汉字和汉语拼音的应用能力；具有中等及以上教育程度的国民，其国家通用语言文字水平达到相应要求，具有较好的使用普通话和规范汉字表达、沟通的能力。全社会语言规范意识进一步增强，公民在公共场合自觉使用普通话和规范汉字，语言文字社会应用的规范化水平进一步提高。

（五）科学保护各民族语言文字

正确处理各种语言文字关系。依法妥善处理好国家通用语言文字与汉语方言、繁体字、少数民族语言文字的关系及学习使用问题，努力营造守法、健康、和谐的社会语言文字环境。

增强全社会的语言资源观念和语言保护意识。积极开展树立语言资源观念和科学保护意识的各项公益性活动。

加强各民族语言文字的科学研究和资源开发利用。加强语言资源数字化建设，推动语言资源共享，充分挖掘、合理利用语言资源的文化价值和经济价值。建立和完善语言资源库，探索方言使用和保护的科学途径，用现代技术手段记录保存少数民族濒危语言。

(六)弘扬传播中华优秀文化

充分发挥语言文字传承弘扬中华优秀文化的载体作用。积极开展中华经典诵写讲等活动,加强中华优秀文化传统教育和革命传统教育,提升国民的文化素养和道德素养。

拓展深化与港澳台地区的交流。建立民间语言文字协商机制,促进语言文字学术交流和语言文化交流,为港澳台同胞学习使用普通话提供服务。

推进国际汉语教育。加强国际汉语教育教师培训、教材建设和教学研究,继续推动汉语相关水平测试向海外拓展,增强中华文化国际影响力。继续发挥普通话、规范汉字和《汉语拼音方案》在国际汉语教育和海外华文教育中的主导作用。

提升中文国际地位。促进中文成为有关国际组织的正式工作语言、国际会议的会议语言,提升中文在国际学术界的影响力。扩大、深化与世界各国和地区的语言文化交流与合作。

(七)加强语言文字法制建设

研究修订《国家通用语言文字法》,争取在2020年前完成《国家通用语言文字法》的修订工作。及时跟踪、研究语言文字领域的新情况、新问题,根据实际需要和研究成果,研究制定配套的法规、规章。加强语言文字执法工作,增强公民依法使用语言文字的意识,使有关法律规定落到实处。

第三章　重点工作

一、推广普及

(一)语言文字规范化建设

继续实施语言文字规范化示范校项目。完善国家级和省级语言文字规范化示范校项目标准,将示范校创建作为教育质量监测、高校教学评估、各级示范性学校评审等工作的重要内容。

继续推进城市语言文字工作评估。坚持"重在建设,重在过程,重在实效"的原则,调整完善评估指标体系,对尚未达标的城市加强指导、检查、督促。二类城市在2015

年、三类城市在2020年完成达标验收。建立城市评估复检制度，促进已达标城市保持并不断提高规范化水平。推动将语言文字规范化工作纳入文明城市创建、各级政府及领导干部工作实绩考核范围。

开展区域语言文字规范化达标工作。以城市为中心、辐射带动农村地区，促进区域语言文字规范化水平整体提升。由省级语言文字工作部门根据实际制订区域语言文字规范化工作推进方案，开展试点，分步实施。

推进重点行业系统语言文字规范化工作。推动学校、机关、新闻出版、广播影视和公共服务行业的语言文字规范化工作，适时开展行业规范化示范单位创建评估工作。推动军队系统语言文字规范化建设和普通话培训测试工作。

（二）国家通用语言文字培训

教师、校长（园长）普通话培训。新进教师普通话水平应符合教师资格所规定的普通话等级要求。全体教师都要参加普通话水平测试。对普通话水平未达标的中小学、幼儿园教师和校长（园长）进行普通话培训，使其达到规定标准。开展国家级和省级中华经典诵读教育骨干教师培训。

相关行业从业人员培训。把国家通用语言文字培训列为学校、机关、新闻出版、广播影视和公共服务行业从业人员培训内容，加大培训力度。开展多层次语言文字应用能力培训，满足不同职业、不同岗位业务培训要求。

进城务工人员普通话培训。推动用人单位、劳动就业服务部门和进城务工人员输出、输入地相关部门对务工人员进行普通话培训，提高其就业能力。

二、基础建设

（三）语言文字规范标准建设

加强语言文字规范标准统筹管理。建立规范化、标准化工作长效机制，构建和完善与《国家通用语言文字法》实施相配套的语言文字规范标准体系，加强语言文字技术标准、管理标准和工作标准建设，健全规范标准层级。

加强语言文字规范标准制订和修订工作。重点制订和完善汉字字形及属性、普通话语音、地名、科技术语、外国人名地名译写等国家通用语言文字规范标准及评测认证标准；研究制订公共服务领域外文译写规范标准和国际汉语教育中的语言文字规范标准；主导中国语言文字国际标准的制订。加强语言文字规范标准特别是国际标准研制人才的培养。

（四）语言数据库和语料库建设

建设古今汉字全息数据库。收集整理中国古今汉字，包括国外应用汉字，理清汉字发展演变的历史，推动中国文字的历史传承、现实应用及国际传播。

建设中国百年语言文字规范标准数据库。收集整理中国百年来的语言文字规范标准，建设语言文字规范标准数据库。

建设国家语言资源动态流通语料库。继续建设面向语言资源监测的平面媒体、有声媒体、网络媒体和教育教材等国家语言资源动态流通语料库。完善现代汉语语料库。

（五）语言国情调查

开展语言国情调查。调查特定地区的语言文字使用情况，为地方经济社会发展提供政策支持；调查机关、新闻出版、广播影视、公共服务行业及其从业人员的语言使用情况，为制定相关行业语言文字政策和满足语言使用需求提供服务；调查手语、盲文等特殊语言文字使用情况，为制订完善手语、盲文规范标准，提高特殊教育质量提供服务；调查网络、手机等新媒体语言和外语词、字母词等的使用情况，加强对虚拟空间语言使用的研究，制定相关政策。

开展语言普查。建立定期语言普查制度，开展普通话、汉字、汉语拼音等使用情况普查；汉语方言的种类、分布区域、使用人群和使用变化状况普查；少数民族语言及其方言的种类、分布区域、使用人群和使用变化状况普查；跨境语言的分布和使用情况普查；外国语言文字在境内的使用情况普查。争取在国家人口普查及其他相关调查中增列语言文字使用状况内容。

建立中国语言数据库。绘制多媒体语言地图，发布中国语言国情报告。促进语言普查数据的开发、利用和社会共享。

三、督查服务

（六）语言文字社会应用监督检查和服务

完善社会语言生活监测平台。监测研究语言使用实态和语言生活热点，分析语言生活中的新现象，预测语言发展趋势，定期发布语言生活状况报告，并进行基于数据分析的语言战略研究。

打造汉语汉字学习平台。整合汉语汉字规范标准及信息资源，提供资源共享、技术开放的现代化助教助学模式，服务于中小学教学、公民学习和国际汉语教育。

建设语言文字规范标准督查平台和测查认证系统。对传媒、出版物（重点是教材、工具书）、公共场所、信息技术产品以及汉字输入系统中的语言文字使用状况，进行规范标准符合性的测查认证和监督管理。

建设国家语言文字咨询服务平台和语言文字应用服务系统。面向社会开展语言文字政策法规、规范标准、应用业务等的免费咨询服务。加强对网络语言、新词新语等的规范引导。组织开展外语中文译名的监测、规范、审定和发布工作。

（七）国家语言应急服务和语言援助服务

建立国家语言应急服务和援助机制。根据国家战略需求，制定应对国际事务和突发事件的关键语言政策，建设国家多语言能力人才资源库。促进制订外语语种学习和使用规划。推动社会建立应急和特定领域专业语言人才的招募储备机制，提供突发条件下的语言应急服务。及时为国家有关部门就我国海域、疆域等相关地名和天体命名提供语言文字方面的支持和服务。发挥语言社团作用，建立语言志愿者人才库，广泛吸纳双语、多语人才，为社会提供语言援助。

（八）手语盲文规范和推广

加快手语、盲文规范标准研制。加强国家通用手语和盲文规范化、标准化、信息化建设，修订通用盲文国家标准，研制通用手语国家标准，研制手语、盲文水平等级标准和手语翻译员等级标准。根据需求，研究制定少数民族手语、盲文。加强手语、盲文推广运用。结合特殊教育学校课程改革，推广使用国家通用手语、盲文。培育和发展手语、盲文社会服务机构，为听力、视力残疾人提供国家通用手语、盲文翻译和语音阅读、提示等服务。加强手语、盲文基础研究。重视手语、盲文高层次人才培养和研究机构建设，充分发挥国家手语和盲文研究中心作用。

四、能力提升

（九）构建语言文字应用能力测评体系

推进和完善普通话水平测试、汉字应用水平测试和汉语能力测试。加快推进普通话培训测试的信息化建设和资源建设，推进计算机辅助普通话水平测试。适时修订《普通话水平测试大纲》。编写系列普通话学习教材，研制和推行中小学生普通话水平测试标准。修订和完善《汉字应用水平测试大纲》，完善测试系统，加大汉字应用水平测试推进力度。总结试点经验，修订和完善《汉语能力标准》和《汉语应用能力测试大纲》，推进汉语能力测试。

（十）提升学生语言文字应用能力

提升幼儿普通话水平。幼儿园要创设自由、宽松的普通话交流环境，引导幼儿学会倾听并能清楚地用普通话表达，培养阅读兴趣，养成良好阅读习惯。

加强学生语言文字应用能力培养。中小学校要依据语文课程标准组织教学，加强识字与写字、口语交际、阅读、写作等方面的教学，加强中小学规范汉字书写教育，注重语言文字的综合运用，全面提高中小学生听说读写能力。中等职业学校和高等学校要科学设置语言文字相关课程，以提高语文鉴赏能力、文字书写能力和语言表达与交际能力为重点，全面提升学生的语文素养及语言文字综合运用能力。

建立并完善学生语言文字应用能力评价标准。分级分类制订高校学生和中小学生语言文字应用能力评价标准和测评办法，将口语表达、汉字书写纳入语文教学和评价范围。

（十一）提升国民语言文字应用能力

提高教师的语言文字应用能力。在教师资格标准中明确国家通用语言文字应用能力要求。将语言文字纳入教师培养和培训的重要内容，全面提高教师的语言文字应用能力。

提高相关职业人群的语言文字应用能力。健全学校、机关、新闻出版、广播影视和公共服务行业等相关行业从业人员的语言文字应用能力职业标准。

提倡国民发展多语能力。在发挥国家通用语言文字主导作用的前提下，根据需要，合理规划，为提升国民多种语言文字应用能力创造条件。

五、科学保护

(十二)各民族语言文字科学记录和保存

建设中国语言资源有声数据库。科学设计,统一规划,调查收集普通话、汉语方言、少数民族语言的有声语料,整理保存和深入开发利用,科学保存中国各民族语言实态。

(十三)少数民族语言文字信息化建设

研制少数民族语言文字规范标准。加快制订社会应用和信息化急需的少数民族语言文字基础规范标准。做好少数民族语言的术语规范化工作。

建设少数民族语言文字数据库。收集梳理少数民族语言文字的发展历史和文化信息,建设少数民族语言文化资源库和传统通用少数民族语言的大规模语料库。

(十四)少数民族濒危语言抢救和保护

支持国家民委完成 20 种少数民族濒危语言的调查工作,出版《中国少数民族语言文字保护丛书》。

六、文化传承

(十五)中华经典诵写讲行动

推进学校开展中华经典诵写讲行动。各级各类学校要加强经典诵读和规范汉字书写教育,广泛深入开展中华经典诵读、书写、讲解的社团活动和校外活动。组织诵写讲下基层活动,对师生进行诵写讲辅导。加强诵写讲的研究,包括诵写讲与语文教育、养成教育、青少年成长、人文情感培养等方面关系和作用的研究。探索以中华经典诵读、书写教育为基础的诵写讲教育教学方法。

建设中华经典诵写讲行动社会参与平台。继续举办中华经典诵读、规范汉字书写赛事等系列活动。举办传统节日诵读活动。通过对传统节日经典诗文、民间习俗的梳理、筛选,挖掘传统节日的文化内涵,运用多种形式予以呈现,增强传统节日的吸引力和影响力。

建设中华经典诵写讲资源库。遴选体现中华民族优秀文化传统和革命传统、符合社会主义核心价值体系的经典诗文及反映传统节日、各民族文化的优秀篇章，建设中华经典诵写讲资源库，以诵读、书写、讲解等形式予以记录、保存和展示、传播，促进优秀传统文化和革命文化传承体系建设。

（十六）港澳台地区及海外合作交流

服务港澳同胞普通话学习和培训测试。根据港澳同胞学习普通话的需求，对港澳同胞普通话水平测试、港澳地区教师普通话培训、内地和港澳地区学生暑期普通话交流项目提供支持和服务。合作开展普通话培训测试的科学研究。

推动海峡两岸语言文字业务交流。积极推动两岸合作编纂中华语文工具书工作，完善“中华语文知识库”网站建设，推动两岸语言文字智库、合作开展普通话培训测试等项目的实施，举办两岸语言文字学术研讨会及语言文化交流论坛，继续开展术语和专有名词等的研究规范工作，推动异读词审音、汉语文本简繁转换系统研发、字词对应数据库研制等方面的合作。实施两岸青少年语言文化交流项目。

鼓励海外侨胞来华学习汉语。举办海外华人华侨子弟“母语寻根”夏令营活动，实施海外华文教师普通话培训工程。

加大普通话培训测试的海外推广力度。深化与境外相关机构在普通话培训测试、汉语口语水平测试等方面的合作，进一步拓展在境外的培训测试范围。推进国家通用语言文字培训测试与国际汉语教育、海外华文教育的有效对接。

第四章　创新与保障

一、创新理念思路

更新工作理念。适应时代发展，积极培育和树立语言文字的新理念。语言文字是国家的战略性文化资源，是建设创新型国家、建设人力资源强国、推进中国特色新型工业化、信息化、城镇化和农业现代化的基础性资源；推进语言文字事业科学发展，是实现教育现代化的必备条件，是推动社会主义文化大发展大繁荣、推进社会主义文化强国建设的重要内容，是维护国家主权、尊严和核心利益的战略需要，是促进国家统一、民族团结、经济发展、社会进步、提升我国国际地位和国际影响力的迫切要求。

转变工作思路。语言文字工作要拓宽视野看作用，融入发展促发展，积极融入国家发展大局，积极争取各级政府和社会各界的支持，主动与包括教育工作在内的经济社会发展等各项工作有机结合，努力探索新的事业发展增长点和工作着力点，在提供支撑和服务的过程中实现自身价值，推进自身的发展。

完善工作内容。语言文字工作要自觉履行“大力推广和规范使用国家通用语言文字，科学保护各民族语言文字”的基本职责，努力实现工作内容的拓展，进一步增强服务意识、提升服务能力、创新服务方式，做好语言文字社会咨询服务工作，坚持监督检查与社会服务并重；要注重语言文字工作法制化、规范化、标准化、信息化建设，注重推广普及国家通用语言文字质量水平的提高，加大投入力度，在农村、边远、民族地区扎实推广普及国家通用语言文字，注重发挥语言文字在传承弘扬中华优秀文化中的重要作用。

二、创新工作机制

建立和完善全国语言文字工作“政府主导、语委统筹、部门支持、社会参与”的管理体制。进一步明确各级政府对语言文字工作的主导责任，切实加强对语言文字工作的领导和支持。各级教育行政部门（语言文字工作部门）要切实履行统筹职能，充分发挥语委成员单位的作用，积极争取相关部门和社会组织的支持，建立和完善分工协作、齐抓共管、协调有效的工作机制，从体制和机制上确保语言文字工作的有序开展。

建立健全语委议事机制。建立健全语委全体会议、语委咨询委员会、外语中文译写规范部际联席会议及专家委员会，以及各专业机构、专项工作组等制度或组织。充分依靠各成员单位和相关部门，充分发挥专家群体的才智和作用。建立健全语言文字及相关领域学术团体和社会组织，积极支持其开展或参加语言文字方面的宣传教育、学术研究、业务培训、合作交流、维权自律等活动。

三、创新管理服务

依法加强监督检查。将国家通用语言文字规范要求纳入地方各级政府行政执法督查范围，建立综合执法机制，完善和细化执法程序和标准，切实依法加强监督检查。充分尊重和依靠人大监督、司法监督、群众监督、舆论监督等，健全语言文字法律法规的监督执行机制。

建立长效协调督查机制。将语言文字工作要求纳入各级政府及教育行政部门（语言文字工作部门）年度工作总结和相关干部考核范围。在有关部门的配合下，将语言文字规范要求纳入精神文明建设、普法宣传教育、机关行文规范、教育督导、新闻出版编校质量、广播影视制作播出质量、工商行政监管和城市市容管理等范围，并建立相应机制或制度。

创新监督检查方式。加强和改进行政督查的方式和手段，提高依法行政的水平和实效。探索并建立运用法律、行政、教育、科技、自律等综合手段实施督查的新体系。建设基于数字网络技术的，覆盖广泛、查询便捷的社会语言文字规范应用监督检查与服务网络平台，实行科学有效的监督检查。

创新服务方式。通过协作机制或联席会议制度等方式，为经济、民政、国土、民族、外交、国防等部门提供语言文字业务服务，促进经济社会发展，维护国家主权统一和核心利益。通过与学校、学术团体、社会组织等单位的合作，为相关行业提供语言文字方面的专业培训、职业培训和评估测试等服务。通过网络服务平台、各种媒体和相关社会活动，宣传国家语言文字法律法规、政策制度，推广普及国家通用语言文字，提供语言文字咨询服务和应急援助。推进语言文字工作系统政务信息化建设。结合文化产业发展，注重开发语言资源，支持发展语言产业，为社会提供多样化语言文字服务。

四、扩大对外开放

进一步扩大语言文字工作的对外开放程度。通过多种途径加强语言文字的对外交流和传播，扩大中华语言文字的国际影响力，拓展中华文化传播的广度和深度。

建立健全与相关涉外机构、对外传播机构的协作关系和协作机制，通过孔子学院教学、海外中国文化中心活动、高校来华留学生教育、对外汉语培训、对外传播媒体和新媒体的宣传报道，以及节目交流、民间外交、青年交流活动等各种方式和途径，积极主动地对外传播包括语言文字在内的中华文化，为展示当代中国和平发展的国家形象和增进世界人民对中国的理解信任发挥积极作用。

五、强化人才保障

创新管理队伍培训方式。建立培训制度，通过举办“中央普通话进修班”，实施中青年骨干海外研修计划、语言文字管理干部岗位培训和专题研修、测试员提高培训等项目，对语言文字专兼职管理队伍开展上岗培训和定期轮训，建设高水平、专业化的管理队伍和测试员队伍。以现有资源为基础，建立国家级培训基地。

加大专家队伍培养力度。通过科研资助、出国研修、重点培养等方式遴选培养一批优秀的语言文字专家，改善工作条件，完善用人机制，进一步发挥专家学者在学术理论和政策研究、规范标准研制和咨询服务中的作用。

健全奖励制度。对在国家语言文字事业发展中做出突出贡献的组织和个人，按国家有关规定予以表彰奖励。

六、提高科研水平

发挥科学研究的支撑作用。围绕国家经济、政治、文化、社会、生态文明建设和语言文字方针政策、规范标准，以及社会语言生活中的重大问题和热点问题，开展战略性、前瞻性、对策性研究，为语言文字事业改革发展提供有力支撑和智力支持。

加强科研管理和机构建设。积极整合相关研究力量，充分发挥高等学校、科研院所和学术团体的作用，重点建设好国家语委科研基地。建立和完善科研管理制度，提升科研管理的信息化水平，重视研究成果的共享和社会应用。

加强应用语言学学科建设。注重培养、扶持学科带头人和领军人物，支持其开展学术、业务研究与创新。提升学科地位和学术影响力。促进语言学研究方法和研究手段的现代化。鼓励跨学科、跨领域开展研究，鼓励协同创新。

七、加大宣传力度

创新宣传方式。将《国家通用语言文字法》的学习宣传纳入普法规划和普法教育内容。继续开展全国推广普通话宣传周活动，创新活动内容、载体和方式，推动农村、边远、民族地区提高普通话普及程度。编写有关语言国情、语言文字政策法规和规范标准等系列普及丛书。

构建宣传体系。加强语言文字网站、报纸、期刊和出版物等宣传阵地建设，充分利用新闻媒体，创新宣传手段，加强舆论引导，注重对社会关注的语言文字热点问题的宣传解释，营造有利于国家通用语言文字推广和规范使用的社会环境。

八、保障经费投入

建立健全语言文字事业经费投入机制。加大对语言文字事业发展的经费投入力度。推动各级财政加大对本规划纲要确定的重点建设项目的经费投入，增加农村、边远、民族地区推广普及国家通用语言文字的经费投入。制定相关政策，鼓励地区间建立对口支援和互利合作关系。设立语言文字事业发展基金，支持多渠道筹措经费，鼓励企业、团体、个人捐赠。

本规划纲要的实施主体是各级人民政府及教育行政部门（语言文字工作部门），协同单位是语委成员单位和有关业务主管部门。各地要加强领导，明确责任和分工，把落实本规划纲要提上重要议事日程，制定实施方案和配套政策措施，分阶段、有步骤地组织实施。地方各级教育行政部门（语言文字工作部门）要切实履行统筹协调职能，在党委和政府的统一领导下，统筹安排，精心组织，协调好语委成员单位和相关部门，具体负责组织实施工作，全力推进本规划纲要的落实。

国家语言文字工作委员会关于印发《国家语言文字智库建设规划》的通知

国语〔2015〕1号

（2015年3月3日）

各省、自治区、直辖市教育厅（教委）、语委，新疆生产建设兵团教育局、语委，相关省、自治区民委（民语委），有关部属高校，有关研究机构：

现将《国家语言文字智库建设规划》印发给你们，请结合实际认真贯彻执行。

《国家语言文字智库建设规划》（以下简称《智库规划》）是今后一个时期指导全国语言文字智库建设的重要文件。语言文字智库是以语言政策和语言战略为主要研究对象、以服务党和政府语言文字科学民主依法决策为宗旨的非营利性研究咨询机构，是组织高水平研究、汇聚和培养优秀研究人才、引导社会舆论、提供语言服务、推进语言文字合作交流的重要平台。制定和实施《智库规划》，对推进国家语言文字智库建设、促进语言文字事业的科学发展、服务党和国家工作大局具有重要的意义。

希望各有关部门和单位深化认识、积极配合、大力支持，进一步增强做好语言文字智库建设工作的自觉性和主动性，并结合本地区本部门实际，采取有力措施，把《智库规划》提出的各项目标任务落到实处。

附件：《国家语言文字智库建设规库》

附 件

国家语言文字智库建设规划

语言文字智库是以语言政策和语言战略为主要研究对象、以服务党和政府语言文字科学民主依法决策为宗旨的非营利性研究咨询机构。根据中办、国办印发的《关于加强中国特色新型智库建设的意见》(以下简称《意见》)的部署及要求，为加快培育和发展国家语言文字智库，特制定本规划。

一、指导思想

深入贯彻党的十八大和十八届三中、四中全会精神，高举中国特色社会主义伟大旗帜，贯彻落实习近平总书记系列重要讲话精神，以服务党和政府决策为宗旨，以政策研究咨询为主攻方向，以完善组织形式和管理方式为重点，以改革创新为动力，加强规划引导，强化政策扶持，做好人才培养和成果转化，着力提升咨政能力，稳步推动相关研究机构向智库发展，更好地服务党和国家工作大局。

二、建设目标

体制机制基本健全。与语言文字智库建设相配套的各种人事管理、科研评价、资源配置、人才培养、成果使用等的体制机制基本健全，智库创造活力得到有效激发。

咨政能力较大提升。各相关研究机构能自主地围绕党和国家的现实需要，较好地开展前瞻性、针对性、储备性政策研究，提出专业化、建设性、切实管用的政策建议，综合研判和战略谋划能力有较大提升，智库成果质量大幅提升，服务党和国家的能力显著增强。

人才队伍初具规模。打造一支坚持正确政治方向、德才兼备、富于创新精神、年龄结构合理的公共政策研究和决策咨询核心专家队伍，形成较为稳定的人才培养机制。

影响力逐步扩大。语言文字智库对社会舆论的渗透力和影响力逐步增大，对外传播能力和国际话语权进一步增强，引导舆论、公共外交的能力进一步提升。

在建设试点的基础上，到 2020 年，力争打造若干个定位明晰、特色鲜明、机制健全、效能优良的语言文字智库，更好地服务和保障国家语言文字事业的改革和发展，为未来语言文字智库体系的构建打下坚实基础。

三、重点任务

(一)强化国家语委研究机构建设

推动国家语委研究机构按照《意见》提出的基本标准扎实做好基础建设，加快向智库转型发展；坚持突出智库的特点，选择有基础、有条件的研究机构作为切入点和突破口，明确阶段发展目标，集中优势资源，促进其率先发展；针对重大缺漏和力量薄弱的领域，适度发掘、培养富有潜力和特色的语言研究机构向智库方向发展；与依托单位共同推进研究机构面向智库的综合改革。

(二)支持引导相关机构的智库建设

支持国家有关部门直属研究机构支撑语言文字政策研究咨询的转型发展或功能拓展；加强与相关教育部人文社科重点研究基地的合作，探索合作新模式，支持和引导其多元发展，充分发挥咨政作用；引导社会力量兴办产学研用紧密结合的语言文字智库；鼓励区域性智库建设，推动区域语言文字工作决策咨询服务体系的构建和完善。

(三)加强人才队伍建设

建设国家语言文字智库核心专家库。在逐步完善国家语委科研工作专家库基础上，从中遴选一批具有较高咨政研究水平的核心专家，给予重点支持，进一步引导其围绕语言生活中的全局性和战略性问题以及重点、热点、难点问题及时开展咨政研究，为语言文字事业提供保障支持。

加强智库后备人才培养。放开视野发掘人才，大力培养人才，打造专业方向多元化、年龄结构合理化的智库人才梯队；对智库后备人才特别是中青年人才进行持续性的跟踪培养，在科研立项等方面给予重点支持；推动“走出去”计划，遴选一批优秀的智库后备人才前往国外相关智库研修；进一步推进“语言文字国际高端专家来华交流项目”，通过国际学术合作与交流，加强国家语委相关研究机构专家队伍建设。

强化智库人才与语言文字管理部门的互动。建立语言文字智库与语言文字管理部门的人才互动机制，推动智库人才到各级语言文字管理部门锻炼，参与语言政策和语言战略相关的调研、研讨工作；推动、吸纳语言文字管理部门干部参与语言文字智库的研究工作。

(四)推进管理方式改革

推进协同创新。重点依托国家语委研究机构，构建制度化的交流机制和协作机制，加强与国内外其他研究机构、专家学者的深度合作；组织推进跨机构综合性项目的研究，推进跨学科交融平台的建设；培育、建设一个具有统筹协调职能的研究机构，作为语言文字智库建设的智囊，推进研究机构间的沟通协调和协同创新。

改进科研评价机制。强化质量和创新要求，建立以服务语言文字事业重大需求为导向的成果评价机制；探索建立咨询类成果评价认证制度；推动依托单位强化咨政工作在科研考评体系中的地位。

优化项目管理。完善科研管理制度，坚持问题导向，重大科研项目向应用对策型选题倾斜；密切跟踪重大需求，与语言文字管理部门合作确定研究选题，满足相关部门的咨询研究需求，提高项目设置的针对性和实用性；提升国家语委科研项目的影响力。

加强内部制度建设。推动研究机构完善与智库建设相配套的各项内部制度，重点构建人才使用和评价激励机制、机构持续发展机制以及薪酬制度、资金管理制度、保密审查制度等。

(五)强化基础资源建设

构建国家级数据平台。加强数据资源建设，推进研究手段的现代化；整合现有分散语言数据资源，构建国家级语言数据资源平台，探索成立国家语委语言数据资源中心，促进语言数据资源的开放与共享，建设语言文字决策参考数据系统。

建设专题数据库。依托重大科研项目，推进各研究机构建设门类细化、支撑本方向咨政研究的数据库，并加强信息共享。

(六)做好成果推广应用

创新成果转化机制。通过包括激励机制、评价机制等机制在内的机制建设，推进智库与政府的对接，促进智库研究成果及时有效地转化为政府决策；设立专门的智库咨政工作服务机构，整合各种资源，搭建成果转化平台，服务各机构研究成果的转化。

加大智库成果报送力度。进一步规范和加强研究机构、智库核心专家、项目团队咨政建议的报送工作，提高咨政建议质量；进一步发挥《中国语言生活状况报告》的平台作用，拓展使用范围；加强与相关部门的合作，探索建立稳定的语言文字智库成果报送渠道，推进成果的应用和开发。

提升智库影响力。支持各机构参与国际、国内重大活动，做好研究成果的宣传；创新成果发布方式，发挥网络服务平台作用，创建统一的语言文字智库成果发布品牌；加强与媒体的互动与合作，增强语言文字智库的社会影响力；设立智库成果出版资助计划，对标志性的重大研究成果予以出版资助，扩大研究成果的影响力；推进各机构围绕国家决策、事业发展、群众需求等强化社会服务，在服务过程中提升影响力。

四、政策措施

（一）强化政策保障

落实政府信息公开条例，依法主动向社会发布语言文字工作信息；健全决策咨询机制，规范决策咨询程序，增强决策的透明度和公众参与度，广泛听取智库的意见和建议，为智库作用的发挥打造制度空间；探索建立决策部门对智库咨询意见的回应和反馈机制；支持和鼓励智库开展语言文字政策评估，并扩大其参与度；构建管理部门不定期发布需求信息和重大研究主题的机制；制定切实可行的扶持政策，在机构设置、基础建设、人员选拔、职称评定、协同创新等方面争取依托单位的支持，激发智库建设活力。

（二）加大经费投入

在充分利用现有经费渠道的基础上，建立稳定的经费投入增长机制，国家语委设立语言文字智库建设专项资金，按年度予以经费支持；推动依托单位按比例配套建设经费；建立购买决策咨询服务的工作机制；鼓励企业、社会组织、个人等捐赠资助智库建设，逐步形成多元化、多渠道、多层次的投入体系；完善经费使用机制，探索建立符合智库运行特点的经费管理制度。

（三）建立健全激励机制

探索建立开放的研究成果申报机制，凡被国家语委采纳并转化为政府决策的优秀成果由国家语委予以嘉奖；建立后期资助方式，对政府决策产生重大影响的优秀成果给予后期奖励和持续支持。

五、组织实施

（一）做好统筹协调

统筹协调各地和相关部门，汇聚力量，促进资源融合，协力推进智库建设；营造公平竞争环境，激发和调动各类主体的积极性，引导加大对语言文字智库的投入，加快推进语言文字智库的发展。

（二）加强宏观指导

强化语言文字主管部门在语言文字智库发展规划、政策、统筹协调等方面的宏观责任，形成既能把握正确方向，又有利于激发智库活力的管理体制。

（三）培育示范智库

发挥基础建设扎实和创新环境良好研究机构的比较优势，推进先行先试，促进政策、经费等要素向其集聚，培育和建设若干语言文字示范智库。

（四）加强组织实施

国家语委领导语言文字智库建设工作，教育部语言文字信息管理司具体推进落实，及时出台有关政策措施。

教育部 国家语委关于印发《国家语言文字工作委员会语言文字规范标准管理办法（2015年修订）》的通知

教语信〔2015〕1号

（2015年3月10日）

各省、自治区、直辖市教育厅（教委）、语委，新疆生产建设兵团教育局、语委，相关省、自治区民委（民语委）：

2001年8月，教育部、国家语委印发了《国家语言文字工作委员会语言文字规范（标准）管理办法》。2014年，国家语委根据工作实际对此文件进行了修订完善。现将修订后的《国家语言文字工作委员会语言文字规范标准管理办法（2015年修订）》印发给你们，请遵照执行。2001年发布的原办法同时废止。

附件：《国家语言文字工作委员会语言文字规范标准管理办法（2015年修订）》

附件

国家语言文字工作委员会语言文字规范标准管理办法(2015年修订)

第一章 总则

第一条 为加强语言文字规范标准管理，根据《中华人民共和国国家通用语言文字法》和《中华人民共和国标准化法》的有关规定，制定本办法。

第二条 教育部、国家语言文字工作委员会(以下简称国家语委)是语言文字规范标准主管部门，负责语言文字规范标准管理工作。

第三条 本办法所指语言文字规范标准主要是由教育部、国家语委发布的语言文字规范(GF)和国家标准主管部门发布的语言文字方面的国家标准(GB)。

第四条 教育部相关机构具体承担语言文字规范标准的立项、研制、审定、实施等的组织协调工作。

第二章 规范标准的计划

第五条 国家语委制订发布语言文字规范标准中长期规划。编制语言文字规范标准的研制计划，应以国家语言文字工作方针政策为指导，以社会发展需要和语言文字规范标准体系等为依据。

第六条 全国语言文字标准化技术委员会(以下简称语标委)由国家标准主管部门批准成立，由语言文字相关部门和行业推荐专家组成，承担语言文字规范标准立项建议、组织研制和鉴定等工作。

第七条 公民、法人或其他组织均可提出语言文字规范标准制订或修订立项建议，提交语标委。语标委在汇总整理和调查研究基础上，提出规范标准研制计划报国家语委。其中拟作为国家标准的，需再报国家标准主管部门。

第三章　规范标准的研制

第八条　国家语委择优选择相应单位承担语言文字规范标准起草工作。规范标准研制项目纳入国家语委科研项目管理。

第九条　研制单位对所研制规范标准的质量负责。研制单位应当在深入研究的基础上，按照 GB/T 1.1-2009《标准化工作导则 第 1 部分：标准的结构和编写》的要求起草规范标准征求意见稿，并编写研制报告及有关文件。

第十条　研制单位形成的规范标准征求意见稿、研制报告及有关文件，由语标委发相关部门、行业和有关专家征求意见。征求意见期限不少于 30 天。研制单位对征集的意见进行归纳整理、分析研究并妥善处理后形成规范标准鉴定稿、研制报告、意见汇总处理表等有关文件。

第十一条　规范标准研制项目的科研鉴定通常采用会议形式。专家鉴定会由语标委负责组织进行，鉴定专家应是项目涉及领域具有代表性、权威性的专家，且与研制单位无直接利害关系。

第十二条　规范标准经专家鉴定会鉴定通过后，研制单位根据鉴定会意见修改完善形成规范标准送审稿，提交国家语委审定。鉴定未通过的，退回研制单位修改完善。

第四章　规范标准的审定

第十三条　国家语委成立语言文字规范标准审定委员会(以下简称审委会)，负责语言文字规范标准的审定和维护性复审工作。审委会委员由专家和语言文字工作行政管理人员组成，主任委员由国家语委主任担任。

第十四条　研制单位应向审委会提交下列送审材料：规范标准送审稿、研制报告、意见汇总处理表、专家鉴定意见及鉴定专家签名表等。审委会办公室对送审材料初审并报审委会主任委员同意后，方可提交审委会进行审定。

第十五条　语言文字规范标准审定通常采用会议形式。内容相对单一、分歧较小的规范标准也可采用函审形式。

第十六条　采用会议形式审定时，审委会到会委员应不少于全体委员的 3/4。如有特殊需要，审委会可聘请若干名相关领域的专家作为临时委员参加。审定会采用无记名投票方式表决，需有不少于出席会议委员（含临时委员）的3/4同意方为通过。投票情况应书面记录在案，作为审定意见的附件。

采用函审形式审定时，审委会办公室对函审意见进行汇总整理，填写函审结论表，报审委会主任委员。回函数应占发函总数的3/4以上，且同意者不少于回函总数的3/4方为通过。

第十七条 采用会议形式审定时，审委会办公室至少于会前15天将会议通知和送审材料提交审委会委员。

采用函审形式审定时，寄送材料与会议审定方式相同，并附函审单，函审期限为1个月。

第十八条 规范标准送审稿审定通过后，研制单位根据审委会专家意见修改完善形成规范标准报批稿提交国家语委。审定未通过的，退回研制单位修改完善，或另择研制单位重新研制。

第十九条 未在国家语委立项的语言文字规范标准研究成果，经语标委组织专家鉴定通过，也可按相关程序向国家语委申请审定发布。

第五章 规范标准的审批、发布

第二十条 语言文字规范（GF）由国家语委主任签发，教育部、国家语委发布。国家语委和其他部门共同参与研制的规范标准也可采用联合发布方式。

第二十一条 国家语委组织制定或修订的国家标准（GB），经国家语委主任批准后按相关规定报国家标准主管部门审批。

第二十二条 语言文字规范的发布时间为国家语委主任签发时间，实施时间至少要晚于发布时间3个月。语言文字规范实施根据实际情况可采用试行方式。国家标准由国家标准主管部门发布并决定发布和实施时间。语言文字规范标准发布后，应在媒体上予以公告。

第二十三条 对于有社会需求，但是暂不适合以国家标准或语言文字规范形式发布的规范标准研究成果，可采用国家语委《中国语言生活绿皮书》A系列等形式发布，供社会参考使用。

第二十四条 语言文字规范的出版事宜，由教育部、国家语委安排，国家标准出版事宜由国家标准主管部门安排。

第六章　规范标准的复审

第二十五条　语言文字规范标准实施后，应根据社会发展和语言生活需要适时进行维护性复审。复审由语标委协助审委会进行。复审参照规范标准审定的形式和程序进行。

第二十六条　复审结束后，审委会应出具复审报告并报送国家语委。复审报告包括复审简况、处理意见、复审结论。属于国家标准的，需再报国家标准主管部门。

第二十七条　复审结束后，不需要修改的规范标准继续有效，需作修改的规范标准作为修订项目列入研制计划，已无存在必要的规范标准予以废止并在相关媒体上公告。

第七章　规范标准的实施

第二十八条　语言文字应用的各领域及相关人员应依法自觉遵循语言文字规范标准。

第二十九条　国家语委负责对语言文字规范标准的实施情况进行监督检查。

第三十条　国家语委委托有关机构进行语言文字产品的语言文字规范标准符合性测查认证，并定期公布测查认证结果。其他部门或个人不得以国家语委名义从事语言文字规范标准认证活动。

第三十一条　国家语委委托语标委等机构开展语言文字规范标准的宣传培训、咨询服务、推广实施等工作，同时也鼓励其他机构开展相关工作。

第八章　附则

第三十二条　本办法由国家语委负责解释。

第三十三条　国家语委参与制定或修订语言文字国际标准，依照国际标准研制工作规则进行。地方发布的语言文字规范标准应在发布前报国家语委备案。

第三十四条　本办法自发文之日起施行，2001 年发布的原办法同时废止。

教育部 国家语委关于启动中国语言资源保护工程的通知

教语信〔2015〕2号

（2015年5月14日）

各省、自治区、直辖市教育厅（教委）、语委，新疆生产建设兵团教育局、语委，有关省、自治区民委（民语委），有关高校、科研院所：

为贯彻党的十八大和十七届六中全会关于大力推广和规范使用国家通用语言文字，科学保护各民族语言文字的精神，落实《国家中长期语言文字事业改革和发展规划纲要（2012－2020年）》的任务要求，教育部、国家语委决定自2015年起启动中国语言资源保护工程（以下简称语保工程），在全国范围开展以语言资源调查、保存、展示和开发利用等为核心的各项工作。

一、实施基础

为更好地掌握语言国情，保护国家语言资源，传承和弘扬中华优秀传统文化，为国家建设和发展战略提供服务，教育部、国家语委从2008年起，先后在江苏、上海、北京、广西、辽宁、福建、山东、河北、湖北等省份开展了中国语言资源有声数据库建设试点工作。目前，江苏、北京和上海已完成本地区相关语言资源的调查、采录和整理并通过验收，其余相关省份的调查工作正在有序推进。上述省份富有成效的试点工作检验了有声数据库建设技术规范和工作规范的科学性和可行性，完善了中国语言资源有声数据库建设方案，探索出一套"政府主导、学者支持、社会参与"的工作模式和一系列行之有效的专家团队运作及项目管理办法，为在更大范围内开展语言资源保护工作积累了宝贵经验。同时，"中国语言资源有声数据库技术规范与平台研发"项目得到科技部2014年度国家科技支撑计划的支持，为语言资源保护工作提供了有力的技术保障。

党的十八大和十七届六中全会对语言文字工作提出了明确要求，赋予了科学保护各民族语言文字的重大使命。《语言文字规划纲要》将科学保护各民族语言文字列为重要任务。鉴于当前工作任务的需要和前期良好的工作基础，教育部、国家语委经过科学论证，决定启动语保工程，并印发《中国语言资源保护工程管理办法（试行）》（附件）。

二、实施内容及组织管理

语保工程是对原有中国语言资源有声数据库建设的进一步扩充、整合，目标是利用现代化技术手段，收集记录汉语方言、少数民族语言和口头语言文化的实态语料，通过科学整理和加工，建成大规模、可持续增长的多媒体语言资源库，并开展语言资源保护研究工作，形成系统的基础性成果，进而推进深度开发应用，全面提升我国语言资源保护和利用水平，为传承中华优秀传统文化、促进民族团结、维护国家安全服务。

教育部、国家语委是语保工程的主管部门，由教育部语言文字信息管理司负责语保工程的管理并制定有关管理办法；由中国语言资源保护研究中心作为专业机构负责研究拟订工程的总体规划，以及工作、技术、培训、验收等规范，并受主管部门委托，指导和管理工程的具体实施。

三、实施步骤

语保工程由国家财政予以支持，按照"国家统一规划、地方和专家共同实施、鼓励社会参与"的方式进行，计划用 5 年时间完成。2015 年，工程针对急需开展记录保存的汉语方言和少数民族语言，首先在山西、浙江、福建、重庆等省份启动汉语方言调查，同时由中国语言资源保护研究中心聘请专家组成调查团队，在全国范围内开展少数民族语言等调查。2015 年度共计划开展 80 个少数民族语言（含濒危语言）调查点、50 个汉语方言（含濒危方言）调查点和 30 个语言文化调查点的调查工作，同时开展中国语言资源采录展示平台建设和已有资源的整合汇聚。

在总结经验、完善管理的基础上，工程将陆续在其他省份有计划地展开。鼓励各地在工程整体规划的基础上，根据需要，筹措经费，落实保障条件，扩大调查点规模，并纳入语保工程。

（一）明确启动工程建设的 4 个省份，由当地教育行政部门负责，按照工程管理办法组织本地区内工程的实施。

（二）正在开展中国语言资源有声数据库建设的广西、辽宁、福建、山东、河北、湖北等省份，需按计划有序完成建设工作，在根据要求通过验收后，建设内容统一纳入语保工程。该省份今后建设工作将纳入语保工程统筹部署。

（三）尚未启动工程建设的省份，应积极做好筹备工作，了解本地语言资源现状和专家队伍情况，研究本地工程建设的可行性和实施方案，按照语保工程的总体规划适时启动，条件成熟的也可向教育部语言文字信息管理司提出先行启动申请。

四、有关要求

语保工程是科学保护各民族语言文字，推进国家语言文字事业科学发展的重要举措，得政心、得民心，功在当代、利在千秋。这一工程建设任务量大、学术性强、技术要求高，为保障工程的顺利实施，有关要求如下。

（一）高度重视。各地教育行政部门和相关高校、科研院所要高度重视，当地教育行政部门和工程承担单位主管领导要亲自负责，加强组织协调，提供保障支持，认真落实语保工程总体规划。要把工程任务纳入科研项目管理。

（二）注重质量。要按照工程相关管理规定和技术规范精心组织实施，严格执行管理办法，明确责任分工，确保工程进度和质量。对于高效优质完成工程任务的团队和个人，其所在单位以及当地教育行政部门应给予适当的奖励。

（三）加强监管。各地要规范经费管理，做到专款专用，确保工程经费使用效益。要加强工程实施过程中的监管，积极配合做好中期检查评估、项目验收等相关工作。

（四）通力协作。语保工程涉及面广，具有规范化、科学化、社会化、协同化的特点，参与各方要充分发挥积极主动和团结协作的精神，积极稳妥推进工程实施。

附件：《中国语言资源保护工程管理办法（试行）》

附件

中国语言资源保护工程管理办法(试行)

第一章　总则

第一条　为贯彻落实《国家中长期语言文字事业改革和发展规划纲要(2012—2020年)》,推进各民族语言文字的科学保护,提升中国语言资源保护工程管理的规范化、科学化水平,特制定本办法。

第二条　中国语言资源保护工程的目标是利用现代化技术手段,收集记录汉语方言、少数民族语言和口头文化的实态语料,进行科学整理和加工,建成大规模、可持续增长的多媒体语言资源库,并开展语言资源保护研究工作,形成系统的基础性成果,进而进行深度开发应用,全面提升我国语言资源保护和利用的水平,为传承中华优秀传统文化、促进民族团结、维护国家安全服务。

第三条　中国语言资源保护工程是由国家财政支持的重大语言文化工程。工程按照国家统一规划、专家和地方共同组织实施、鼓励社会参与的方式进行,采取教育部语言文字信息管理司、中国语言资源保护研究中心、省级语言文字管理部门或项目负责人、课题负责人自上而下的分层组织管理模式。

第四条　中国语言资源保护工程调查数据及建设的多媒体语言资源库知识产权属教育部、国家语言文字工作委员会(以下简称国家语委)及组织开展调查工作的本地省级语言文字管理部门和调查团队。

第二章　组织及职责

第五条　教育部、国家语委是中国语言资源保护工程的主管部门,由教育部语言文字信息管理司具体负责，其主要职责是：

（一）指导中国语言资源保护研究中心落实工程的具体实施和管理工作；

（二）制定有关管理办法；

（三）编制工程整体规划和年度计划，组织编报工程经费总预决算和年度预决算；

（四）指导并督促工程的实施，协调并处理执行中的重大问题；

（五）批复确认项目和课题任务；

（六）审核中国语言资源保护研究中心汇总后报送的各项目经费预决算和拨款申请，拨付项目及课题经费；

（七）监督工程经费使用的规范性、安全性和有效性；

（八）组织工程结项工作。

第六条 中国语言资源保护研究中心负责工程的具体实施和管理工作，其主要职责是：

（一）制定工程实施方案，报教育部语言文字信息管理司批准后实施；

（二）制定工程的工作、技术、培训、验收等规范，并监督执行；

（三）制定培训手册并组织开展工程层面的人员培训；

（四）负责工程的任务分解和落实，指导项目组进行项目可行性论证，研究确定开展工程建设项目的省份，遴选确定其他项目负责人，组织与省级语言文字管理部门、项目负责人签订任务协议书，并监督执行；

（五）委派省（区、市）首席专家；

（六）为项目实施提供专业技术指导；

（七）监督各项目的进度、质量；

（八）审核省级语言文字管理部门和项目负责人报送的项目经费预决算（课题经费纳入所属项目统一上报）；

（九）汇总各项目经费预决算并编制工程经费总预决算，报教育部语言文字信息管理司；

（十）监督项目经费使用的规范性、安全性和有效性；

（十一）组织项目中期检查和验收。

第七条 省级语言文字管理部门负责本省（区、市）项目的具体实施和管理工作，其主要职责是：

（一）签署与教育部语言文字信息管理司、中国语言资源保护研究中心的三方协议书，负责本省（区、市）项目实施及其完成效果；

（二）根据中国语言资源保护研究中心下达的任务，在首席专家的协助下编制项目可行性论证报告、确定调查点、组建调查团队；

（三）与调查团队（课题负责人）签订任务协议书，并监督执行；

（四）组织项目实施，监督、检查下设各课题实施情况，协调处理有关问题；

（五）在首席专家的协助下组织进行本省（区、市）人员培训；

（六）审核各课题负责人报送的课题经费预决算；汇总各课题经费预决算，编制本省（区、市）项目经费预决算，报中国语言资源保护研究中心；

（七）按规定使用项目经费，拨付课题经费；监督课题经费使用的规范性、安全性和有效性；

（八）在工程整体规划的基础上，根据情况制定本地工作规划，扩大调查点规模，并落实相关经费及保障条件；

（九）在首席专家的协助下组织课题验收；

（十）按要求提交项目中期检查、验收的有关材料；项目完成后，向中国语言资源保护研究中心移交全部调查材料。

第八条 由省级语言文字管理部门负责的项目设首席专家，首席专家由教育部语言文字信息管理司任命，受中国语言资源保护研究中心委派，其主要职责是在中国语言资源保护研究中心统一要求下，协助省级语言文字管理部门做好设点、组建团队、人员培训和课题验收工作，负责项目实施过程中的业务指导工作。

第九条 除由省级语言文字管理部门负责项目之外的其他项目由项目负责人负责具体实施和管理工作，其主要职责是：

（一）与中国语言资源保护研究中心签订任务协议书，全面负责本项目实施及其完成效果；

（二）根据中国语言资源保护研究中心下达的任务，编制项目可行性论证报告，调查类项目需确定调查点、组建调查团队；

（三）与调查团队（课题负责人）签订任务协议书，并监督执行；

（四）组织项目实施，监督、检查下设各课题实施情况，协调处理有关问题；

（五）组织进行本项目人员培训；

（六）审核各课题负责人报送的课题经费预决算；汇总各课题经费预决算，编制本项目经费预决算，报中国语言资源保护研究中心；

（七）监督课题经费使用的规范性、安全性和有效性；

（八）组织课题验收；

（九）按要求提交项目中期检查、验收的有关材料，项目完成后，向中国语言资源保护研究中心移交全部调查材料。

第十条 课题负责人负责课题的具体实施和管理工作，其主要职责是：

（一）与所属项目负责人签订任务协议书，全面负责本课题实施及其完成效果；

（二）组织团队成员参加有关培训；

（三）按规定使用课题经费；

（四）按要求提交课题中期检查、验收的有关材料，课题完成后，向省级语言文字管理部门或项目负责人移交全部调查材料。

第三章 立项

第十一条 中国语言资源保护研究中心向教育部语言文字信息管理司报送工程实施方案，教育部语言文字信息管理司研究后下达当年工作任务。

第十二条 中国语言资源保护研究中心负责任务分解，组织各项目开展可行性论证工作。

第十三条 有关省级语言文字管理部门、项目负责人向中国语言资源保护研究中心报送项目可行性论证报告、经费预算报告，以及项目任务分解方案。

第十四条 中国语言资源保护研究中心向教育部语言文字信息管理司报送各项目的可行性论证报告、经费预算报告和负责人名单，教育部语言文字信息管理司研究批复。

第十五条 中国语言资源保护研究中心组织签订各类任务协议书，报教育部语言文字信息管理司审核同意后，由教育部语言文字信息管理司向中国语言资源保护研究中心、有关省级语言文字管理部门及课题负责人所在单位下达项目、课题及其经费。

第四章 实施与监督检查

第十六条 中国语言资源保护研究中心、省级语言文字管理部门、项目负责人、课题负责人分别按照任务协议书确定的工作任务，检查、督促并落实相关工作，确保各项目、课题按计划执行。

第十七条 中国语言资源保护工程实行培训上岗制度。中国语言资源保护研究中心组织开展工程层面的培训和专业技术研讨交流，省级语言文字管理部门或项目负责人组织开展所承担项目的人员培训。

第十八条 中国语言资源保护工程实行中期检查制度和年度报告制度。省级语言文字管理部门或项目负责人、课题负责人按要求编制中期工作进展及年度计划执行情况报告，并上报有关信息。中国语言资源保护研究中心汇总审查有关信息，组织开展中期检查，于每年 11 月 30 日前将相关情况上报教育部语言文字信息管理司。教育部语言文字信息管理司、中国语言资源保护研究中心不定期组织抽查，抽查、中期检查和年度报告是激励、调整、撤销和拨款的重要依据。

第十九条 项目、课题在实施过程中出现下列情况的，应及时调整或撤销：

（一）未通过中期检查并不能按照要求进行及时整改；

（二）不能按照任务协议书落实相关工作条件，影响项目、课题正常实施；

（三）专业骨干发生重大变化，致使工作无法正常进行；

（四）由于其他不可抗拒的因素，致使工作不能正常进行。

第二十条 需要调整或撤销的项目，由中国语言资源保护研究中心提出书面意见，报教育部语言文字信息管理司核准后执行。需要调整或撤销的课题，由省级语言文字管理部门或项目负责人提出书面意见，经中国语言资源保护研究中心审核后，报教育部语言文字信息管理司核准执行。必要时，教育部语言文字信息管理司可根据实施情况直接进行调整。

第二十一条 撤销的项目、课题，应当对已开展的工作、经费使用、已购置设备仪器、阶段性成果等情况做出书面报告，同时报中国语言资源保护研究中心核查备案。

第二十二条 中国语言资源保护工程实行责任追究制度，对工程及其下设项目、课题的实施单位或个人发生的违规违纪行为，追究其相应责任。

（一）对出现玩忽职守、以权谋私、弄虚作假等行为的管理人员，一经查实，视情节轻重给予批评教育，或报纪检监察部门依照有关规定对其给予行政（纪律）处分。

（二）对在工程实施中发现的弄虚作假、徇私舞弊、剽窃他人成果等不端行为，以及违规操作或因主观原因未能完成任务并造成损失的单位或个人，一经查实，视情节轻重给予通报批评、终止项目或课题任务并追回已拨经费；构成违纪的，报由纪检监察部门依照有关规定对其给予行政（纪律）处分。

（三）对不按规定接受监督检查、不按时上报材料信息、不按申报书和协议书完成任务的，可缓拨、停拨经费，并要求项目或课题负责人限期整改。整改不力的，视情节轻重给予通报批评，追回已拨经费。

第二十三条 加强信用管理，对工程及其下设项目、课题的实施单位或个人在工程实施中的信用情况进行客观记录，并作为其承担国家语委任务的重要依据。

第五章　验收

第二十四条　中国语言资源保护研究中心组织项目验收。省级语言文字管理部门在首席专家的协助下组织本省（区、市）课题验收，其他项目由项目负责人组织所承担项目下各课题的验收。验收以工程验收规范和项目或课题申报书、任务协议书为依据。验收最晚应在项目、课题预计完成时间后一个月内完成。

第二十五条　项目、课题因故不能按期完成的，应提前三个月申请延期，经中国语言资源保护研究中心审核并报教育部语言文字信息管理司批准后执行。

第二十六条　项目、课题不能按时接受验收的，教育部语言文字信息管理司将对有关单位或责任人进行通报。

第二十七条　验收结论分为通过验收、未通过验收。

第二十八条　项目整体通过验收后，由中国语言资源保护研究中心报教育部语言文字信息管理司予以结项，并书面通知省级语言文字工作部门或项目、课题负责人。未通过验收的，教育部语言文字信息管理司将对有关单位或责任人进行通报。

第六章　附则

第二十九条　本办法由国家语委负责解释，自发布之日起实施。

国务院教育督导委员会办公室关于印发《语言文字工作督导评估暂行办法》的通知

国教督办〔2015〕5号

（2015年8月13日）

各省、自治区、直辖市教育厅（教委）、教育督导部门、语委，新疆生产建设兵团教育局、教育督导部门、语委：

为深入贯彻党的十八大和十八届三中、四中全会精神，深入实施《中华人民共和国国家通用语言文字法》，全面落实《国家中长期语言文字事业改革和发展规划纲要（2012—2020年）》，国家语委、国务院教育督导委员会办公室研究制定了《语言文字工作督导评估暂行办法》，现印发给你们。请各地结合实际制订实施方案，有计划、有步骤地开展语言文字工作督导评估。各地要及时研究解决督导检查中出现的新情况、新问题，认真总结经验，改进工作方法，不断提高督导水平。国务院教育督导委员会办公室将适时对各地语言文字工作进行专项督导检查。

附件：《语言文字工作督导评估暂行办法》

附件

语言文字工作督导评估暂行办法

第一章　总则

第一条　为深入实施《中华人民共和国国家通用语言文字法》，全面落实《国家中长期语言文字事业改革和发展规划纲要(2012—2020年)》，督促地方人民政府及相关部门认真履行语言文字工作职责，进一步推动语言文字事业发展，特制定本办法。

第二条　督导评估的原则：

(一)把握导向。以评促建，以评促改，推动地方政府采取切实措施，有效开展语言文字工作。

(二)立足发展。监督与指导并重，反映当地语言文字工作基本情况、经验与特色，指出存在问题，提出整改要求。

(三)尊重规律。遵循语言文字发展规律，实事求是、客观公正。

(四)注重实效。从实际出发，重在督导政府职责到位、工作落实情况以及语言文字事业发展的实际效果。

第二章　督导评估内容

第三条　督导评估主要围绕语言文字事业发展的制度建设、条件保障、宣传教育、发展水平等方面展开。

第四条　国务院教育督导部门和国家语言文字工作部门根据语言文字法律法规和方针政策，制定《语言文字工作督导评估指标体系框架》(附后)，省级相关部门根据本地语言文字事业发展的目标任务，制定督导评估的具体标准。

第三章　督导评估的实施

第五条　督导评估工作由县级以上人民政府教育督导部门会同语言文字工作部门组织实施。

第六条　语言文字工作督导评估每五年一轮。

第七条　开展督导评估之前，成立督导组。督导组由督学和语言文字工作专家组成。

第八条　督导评估的程序：

(一)教育督导机构向被督导地区发出书面督导通知。

(二)被督导地区按照通知要求进行自评，并将自评报告报送上一级教育督导机构审核。

(三)教育督导机构派出督导组进行现场督导评估。

(四)督导组对被督导地区的自评报告、现场检查情况进行评议，形成初步督导意见，并向被督导对象反馈。

(五)教育督导机构向被督导对象发出督导意见书。督促、指导被督导地区政府按督导意见书要求进行整改。必要时进行回访复查。

第九条　语言文字工作督导评估主要采取听取汇报、查阅资料、问卷调查、座谈访谈等方式进行，并随机抽取若干国家机关、学校、新闻媒体、公共服务行业、城市街区、乡镇农村进行现场查看，对相关从业人员进行抽样测试。

第四章　奖励与问责

第十条　各省(区、市)要建立语言文字工作激励与问责机制，将语言文字工作督导评估结果作为评价政府语言文字工作成效的重要内容。对工作成效突出的进行奖励，对职责落实严重不到位的要给予通报批评。

第五章　附则

第十一条　本办法由国务院教育督导委员会办公室、国家语言文字工作委员会办公室负责解释，自公布之日起施行。

附件：

表 11　语言文字工作督导评估指标体系框架

一级指标	二级指标	考核要点
制度建设（20 分）	组织领导（7 分）	语言文字工作列入政府议事日程，建立由政府分管领导任主任的语言文字工作委员会，健全语言文字工作委员会办公室日常协调、有关部门分工负责的工作机制。各部门职责明确，制度健全。
	政策规划（8 分）	把语言文字事业列入社会事业发展、教育事业发展规划中。制定中长期语言文字事业发展规划和年度行动计划，目标明确，措施具体，针对性强。
	督查机制（5 分）	将语言文字事业发展纳入政府绩效管理目标。将城乡语言文字规范化情况纳入文明城市、文明乡镇考评指标。加强对语言文字社会应用的督导检查。建立督查考核和问责机制。对为语言文字事业做出突出贡献的组织和个人给予奖励。
条件保障（15 分）	工作机构（8 分）	教育行政部门（语委）有处（科）室和专人承办语委日常工作，切实履行统筹协调职能，做好具体组织实施工作。
	经费保障（7 分）	建立语言文字工作经费保障机制，切实加大对语言义字事业发展的经费投入力度。
宣传教育（30 分）	法制宣传（10 分）	将语言文字法律法规宣传列入普法宣传教育计划。精心组织每年一度的推广普通话宣传周活动，政府组织、领导带头，相关部门和社会广泛参与。
	推广普及（10 分）	大力推广普及国家通用语言文字，把语言文字规范化要求融入行业管理、城乡管理和精神文明创建活动之中，创设良好的语言文字规范化环境。
	文化传承（10 分）	完善中华优秀传统文化教育体系，广泛开展中华经典诵读、书写和讲解活动，营造珍爱国家通用语言文字、弘扬传承中华语言文化的浓厚氛围。
发展水平（35 分）	国家机关（6 分）	普通话、规范汉字成为国家机关公务用语用字，政府及其部门网站用语用字规范。公务活动用语用字规范。
	教育机构（9 分）	普通话、规范汉字成为学校教育教学基本用语用字，语言文字规范化要求列入中小学素质教育督导评估。注重学科渗透，校内校外融合。加强学生语言文字应用能力培养，不断提升语言文化素质。
	文化传媒（7 分）	新闻出版、广电、文化机构语言文字规范化水平高，在语言文字社会宣传中发挥示范作用。主管部门将语言文字规范化要求列入广播电视、报刊、出版物等行业管理内容，要求明确，制度健全，管理到位。
	城市街区（9 分）	公共服务行业普通话普及程度高。公共场所招牌、广告及设施等用字规范化程度高。
	乡镇农村（4 分）	乡镇政府积极开展国家通用语言文字推广普及活动，公务人员普通话达到三级以上水平，社会用字基本规范。多渠道开展农村青壮年普通话学习活动。

教育部办公厅关于调整国家语委组成单位和人员的通知

教语用厅函〔2015〕4号

（2015年7月8日）

根据工作需要和人员变动情况，经征求有关部门（单位）意见，现将调整后的国家语委委员单位和组成人员名单通知如下：

主任：

杜占元　教育部副部长、国家语委主任

委员：

陈陆军　中宣部新闻局副局长

杨义瑞　外交部办公厅副主任

姚喜双　教育部语言文字应用管理司司长

张浩明　教育部语言文字信息管理司司长

马燕合　科技部基础研究司司长

陈　伟　工业和信息化部软件服务业司司长

田联刚　国家民委教育科技司司长

王明黎　公安部出入境管理局副局长

柳　拯　民政部区划地名司司长

刘小明　交通运输部党组成员、运输司司长

吴国华　商务部流通业发展司副司长

于　平　文化部文化科技司司长

周　军　国家卫生计生委监察专员（正司局级）

梁金成　海关总署办公厅副主任

马正其　工商总局副局长

梅建华　质检总局产品质量监督司司长

吴尚之　新闻出版广电总局党组成员、副局长

高长力　新闻出版广电总局宣传司司长
蒋志学　体育总局科教司司长
魏洪涛　国家旅游局党组成员、人事司司长
任启亮　国务院侨办副主任
任贤良　国家互联网信息办公室副主任
曹效业　中科院副秘书长
刘丹青　社科院语言研究所所长
刘丽军　国家公务员局培训与监督司司长
张常银　总政宣传部副部长
王晓峰　全国总工会宣传教育部部长
傅振邦　共青团中央书记处书记
王卫国　全国妇联宣传部部长
程　凯　中国残联党组成员、副理事长

教育部 国家语言文字工作委员会关于印发《国家语委科研项目管理办法(2015年修订)》的通知

教语信〔2015〕3号

(2015年9月21日)

各省、自治区、直辖市教育厅(教委)、语委,新疆生产建设兵团教育局、语委,相关省、自治区民委(民语委),部属各高等学校,有关单位:

为进一步规范和加强国家语委科研项目管理,国家语委在总结项目管理经验和广泛征求各方面意见的基础上,对《国家语委科研项目管理办法》(国语函〔2011〕7号)进行了修订。现将修订后的《国家语委科研项目管理办法》印发给你们,请遵照执行。2011年发布的原办法同时废止。

附件:《国家语委科研项目管理办法(2015年修订)》

附 件

国家语委科研项目管理办法(2015年修订)

第一章 总则

第一条 为规范和加强国家语言文字工作委员会(以下简称国家语委)科研项目管理,提高项目研究质量,充分发挥其服务国家语言文字事业改革和发展的重要功能,制定本办法。

第二条 国家语委科研项目主要用于支持语言文字应用研究,重点支持语言生活中具有全局性、战略性、前瞻性的重大理论和现实问题研究,支持对语言文字事业具有重要影响的基础理论类问题研究,支持相关的新兴学科、交叉学科和跨学科综合研究。

第三条 国家语委科研项目经费来源于中央财政拨款,接受相关财政部门的管理和监督。

第四条 国家语委科研立项工作,遵循公开、公平、公正的原则,采取自主申请、平等竞争、同行评审、择优支持的工作机制。

第五条 国家语委科研经费设立专项资金,用于培养语言文字应用研究中青年学者和扶持地方语委科研工作。

第二章 组织与职责

第六条 国家语委科研规划领导小组由教育部、国家语委组建,其职责是领导国家语委科研工作,对科研工作的重大问题做出决定,制定中长期科研规划和科研项目管理制度,确定国家语委科研资助方向和资助重点,审批年度项目指南,批准国家语委科研项目,指导重大学术交流活动和重要科研成果的宣传推广工作等。

第七条 国家语委科研规划领导小组办公室（以下简称国家语委科研办）作为国家语委科研规划领导小组的职能部门和办事机构，负责国家语委科研工作的日常管理，设在教育部语言文字信息管理司。其主要职责是：

（一）落实国家语委科研规划领导小组的决定；

（二）执行国家语委科研规划，制定科研工作年度经费预算，发布科研项目指南；

（三）受理科研项目申请，组织评审立项；

（四）负责科研项目中期或年度检查，监督科研项目的实施和经费使用；

（五）组织科研项目研究成果的鉴定、审核、验收、发布和宣传推介；

（六）遴选和聘任相关专家，建设科研工作专家库，并根据国家语委科研管理工作实际需要和专家履行职责情况进行动态调整；

（七）承办国家语委科研规划领导小组交办的其他事项。

第八条 中华人民共和国境内的高等学校、党校、社会科学院等科研院（所），党政机关研究部门，军队系统研究部门，以及其他具有独立法人资格的公益性科学研究机构，设有科研管理职能部门的，方可成为国家语委科研项目的依托单位。依托单位须履行下列职责：

（一）组织本单位科研人员申请国家语委科研项目；

（二）审核本单位申请人或项目负责人所提交材料的真实性和有效性；

（三）提供国家语委科研项目实施的条件并承诺信誉保证；

（四）跟踪管理国家语委科研项目的实施和资助经费的使用；

（五）配合国家语委科研办对国家语委科研项目的实施和资助经费的使用进行监督、检查。

第九条 国家语委科研工作专家的主要职责是参与制定科研规划和项目指南，评审年度项目，提出项目资助建议，鉴定、审核、评介项目成果，提供学术指导和专业咨询。

第三章　项目申报

第十条 国家语委科研规划每五年发布一次，原则上在每个五年计划实施的第一年公布。

第十一条 国家语委科研办根据语言文字事业发展需要和国家语委科研规划，制定年度项目指南，并至少在接收项目申请前30天公布。国家语委科研项目的选题，应以语言文字事业改革和发展中的重大理论与现实问题为重点，突出应用研究，注重基础理论研究，鼓励新兴、交叉、边缘学科研究和跨学科的综合研究。

第十二条 国家语委科研项目主要包括重大项目、重点项目、一般项目、自筹项目、委托项目等。重大项目的研究期限一般为3—4年；重点项目的研究期限一般为2—3年；一般项目和自筹项目的研究期限一般为2年；委托项目研究期限由国家语委科研办视任务情况确定。以上项目中应用性较强、国家急需项目的具体研究期限在年度项目指南或申报公告中予以说明。

第十三条 申请国家语委科研项目的负责人，应符合以下条件：

(一)遵守中华人民共和国宪法和法律；

(二)具有独立开展研究和组织开展研究的能力，身体健康，能够承担实质性的研究工作。以兼职人员身份从所兼职单位申报国家语委科研项目的，兼职单位须审核兼职人员正式聘任关系的真实性(在申报材料中附证明材料复印件)，承担项目管理职责并做出信誉保证。

(三)具有副高级以上(含)专业技术职称(职务)或者具有博士学位。不具备以上职称和学位条件的，须有2名具有正高级专业技术职称(职务)的同行专家的书面推荐。

重大项目的申请人必须是法人担保的相关研究机构的正高级研究人员，必须有主持并完成过省部级以上(含)科研项目的经历。对于基础薄弱的研究领域，经国家语委科研办批准后，重大项目申请人的职称(职务)条件可调整为副高级专业技术职务(职称)，须提前在年度项目指南或申报公告中予以说明。

第十四条 其他申报要求：

(一)已主持国家语委重大项目未结项者，不得申请国家语委新的各类项目；已主持国家级或省部级重大项目尚未结项者，原则上不得申报国家语委重大项目。同一申请人同年度只能申请1个项目；同一人员作为课题组成员同年度最多可参与两个国家语委科研项目的申请。

(二)项目的申请人即项目的负责人，限为1人。

(三)具有高级专业技术职称(职务)的人员，最多同时主持2项国家语委在研科研项目；不具有高级专业技术职称(职务)的人员，最多主持1项国家语委在研科研项目。

(四)国家语委机关在编工作人员不得申请或者参与申请。

(五)申请人申请资助项目的相关研究，已获得其他资助的，应当在申请材料中说明所申请项目与已承担项目的联系和区别，不得以内容基本相同的同一成果申请多家基金项目结项。

(六)凡以博士学位论文或博士后出站报告为基础申报国家语委科研项目，须在申请材料中注明所申请项目与学位论文(出站报告)的联系和区别，申请鉴定结项时提交学位论文(出站报告)原件。

(七)已获得立项的国家和省部级项目及其子项目，不得重复申请国家语委资助；不得以已出版的内容基本相同的研究成果申请国家语委科研项目。

(八)原则上应组成课题组申报。鼓励跨学科、跨学校、跨地区、跨系统组织优势科研力量，开展实质性合作研究；应用对策性研究课题，提倡吸收实际工作部门人员参与课题研究；课题组成员须征得本人同意，否则视为违规申报。

(九)申请自筹项目的，需有项目依托单位财务部门盖章的项目所需研究经费(非个人经费)的银行到账证明，项目申请才可以进入评审环节，通过评审的方可被批准立项。

第十五条 申请人申请国家语委科研项目，应以项目指南为基础确定研究项目，认真、如实填写申请书，并在规定的期限内经依托单位审核后向国家语委科研办报送申请材料。

第十六条 国家语委科研办在申请截止后30日内完成对申请材料的初步审查。对于符合本办法规定条件的，予以受理；对于不符合本办法规定条件的、不符合年度项目指南或申报公告要求的，不予受理，并通知申请人。

第四章 评审立项

第十七条 项目评审的基本标准：

(一)课题具有重要的理论价值或现实意义，与国家语言文字事业的改革发展结合紧密；

(二)课题具有前沿性，预期能产生具有创新性和社会影响力的研究成果；

(三)课题研究方向正确，研究思路清晰，目标得当，内容全面，论证充分，重点突出，拟突破的难点明确，研究方法、技术路线和调研计划科学、可行；

(四)课题组负责人及成员对申报课题有一定的研究基础，有相关研究成果和资料支撑，有完成研究工作必备的能力、时间和条件；

(五)经费预算安排合理。

第十八条 国家语委科研办负责组织专家，对已受理的项目申请进行通讯评审和会议评审。

通讯评审实行双向匿名评审制度，按照定性评价和定量评价相结合的方式，重点就项目申请的研究内容、思路方法、预期成果等论证部分进行评审。

会议评审综合考察课题论证情况、申请人和参与人的研究经历、前期相关研究成果、研究内容是否获得其他资助等。其中,重大项目原则上采用会议答辩形式。

第十九条 对因语言文字事业改革和发展需要或其他特殊情况提出的项目申请,可只进行通讯评审或者会议评审,择优确定。

第二十条 国家语委科研办根据本办法规定和专家评审意见,对最终评审结果进行复核,提出拟资助项目及资助经费数额并进行公示,公示期不少于5个工作日。对公示项目有异议的,在公示期内,向国家语委科研办提出实名书面复审请求。国家语委科研办对复审要求,自收到之日起60日内完成核审并回复核审结果。对评审专家的学术判断有不同意见,不得作为提出复审请求的理由。申请人只能提出1次复审请求。

第二十一条 经公示或复审通过的项目,国家语委科研办报国家语委科研规划领导小组审批通过后,在1个月内向项目依托单位发出立项通知书等材料。重大项目正式立项前,课题组负责人须与国家语委科研管理部门签订研究合同。

第二十二条 国家语委相关科研管理工作人员及评审专家不得披露未公开的评审专家的基本情况、评审意见、评审结果等与评审有关的信息,不得干预评审专家的评审工作。

第五章 过程管理

第二十三条 课题负责人接到立项批准通知后,应尽快确定具体的课题实施方案,在3个月内组织开题,并及时将实施方案和开题情况报送国家语委科研办和相关科研管理部门。

第二十四条 依托单位在项目过程管理中要充分发挥组织、协调、服务和监督作用,保障项目的顺利实施。项目负责人应按项目申请书中的承诺组织开展研究工作,做好项目实施情况的原始记录,并向依托单位提交项目进展报告。

第二十五条 为保证研究质量,国家语委科研项目实行中期检查和抽查制度。

中期检查采取国家语委科研办统一布置和课题组自行申请相结合的方式。原则上至少须有项目负责人作为第一署名人的正式发表的与研究主题相关的论文1篇,或者专著书稿1部,或者1篇高质量的已被采纳的咨询报告,或者按照研究进度应提交的阶段性成果,否则中期检查不予通过。

国家语委科研办将不定期组织开展项目进展状况抽查。

中期检查和抽查的结果将作为后续拨款的依据。对于没有进行实质性研究的项目、无故不接受检查或检查不合格的项目，停拨后续经费，限期整改，并视情况给予警告、通报批评、终止项目的处理。

第二十六条 除根据评审意见和国家语委科研办确定的资助额度对原申请书进行必要的调整外，课题组不得擅自对已批准立项后的内容进行变更。有下列情形之一确需改变的，项目负责人应及时提出申请，经依托单位审查同意后报国家语委科研办审核批准：

（一）改变项目名称；

（二）改变最终研究成果形式；

（三）研究内容或者研究计划有重大调整；

（四）项目负责人或项目管理单位变更；

（五）课题组主要成员变更（成员前5名，须在中期前提出并备案）；

（六）终止研究协议；

（七）未能按计划完成研究任务，要求延期；

（八）其他重要事项的变更。

其中，申请项目延期，项目负责人必须有正当理由，且在资助期满2个月前提交书面申请。除确有特殊需要的重大项目外，申请延期1次最多不得超过1年，1个项目申请延期最多不得超过2次。已在年度项目指南或申报公告中说明研究期限的项目不得延期。

第二十七条 项目负责人调入另一单位的，原依托单位需承诺继续负责项目管理至结项。或经原依托单位与现依托单位协调一致，由原依托单位提出变更依托单位的申请，报国家语委科研办批准。协调不一致的，国家语委科研办终止该项目负责人所负责项目的实施。

第二十八条 课题组不得组织开展与课题相关的任何形式的评奖活动，不得以课题合作的名义收取任何费用，不得以课题组名义自行刻制印章。如有违反，国家语委科研办将作出撤销项目处理。

第六章　经费管理与监督

第二十九条 项目申请人在申报国家语委科研项目时，应参考国家语委科研办公布的经费资助额度，根据研究需要编制项目概算；评审专家审核概算，提出资助金额建议；国家语委科研办对建议的资助金额进行复核，并报国家语委科研规划领导小组审批。确定金额在立项通知书上明确。

第三十条 项目负责人接到立项通知书后，如核定的经费与申请经费不一致，应当按批准的资助金额编制经费预算，并根据要求填写回执，在 1 个月内将新预算回执报国家语委科研办。无特殊原因逾期不报回执者，视为自动放弃资助，不予办理拨款手续。

第三十一条 国家语委科研办对项目预算回执进行审核，批准后将首笔经费拨付项目依托单位，并公布所有拨付经费的项目信息(包括项目名称、项目负责人、依托单位名称、资助的经费数额等)。鼓励依托单位提供项目配套经费。

第三十二条 项目经费实行“一次核定，分期拨付”的办法，一般分 3 次拨款。立项当年以批准的回执为凭，首次拨付资助经费的 60％；中期检查合格后，拨付资助经费的 30％；其余 10％在项目通过验收结项后拨付。未通过验收结项的项目，不予拨付剩余经费。

第三十三条 项目经费的开支范围包括：

(一)设备费：指在项目研究过程中发生的购置或租赁使用外单位设备而发生的费用。项目经费应当严格控制设备费支出。因项目研究确需购置的，应当在项目预算中单独列示，并由依托单位按照国家国有资产管理的规定进行管理。

(二)数据采集费：指在项目研究过程中发生的问卷调查、数据跟踪采集、案例分析等费用。

(三)资料费：指在项目研究过程中发生的必要的图书和专用软件购置费，以及文献检索和资料收集、录入、复印、翻拍、翻译、语音转写等费用。

(四)印刷费：指在项目研究过程中发生的项目研究成果的打印费、印刷费和誊写费等。

(五)会议费：指在项目研究过程中为组织开展学术研讨、咨询以及协调项目等活动而召开小型会议的费用。会议费的开支应当按照国家有关规定，严格控制会议规模、会议数量、会议开支标准和会期。

(六)差旅费：指在项目研究过程中开展国内调研活动和参加与项目有关的学术交流所发生的外埠差旅费、市内交通费、食宿费及其他费用。差旅费的开支标准应当按照国家有关规定执行。

(七)专家咨询费：指在项目研究过程中发生的支付给临时聘请的咨询专家的费用。咨询费不得支付给课题组成员。咨询费的支出总额，不得超过项目资助额的 10％。

(八)劳务费：指在项目研究过程中发生的支付给课题组成员中没有工资性收入的相关人员和课题组临时聘用人员等的劳务性费用，不得支付给有工资收入的课题组成员。

（九）国际合作与交流费：指在项目研究过程中发生的赴国外及港澳台地区调研或参加相关会议的交通费、住宿费及其他费用。项目经费应当严格控制国际合作与交流费支出，并执行国家外事经费管理的有关规定。因项目研究确需开支国际合作与交流费的，应当在项目预算中单独列示，并由国家语委科研办批准后执行。

（十）办公耗材费：指在项目研究过程中发生的办公用品及计算机耗材等费用。

（十一）其他支出：项目研究需要但未列入以上各项的支出，应在项目预算中单独列支，单独核定。

第三十四条 项目负责人应严格执行批准后的项目预算，原则上不能调整。确因项目研究需要进行调整，应当按照以下程序进行核批：

（一）项目预算总额调整，应当按照程序报国家语委科研办批准；

（二）项目支出预算科目中劳务费、专家咨询费和管理费预算不予调整。其他支出科目预算执行超过核定预算10%且金额在2万元以上的，应按程序报国家语委科研办批准；小于10%或2万元的，应报项目依托单位财务部门批准。

第三十五条 项目经费的使用必须符合国家有关财务制度的规定，应当严格按照本办法规定的项目经费开支范围和标准以及批准的经费支出预算办理支出。严禁使用项目经费支付各种罚款、捐款、赞助、投资等，严禁以任何方式变相谋取私利。项目负责人、依托单位不得以任何方式侵占、挪用资助经费。自筹项目经费的筹集和使用由出资单位或项目依托单位参照本办法的规定进行管理。

第三十六条 项目经费由项目依托单位统一管理，相关部门应按财务制度要求，加强对项目预决算的审核，对预算的执行和各项开支情况进行检查，如不符合国家有关规定或本办法规定，应及时予以纠正。依托单位财务部门应妥善保存项目经费账目和单据。

第三十七条 项目经费如确需转拨协作单位，应在项目预算编制中说明，并报依托单位相关部门审批，转拨经费总额不能超过项目经费总额的50%。协作单位不能在转拨经费中提取管理费。

第三十八条 项目一经批准，不得无故终止。所有被撤销的项目，国家语委科研办停止拨款并追回已拨经费；终止研究的项目（指项目负责人因出国、生病、死亡或其他原因不能继续研究的），国家语委科研办停止拨款并追回已拨经费的剩余部分。做出信誉保证的法人单位要协助做好经费的追回工作。

第三十九条 项目完成后，项目负责人应会同依托单位财务部门清理该项目收支账目，如实填写《国家语委科研项目结项鉴定申请书》中的项目决算表，并附上财务部门打印和盖章的项目经费开支明细账(只反映国家语委的资助经费),未支出经费(包括未到账的预留经费)要另外详细写明用途。

第四十条 成果鉴定费由国家语委科研办支付,因成果质量问题需组织第2次鉴定发生的费用,从尚未拨付的项目经费中扣除。

第四十一条 项目负责人应加强对项目经费的管理和使用,对连续两年未使用或者连续三年仍未使用完的剩余资金,视同结余资金管理,上交国库,统筹使用。

第七章 鉴定结项与推广应用

第四十二条 项目完成后,均需履行鉴定结项手续。研究成果通过专家鉴定和国家语委科研办审核、验收后,方可正式结项。

第四十三条 提出鉴定和结项申请的条件:

(一)已经完成立项时批准的《国家语委科研项目申请书》及研究合同约定的研究任务,最终成果形式与原计划或批准变更形式相符;

(二)最终成果由项目负责人主持完成并作为第一署名人,不存在知识产权等方面的争议;

(三)重大项目最终成果书稿(打印稿)已经完成且未正式出版;

(四)非重大项目著作类成果已经完成(不限是否出版),论文类成果已正式发表或录用,研究咨询报告类成果有实际应用部门的采纳证明(注明采纳内容及价值);

(五)所有正式出版或发表的项目成果均在显著位置标注“国家语委科研项目”字样(含项目名称、编号),未标注者不予承认。

第四十四条 项目负责人应在项目计划完成时间期满30日以内,向国家语委科研办提交《国家语委科研项目结项鉴定申请书》(原件2份)、最终研究成果(原件1份)、成果摘要报告(3000—5000字,含电子版)、《国家语委科研项目申请书》(复印件),以上材料各4份,经依托单位审核同意后向国家语委科研办报送。

第四十五条 最终研究成果的鉴定工作由国家语委科研办或委托第三方机构组织专家实施,视情况采取通讯鉴定或会议鉴定的方式。其中,重大项目、部分委托项目(立项时标注)的成果鉴定采用专题会议的方式;其他项目的鉴定于每年3月和9月左右分两次集中进行,并根据实际情况采用通讯鉴定或会议集中鉴定的方式。对于通过鉴定、未出版的优秀著作类成果,须按国家语委科研办提供的带统一标识的封面和规格出版。

第四十六条 鉴定的主要内容：

（一）《国家语委科研项目申请书》及研究合同约定的研究任务完成情况；

（二）研究内容的前沿性和创新性；

（三）研究成果的学术价值、应用价值或社会影响；

（四）研究方法是否正确有效，学风是否严谨。

第四十七条 鉴定专家对成果提出客观、公正、全面的鉴定意见。采取通讯鉴定方式的，鉴定专家应分别提出成果等级建议；采取会议鉴定方式的，由鉴定专家组确定成果等级。国家语委科研办核定成果等级。

第四十八条 最终成果形式可以是专著、论文（集）、译著、咨询报告、语言文字规范标准文本、软件、数据库、发明专利等；除学术成果本身外，项目负责人及课题组成员结合项目研究进行的课程建设、教材编写、辞书、科普文章、学术报告、咨询服务及其实际效果和社会影响等，一并纳入验收范围综合考虑。对重大项目成果的评估要特别注重考察其为国家和社会提供咨询服务的情况。

第四十九条 国家语委资助项目的研究成果，必须严格按规定进行标注。公开出版和发表的研究成果，必须与项目内容密切相关，成果标注位置应在学术著作、鉴定证书及其他有效证明材料的封面或书前扉页，或论文的首页、致谢部分等醒目处，否则验收时不予承认。向有关领导和部门报送项目研究成果时，应当注明受到国家语委科研项目资助。成果形式为语言文字规范标准的科研项目，须同时遵照《国家语言文字工作委员会语言文字规范标准管理办法》执行。

第五十条 项目完成《国家语委科研项目申请书》约定的研究任务，达到第四十三条规定的基本要求，且符合下列情形之一者，可申请免予鉴定：

（一）专著类成果已正式出版；

（二）在 SSCI、A&HCI、SCI（中科院分区的 1 区和 2 区）、EI 等国际索引期刊发表论文 2 篇以上；

（三）成果获得国家级、省部级奖励或国家一级行业学会三等奖及以上奖励；

（四）项目研究提出的理论观点、政策建议等被相关的地（市）级以上党政领导批示并被有关部门采纳吸收、取得实际效果；

（五）成果涉密不宜公开，而质量和水平已得到有关部门认可。

免予鉴定或申请免予鉴定者，需填写《国家语委科研项目结项鉴定申请书》，注明免予鉴定的理由，并附项目成果和有关证明材料，经依托单位审核同意后，报国家语委科研办批准后办理结项手续，视情况确定成果等级。申请免予鉴定经审核不符合条件者，退回申请人重新申请鉴定和结项。

重大项目及部分委托项目(立项时标注)不得申请免于鉴定。

第五十一条 鉴定实行评级制度,根据专家的鉴定意见分别给予优秀、合格和不合格的鉴定结论。国家语委科研办对鉴定合格、可以结项者,颁发结项证书,拨付项目经费的剩余部分,并将验收结项情况予以公布。对成果验收为优秀的项目,予以通报表扬并作为项目负责人下次申请项目的重要参考;对不合格的项目,退回申请人限期修改后,重新提交鉴定。对成果再次验收为不合格的项目,一律做撤项处理,项目负责人3年内不得申报国家语委科研项目。

第五十二条 强化成果转化意识,拓展成果转化渠道,充分发挥项目成果的社会效益。

(一)鼓励项目成果向教育教学、决策咨询、社会服务转化,为提高全社会语言文字规范化水平、构建和谐语言生活服务。

(二)依托单位应支持和资助项目优秀成果的出版,积极做好项目成果的宣传、推广和应用工作。有重要实践指导意义和决策参考的报告、调研报告,在提交有关领导和部门时须同时报送国家语委科研办。

(三)国家语委科研办对科研项目优秀成果及项目研究中涌现出的优秀人才予以宣传,建立稳定的宣传推介载体和渠道。

第五十三条 项目成果归国家语委和课题组共同所有,依托单位拥有将该成果用于科研、教学的权利和经国家语委同意赋予的其他权利。

第八章 监督与处罚

第五十四条 项目负责人及参与者违反本办法规定,有下列行为之一的,由国家语委科研办给予警告,暂缓拨付资助经费,并责令限期改正;逾期不改正的,国家语委科研办做出撤销项目决定。

(一)未履行国家语委科研项目申请书的承诺;

(二)擅自变更研究内容或者研究计划;

(三)未依照本办法规定提交项目进展报告;

(四)提交虚假材料;

(五)违规使用、侵占、挪用资助经费。

第五十五条 项目实施中,有下列情形之一的,依托单位应当及时提出变更项目负责人或者终止项目实施的申请,报国家语委科研办审批;国家语委科研办也可以直接做出终止项目的决定:

（一）项目负责人无力继续开展研究工作；

（二）临近资助期满未取得实质性研究进展；

（三）最终研究成果质量低劣；

（四）严重违反资助经费使用和管理制度；

（五）存在其他严重情况。

第五十六条 项目实施中，有下列情形之一的，国家语委科研办撤销该项目，项目负责人3年内不得申请或者参与申请国家语委科研项目：

（一）研究成果（包括最终研究成果和阶段性研究成果）有严重政治问题；

（二）项目研究中有剽窃他人科研成果或者弄虚作假等学术不端行为；

（三）逾期不提交延期申请或最终研究成果；

（四）存在其他严重问题。

第五十七条 国家语委科研办建立项目申请人、负责人的信誉档案，并将其作为获批国家语委科研项目申请的重要参考。

第五十八条 国家语委科研办对评审鉴定专家履行职责情况进行评估；根据评估结果，建立评审鉴定专家信誉档案。评审专家有下列行为之一的，国家语委科研办给予警告；情节严重的，不再聘请。

（一）未履行本办法规定职责；

（二）披露未公开的与评审有关信息；

（三）未公正评审项目申请；

（四）利用评审工作便利谋取不正当利益；

（五）有剽窃他人科研成果或者弄虚作假等学术不端行为；

（六）存在其他严重问题的。

第五十九条 国家语委科研办依照本办法规定对外公开有关信息，应当遵守国家有关保密规定。

第九章 附则

第六十条 本办法由国家语委科研规划领导小组办公室负责解释，自发布之日起实施。

图书在版编目(CIP)数据

中国语言文字事业年鉴. 2016 / 国家语言文字工作委员会组编. —北京：中国传媒大学出版社，2017.12
ISBN 978-7-5657-1917-2

Ⅰ. ①中… Ⅱ. ①国… ②中… Ⅲ. ①汉语—语言学—2016—年鉴
Ⅳ. ①H1-54

中国版本图书馆 CIP 数据核字(2017)第 027503 号

中国语言文字事业年鉴 2016
ZHONGGUO YUYAN WENZI SHIYE NIANJIAN 2016

组　　编	国家语言文字工作委员会
策划编辑	赵　欣
责任编辑	张　笛　赵　欣　蔡开松
特约编辑	高卓毓
封面设计	创意源文化艺术
责任印制	曹　辉
出版发行	中国传媒大学出版社
社　　址	北京市朝阳区定福庄东街 1 号　邮编：100024
电　　话	86—10—65450528　65450532　传真：65779405
网　　址	http://www.cucp.com.cn
经　　销	全国新华书店
印　　刷	北京玺诚印务有限公司
开　　本	787mm×1092mm　1/16
印　　张	黑白 20.5　彩插 0.5
字　　数	420 千字
版　　次	2017 年 12 月第 1 版　　2017 年 12 月第 1 次印刷
书　　号	ISBN 978-7-5657-1917-2/H・1917　　**定　　价**　108.00 元